古代渡来文化研究 4

古代の渤海と日本

日本高麗浪漫学会 監修
中野高行・柿沼亮介 編

高志書院

はじめに

二〇二二年(令和四)十二月十日に開催された第九回高麗郡建郡歴史シンポジウムで、渤海史研究の二大泰斗である小嶋芳孝氏(考古学)と古畑徹氏(文献学)をお迎えし、講演とパネルディスカッションを行った。本書は、お二人を中心に、渤海と日本の交渉や渤海社会に関する新進気鋭の研究者の論考を一冊にまとめたものである。また、高志書院から出版されている古代渡来文化研究シリーズの四冊目でもある。以下、本書の概要を示すこととする。

第1部「渤海社会の実像」では、寺院建築・墳墓・装身具・一般建築物などのハード面と、対中国・対日本外交で活躍した渤海人についてその特徴を析出し、渤海社会の実像を考察する論考を収めた。

小嶋芳孝「第一次遣渤海使が目撃した渤海の旧国」は、渤海が日本に使節を派遣した背景や引田虫麻呂たちが渤海滞在中に訪問した当時の渤海の王都を検討する。帰国後、虫麻呂らが朝廷に報告した唐の北方政策や黒水靺鞨など靺鞨諸部や新羅の最新情報は、その後の外交政策に大きな影響を与えた。虫麻呂らは四方坨子寺址や八連城の造営開始直前の様子を目にしたなどと指摘する。

中澤寛将「渤海の文化変容と地域社会」は、渤海以降に顕著になる石室墓・腰帯具・炕付き平地建物には、伝統的な「靺鞨」や「高句麗」の要素や、唐をはじめ外来文化の影響が認められるが、その成立・展開の背景として、渤海王権が多様な靺鞨諸集団を統合する上で、伝統的な生活や風習を認めながら支配下に組み込んでいたことが看取できると結論づけた。

古畑徹「渤海国の高氏について—渤海国の対外政策と関連させて—」は、渤海使等で来日した渤海人で名前の分かる者に関して、高氏の二八名をはじめとする諸氏族が確認されるのに対し、王族の大氏は一名しかいない理由を考究する。その結果、渤海国を靺鞨の一種と位置づけて冊封した唐と、高句麗後継の朝貢国と見なした日本の両方に対応した外交を展開するための渤海国の外交戦略によるものとの結論を導き出した。

澤本光弘「高麗郡と契丹による渤海攻略とのはざま—渤海滅亡と東丹国成立の記事をてがかりにして—」は、渤海の滅亡にいたる情勢を追跡する。『遼史』耶律羽之伝に「渤海の内紛」を示唆する記述はないとし、契丹が季節移動により、極寒期に渤海領域に近接して越冬することが、渤海との摩擦になりうると指摘する。渤海滅亡に関する『将門記』の記述は裴璆がもたらした情報とみなす余地があるとする。

第2部「古代日本と渤海」では、渤海と日本の間を往来した外交使節、交わされた外交文書、両国で活躍した高句麗系氏族に関する論考四編とコラム三編を収めた。

大日方克己「渤海からの到着地と京への道—列島交通体系のなかで—」は、渤海使の来着地と交通の関係を考察する。九世紀後半~十世紀前半、加賀国・出雲国への来着がなくなり、伯耆・若狭・丹後など東に移っていき、十世紀後半以降に若狭・敦賀へと宋人の来航が集中していく傾向は、北陸・山陰から京に向かう水運が敦賀・若狭に集約されていく海上交通の展開にも対応するものとする。東シナ海も視野に入れた日本海海上交通体系全体の変化に対応するものとして位置づけていく必要があると強調する。

浜田久美子「渤海使の入京路—穴太遺跡・畝田ナベタ遺跡・鳥羽遺跡の帯金具に注目して—」は、穴太遺跡（滋賀県大津市）・畝田ナベタ遺跡（石川県金沢市）・鳥羽遺跡（群馬県前橋市）の三遺跡から出土した帯金具に注目する。穴太遺跡で発見された金銅製帯金具表面の忍冬唐草文が韓国済州島龍潭洞遺跡出土の帯金具と酷似していることや、花文帯金具が渤海・契丹に多いとされることなどから、北陸道で発見された帯金具は、来日した渤海使が身に着けていたり、迎接した日本側官人に個人的に贈られた物が境界祭祀の料物として使用されたものと推測する。

小嶋芳孝「古代加賀の港湾遺跡」(コラム)は、渤海使節が上陸した津湊や、使節を安置した「便処」として利用された可能性のある金沢市周辺の五つの遺跡を紹介する。金石本町遺跡は湊に関係する性格を持っており、畝田寺中遺跡は八世紀代の加賀郡津で、周辺遺跡群と共に遣渤海使や渤海使節が滞在して利用したと推定する。戸水C遺跡を加賀立国に伴って設置された国府津に比定し、戸水大西遺跡・畝田ナベタ遺跡は渤海使節を安置する「便処」として使用されたとする。

柿沼亮介「高麗朝臣一族の改姓と渤海」は、高麗朝臣一族の改姓や遣外使節への任用について、渡来系氏族への賜姓のあり方や奈良時代の内政と外交を踏まえながら再検討することで、律令国家が渤海とどのように向き合ったかを考える。高麗王氏や百済王氏などの存在は、日本を中華とする「帝国」型国家構造を希求する意味があるとしたうえで、「高麗王氏」「肖奈王」「高麗朝臣」などの改賜姓の史的意義を分析し、唐による渤海の冊封と矛盾しない範囲で、高句麗系の貴族を日本が臣下にしていることを東アジア諸国に対して喧伝する目的があったとする。

須田勉「高麗郡高岡廃寺第2建物と渤海の墓上建物」(コラム)は、高岡廃寺第2建物の墳墓を火葬後の埋葬施設にともなう墓上建物と想定したうえで、七世紀末から八世紀第3四半期頃の造営と推定される吉林省敦化市にある六頂山第一墓区M3号墓と比較し、規模や構造上の質において相違点を認めながらも、墳墓としての構成要素が多くの点で共通することを確認する。

中野高行「渤海国書をめぐる諸課題」は、日本と渤海間で交わされた国書に注目し、正式な国書である渤海国王啓の発給が記録に見えない事例を検討したうえで、渤海王が発給した国書をめぐる諸課題を提示する。

荒井秀規「高句麗・渤海と豉」(コラム)は、高句麗にルーツを持つ古代武蔵国の特産品である豉《くき》について解説する。豉の製法に日本独自の過程が加えられたことを推測し、薬としての豉や豉の製造場所について詳述する。高麗郡家関連遺跡である埼玉県日高市高萩の拾石遺跡から「厨」の墨書土器が出土していることから、近辺に郡厨があったと考えられていることや、今日の埼玉県比企地域でも、鳩山町・小川町・嵐山町を中心に豆腐・味噌・醤油となる大豆栽培が盛んであることなどを紹介する。

高句麗滅亡後に、ほぼ同じ版図に高句麗遺民を含んで建国された渤海を分析するこれら諸論考は、高麗郡に関する新たな視角を提供しているものと考える。

二〇二四年七月一日

中野 高行

目　次

第2部　古代日本と渤海

第1部　渤海社会の実像

第一次遣渤海使が目撃した渤海の旧国

小嶋芳孝

はじめに

六九八年、唐の営州(遼寧省朝陽市)で契丹人の反乱が起き、現地にいた高句麗人と靺鞨人が東へ脱出して東牟山に立てこもって、則天武后の追撃軍を撃退して振国を樹立した。この時、大祚栄が初代王に即位している。七一三年に唐は大祚栄を渤海郡王に叙し、これ以後は国号の振を廃して渤海と称している。大祚栄は七一九年に没し、大武芸が二代王に即位した(『新唐書』)。

神亀四年(七二七)に大武芸は使節を日本に派遣している。同年九月二十一日に渤海使の高斉徳ら八人が現在の山形県酒田市周辺にあったと推定されている出羽国府に来着し、朝廷が派遣した存問使が来国目的などを調査して時服を賜ったことが『続日本紀』に記されている。同年十二月二十日に高斉徳らは平城京に到着し、二十九日には高斉徳等に衣服冠履を賜り、「渤海郡は「旧高麗國」で、高句麗が天智朝七年(六六八)に唐の将軍李勣により滅ぼされて朝貢が久しく絶えていたが、渤海郡王(大武芸)が寧遠将軍高仁義ら二十四名を派遣した。しかし、蝦夷境に着いて仁義以下十六名が殺害され、高斉徳等八名が生き残った」と、日本に渡来した最初の渤海使が遭遇した悲劇を伝えている(『続日本紀』)。最初の渤海使節が蝦夷境に来着したことについて漂着遭難とされることが多いが、私は七世紀代に北

日本宮都	渤海王	渤海王都	肩書き	備　考
平城京	大武芸	旧国	送渤海客使	高斉徳の送使
平城京	大欽茂	旧国	遣渤海郡使	己珎蒙を送る
平城京	大欽茂	第一次上京	遣渤海大使	楊承慶を同伴帰国
平城京	大欽茂	第一次上京	迎入唐大使使	楊承慶の送使。藤原清河を迎えるため長安へ行くが清河の帰国許可が下りず高元度は南路から帰国
平城京	大欽茂	第一次上京	迎入唐大使使	高元度と同行。渤海から高南申を同伴。高元度の長安行きを報告
平城京	大欽茂	第一次上京	送高南申使	高南申の送使
平城京	大欽茂	第一次上京	遣高麗使	王新福を同伴帰国
			送高麗人使	王新福の送使、船が老朽化し史生以上乗船せず。中止？
平城京	大欽茂	第一次上京		帰路に遭難、乗船の「能登」に従五位下
平城京	大欽茂	第一次上京	送渤海客使	壱万福の送使、遭難し福良津で一冬過ごす
平城京	大欽茂	第一次上京	送高麗使	史都蒙の送使　渤海沿岸で難破し渤海使張仙寿の船で帰国
平城京	大欽茂	第一次上京	送高麗客使	張仙寿の送使
平安京	大嵩璘	第二次上京	押送使	呂定琳の送使、渤海王の啓を携えて帰国
平安京	大嵩璘	第二次上京	遣渤海使	
平安京	大嵩璘	第二次上京	押送使	大昌泰の送使
平安京	大元瑜	第二次上京	遣渤海国使	高南容の送使

東北や北海道の蝦夷と大陸沿海地方の靺鞨を結ぶ交易航路があり、その航海術を使って来航した可能性を考えている［小嶋 二〇一二］。蝦夷が平城京に向かう高仁義らを攻撃した背景には、王権と蝦夷の対立があった。

神亀五年(七二八)一月三日に聖武天皇が臨席した大極殿で、高斉徳らの渤海使が貴族や多くの官人とともに新年朝賀の儀式に参列している。一月十八日には天皇が中宮に御し、高斉徳等が渤海王大武芸の国書と品物を贈呈し、天皇は高斉徳ら八名を正六位上に叙して位階に相当する衣服を賜り、五位以上の官人とともに高斉徳らを宴に招いた。二月十六日には従六位下引田朝臣虫麻呂が送渤海客使に任命され、六月五日に引田虫麻呂らの送渤海客使が出立の挨拶をしている(『続日本紀』)。彼らがいつどこから日本を離れ、渤海のどこに着いたのか史料に記録はない。『続日本紀』天平二年(七三〇)八月二十九日条に、遣渤海使正六位上の引田朝臣虫麻呂等が約二年の歳月を経て帰国したと記されている。ちなみに、虫麻呂は送渤海郡使使の功績で位階が正六位上に上がっている。

渤海は日本に三四回の使節を派遣し、日本も渤海へ一四回の使節を派遣している。虫麻呂以後の遣渤海使は概ね半年前後で

表1　遣渤海使一覧

次数	大　使	位　階	出　国	帰　国	滞在期間	天皇
1	引田虫麻呂	従六位下	神亀 5/ 728 年 6 月	天平 2/730 年 8 月	約 2 年	聖武
2	大伴犬養	外従五位下	天平 12/740 年 4 月	天平 12/ 740 年 10 月	6 ヶ月	聖武
3	小野田守	従五位上	不明	天平宝字 2/758 年 9 月	不明	孝謙
4	高元度	外従五位下	天平宝字 3/759 年 2 月	天平宝字 5/761 年 8 月	2 年 6 ヶ月	淳仁
	内蔵全成	正六位上？	天平宝字 3/759 年 2 月	天平宝字 3/759 年 10 月	9 ヶ月	淳仁
5	陽侯令璆	外従五位下	天平宝字 4/760 年 2 月以後	天平宝字 4/760 年 11 月	10 ヶ月以内	淳仁
6	高麗大山	武蔵介従五位下	天平宝字 5/761 年 10 月以後	天平宝字 6/762 年 10 月	1 年以内	淳仁
7	多治比小耳	正六位上	天平宝字 6/762 年 11 月			淳仁
	板振鎌束	船師	天平宝字 7/763 年 2 月	天平宝字 7/763 年 8 月	7 ヶ月	淳仁
8	武生鳥守	正六位上	宝亀 4/773 年 2 月以後	宝亀 4/773 年 10 月	9 ヶ月以内	淳仁
9	高麗殿嗣	正六位上	宝亀 8/777 年 5 月	宝亀 9/778 年 9 月	1 年 2 ヶ月	光仁
10	大網広道	正六位上	宝亀 10/779 年 2 月以後	不明	不明	光仁
11	御長広岳	上野介正六位上	延暦 15/796 年 5 月	延暦 15/796 年 10 月	6 ヶ月	桓武
12	内蔵賀茂麻呂	外従五位下	延暦 18/798 年 5 月	延暦 19/799 年 5 月以前	一年以内	桓武
13	滋野宿禰船白	正六位上	延暦 19/799 年 4 月	延暦 19/799 年 9 月	6 ヶ月	桓武
14	林東人	正六位上	弘仁 2/811 年 4 月	弘仁 2/811 年 10 月	7 ヶ月	嵯峨

帰国している。虫麻呂が最初の遣渤海使だったことも影響したと思われるが、なぜ二年間も渤海に滞在したのだろうか。本稿では渤海が日本に使節を派遣した背景を考え、また引田虫麻呂たちが渤海滞在中に訪問した可能性が高い神亀五年(七二八)～天平二年(七三〇)当時の渤海の王都を検討したい。

1　第一次渤海使派遣の背景

『新唐書』や『旧唐書』によると、七二二年頃から黒水靺鞨が唐に臣従して属利稽が渤利州刺使に任じられている。唐は黒水靺鞨の拠点に黒水府を置き、黒水靺鞨の部長(族長か)を都督に任じ、唐から長吏を派遣して監督する政策をとっていた。

七二六年に、黒水靺鞨が唐に派遣した使節は無断で渤海の領域を通過した。このことに大武芸は怒り、黒水靺鞨と唐が共謀して渤海を攻撃する意図があると主張して、弟の大門芸に黒水靺鞨攻撃を命じている。大門芸は唐に質子として滞在したことがあり、唐を後ろ盾とした黒水を攻撃したなら、渤海は唐の攻撃を受けて滅びると大武芸を諫めている。大武芸は怒り、従兄の大壹夏に兵を率いさせて大門芸を攻め殺そうとした。大門芸

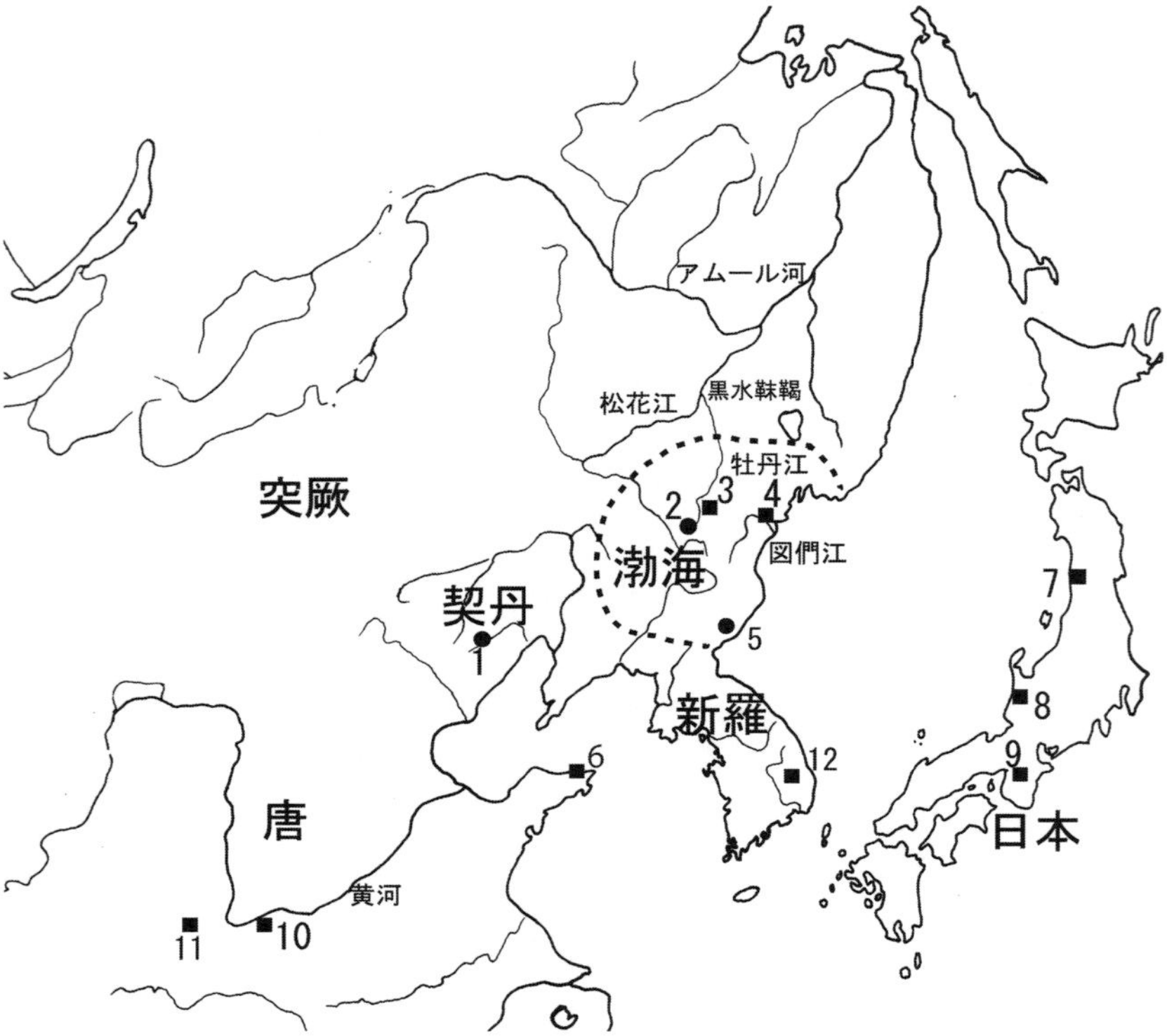

1営州（朝陽市）　2六頂山墓群　3渤海上京　4渤海東京（八連城）
5金山建築址　6登州（烟台市）　7出羽国府　8加賀（金沢市）　9平城京
10洛陽　11長安（西安市）　12金城（慶州市）

第１図　本稿関係の主要地名

は唐に亡命して唐の庇護の下に置かれた。大武芸は唐に使節を派遣し、大門芸を渤海に戻すよう要請したが拒否されている。七三二年に大武芸は、張文休に命じて海賊を率いて登州を攻撃させた。唐は大門芸に登州を攻めた渤海軍を討つことを命じ、また金思蘭を新羅に派遣して新羅兵に渤海の南境を攻撃させた。この攻撃は、積雪が多かったこともあり失敗している。この事態に大武芸は怒り、密かに刺客を洛陽に送って天津橋の南で大門芸を暗殺した。

『新唐書』などの史料には、七一四年から越喜・拂捏・鉄利などの靺鞨諸部が唐に繰り返し朝貢した記事が出ている。『新唐書』は、即位後の大武芸が「大いに勢力を拡大し、東北の諸夷は畏れて臣従した」と記しており、靺鞨諸部が唐に朝貢した背景に、渤海の拡張政策に対する抵抗運動があったことを示唆している。

黒水靺鞨が無断で渤海の領域を通過した翌神亀四年(七二七)に、大武芸は使節を日本へ派遣している。酒寄雅志は、大武芸が使節を日本に派遣した動機を「黒水靺鞨との抗争、対唐関係の悪化にまで発展し、さらには渤海の後背にあって、唐との親密な冊封関係にある新羅が、この紛糾のなかに参加し、渤海を攻撃する可能性を有しているとの国際情勢の判断」があったと述べ、新羅を牽制するために大武芸が使節を日本へ派遣したとしている[酒寄 二〇〇一]。私は大武芸が日本へ使節を派遣した背景には対新羅政策もあったと思うが、問題の本質は靺鞨諸部へ接近している唐との軋轢であり、靺鞨諸部と唐への対抗策の一環として日本に使節を派遣したと考えている。

2　引田虫麻呂らが到着した渤海の港

神亀五年(七二八)に日本海を越えて虫麻呂らの乗った船が到着したのは、図們江に近いポシェト湾だったと推定している。湾口から約五キロ進むと西岸から砂州が伸び、砂州と東岸の間の幅約一キロの海峡を抜けるとエクスペデイツィイ入江に入る。この入江奥の低地にあるクラスキノ城跡に虫麻呂らは上陸したと思われる。エクスペデイツィイ入江の水深は二メートル前後しかなく、外洋船は入ることができない。おそらくポシェト湾内で小型船に乗り換えてクラスキノ城跡に着いたと思われる[小嶋 二〇二二]。

クラスキノ城跡は一九八〇年代から発掘調査が行われている。周囲を延長約一三〇〇メートルの城壁で囲まれている。九世紀には城内北部に石塁で区画された中に仏殿など寺院施設が置かれ、城壁に沿って瓦窯や鍛冶炉、井戸などが配置されていた。九世紀初頭に五京制が整備され、クラスキノ城跡は東京管下の竜原府塩州城だったとする説が有力であ

第2図　上段 ポシェト湾から見たエクスペデイツイイ入江（2019年撮影）
下段 ポシェト湾（右がエクスペデイツイイ入江）（2000年撮影）

る〔酒寄 二〇二一〕。クラスキノ城跡は渤海と日本を結ぶ航路の渤海側拠点で、寺院や井戸などの遺構が上層で検出されており、その中層には洪水堆積、下層では住居跡群が検出されている〔A.L.イブリエフ・V.I.ボルディン 二〇二一〕。

上層から下層まで二㍍以上の堆積があり、湧水もあるので下層まで掘り下げることができた調査事例は多くない。私は二〇一一年の調査で上層から下層にいたる土層を観察する機会があり、基盤砂層から数十㌢上に厚さ数㌢の粗砂と細砂が互層になって幾層も堆積しているのを視認できた。この層は城内に洪水が押し寄せていたことを示しており、私は中層と仮称している。上層は九〜十世紀代で中層は八世紀後半、下層は八世紀中葉以前と推定している。

引田虫麻呂が渤海に派遣された神亀五年(七二八)は、クラスキノ城跡の下層に対応している。下層の調査では、これまで竪穴状遺構が複数検出されているが、渡来した外国使節を滞在させる大型建築遺構は、これまでのところ未検出である。しかし、下層から赤く発色した瓦片が

第３図　六頂山の遠望（1990 年撮影）

いくつか検出されており、未調査の箇所に瓦葺きの建物が置かれていたことを推定している［ロシア科学アカデミー極東支部他 二〇一五］。虫麻呂たちはクラスキノ城跡にしばらく滞在して渤海への入国手続きを行った後に、次節で検討する王都へ移動して二代王大武芸に謁見したと思われる。

3　大武芸の王都

大祚栄と大武芸が王城を築いた場所は記録にないのでわからないが、唐の宰相賈耽が記した「道里記」（『新唐書』）では、三代王大欽茂が王位に就いていた天宝年間（七四二〜七五六）に王都が顕州に置かれていたと記されている。顕州は図們江左岸の吉林省和竜市周辺に比定されており、八世紀中頃に王都が図們江中流域におかれていたことがわかる。大欽茂は天宝年間の末に王城を牡丹江中流にある上京へ遷都し、『新唐書』は上京が「旧国」から三百里で忽汗河に面していると記している。

『新唐書』に記された「旧国」の用例は、上京遷都の記事以外では「巻一百二十五列傳第五十」に「周が衰え列国がすでに滅びた後、人々は旧国を氏の姓にした」と記され、「巻二百二十列傳第一百四十五東夷」では滅亡した百済王子の扶余隆が新羅を恐れて「旧国」（百済の旧領域）に入らず、高句麗の旧領域で客死したことを記している。このように『新唐書』では「旧国」を一定の領域を前提として使用しており、「旧国」から三百里」と記された渤海の「旧国」も渤海の旧領域、つまり振国の範囲を指している

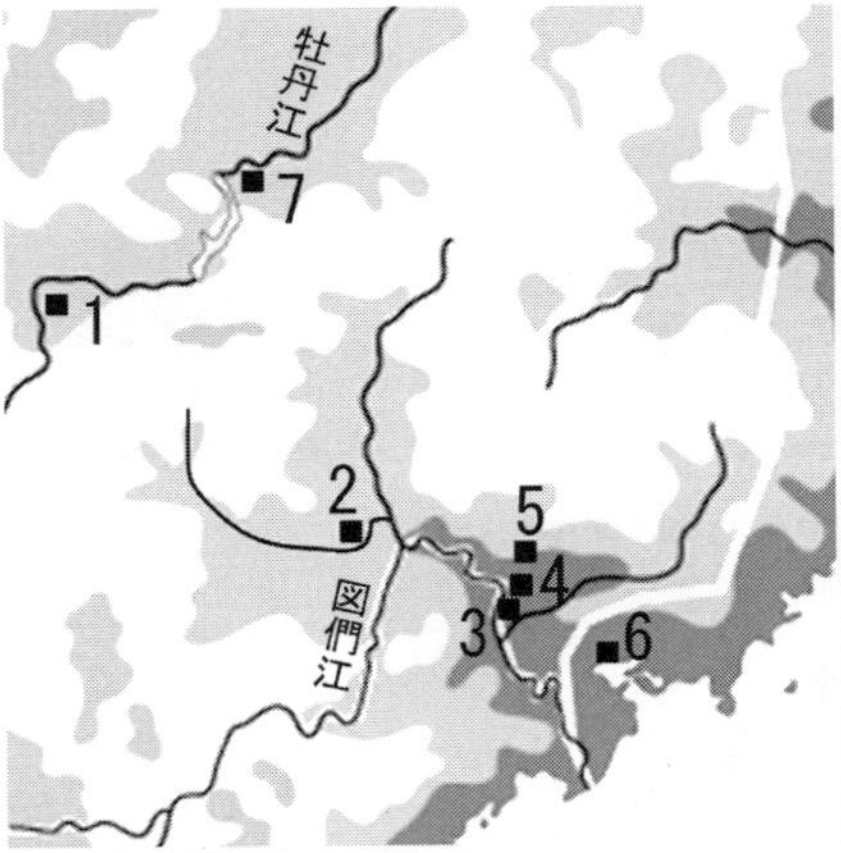

1六頂山墓群　2磨盤村山城
3古城村1・2号寺址　4新生寺址
5八連城（渤海東京）　6クラスキノ城跡
7渤海上京

図們江下流域の主要遺跡

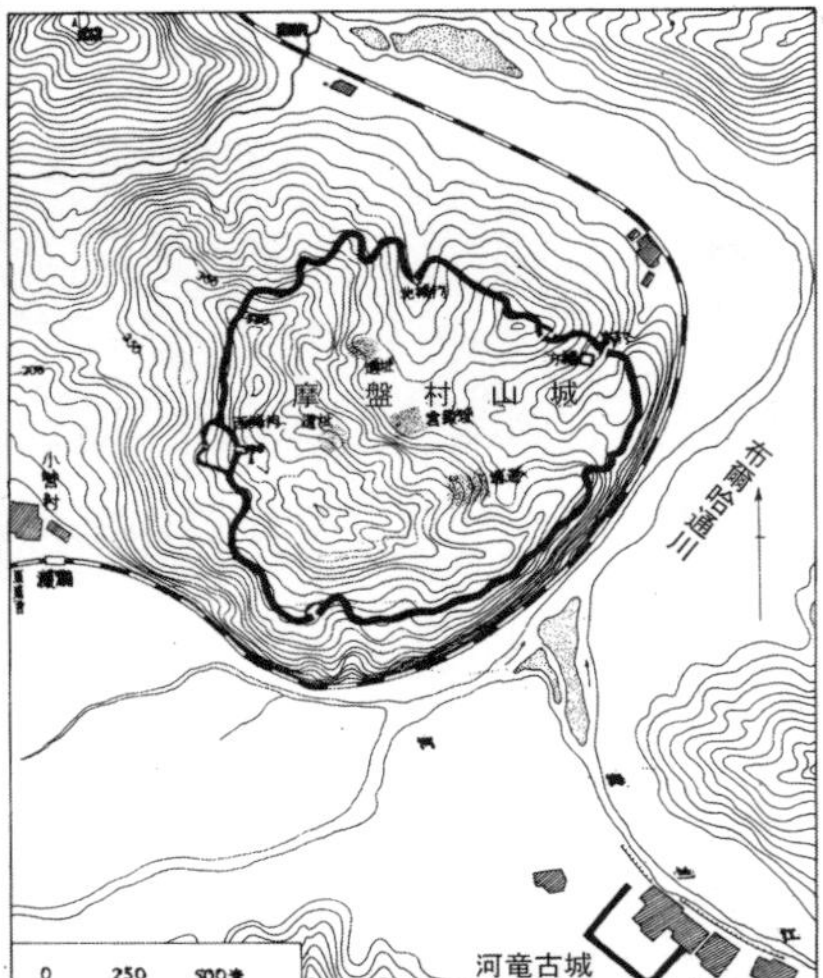

磨盤村山城
（吉林省地方志編纂委員会1991年を改変）

磨盤村山城

第 4 図　図們江下流域の主要遺跡分布図と磨盤村山城

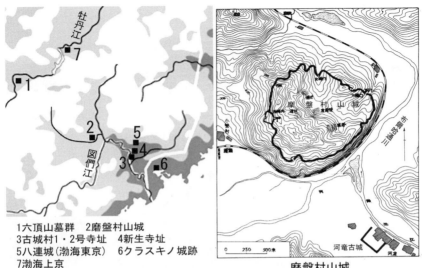

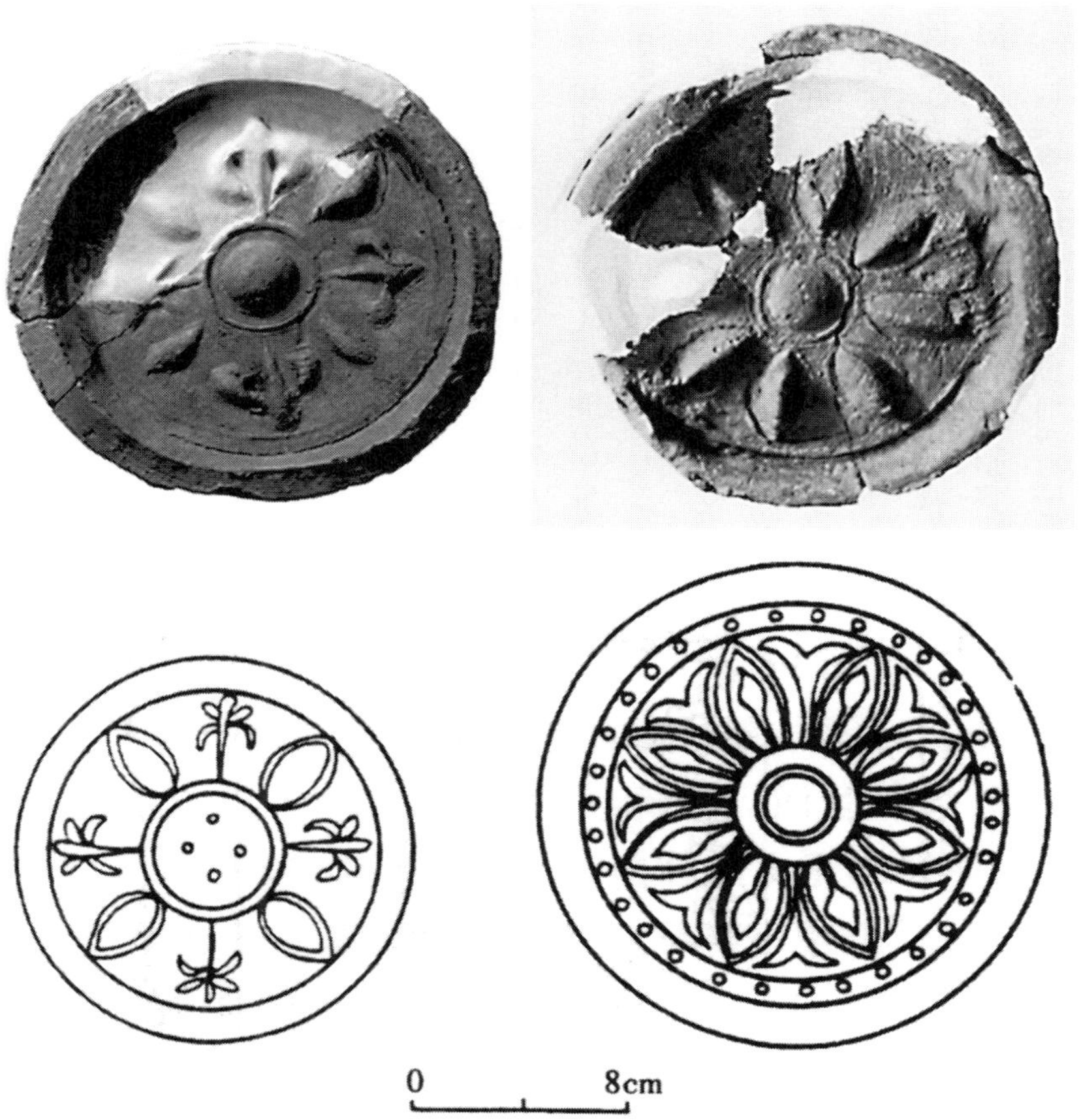

上段　磨盤村山城出土忍冬文系瓦当（左）、八弁花文瓦当（右）
（出典：馮恩学・安文栄2023年）
下段　金山建築址出土瓦当（出典：金宗赫2002年）

第５図　磨盤村山城出土瓦当の検討資料

可能性が高い。

「旧国」敦化説　従来の研究では、「旧国」を大欽茂が上京に遷都する以前の王都所在地で、大祚栄や大武芸の王都すなわち「旧都」と同義に考えられてきた。一九四九年に六頂山墓群(吉林省敦化市)で発見された貞恵公主(大欽茂の次女)墓出土の墓碑に「珍陵之西」に埋葬したと記されていることから、「珍陵」を大欽茂以前の大祚栄か大武芸の陵墓と想定し、六頂山墓群が所在する敦化盆地を渤海建国の地で旧国とする考察が定説となっていた[金毓黻 一九五六]。しかし、貞恵公主墓の東にある6号墓は壁画を伴う横穴式石室で、その造営は八世紀後半と推定できる。私は6号墓を大欽茂の王子で早世した大宏臨が王陵の格式で埋葬され、珍陵と号されていた可能性が高く、大祚栄や大武芸の陵墓ではないと考えている[小嶋 二〇二二]。

また、六頂山墓群からは高句麗の影響を濃厚に残した瓦当(軒丸瓦)が出土しており、私は八世紀初頭に年代を比定している。この瓦当は「旧国」の時期に六頂山周辺で瓦生産が行われていたことを示しており、同じ窯で生産された瓦が六頂山周辺の寺院もしくは官衙の屋根に葺かれていた可能性があり、こうした遺跡が発見されれば「旧国」の王都が敦化市周辺に置かれていたことになる。しかし、これまで敦化市一帯で行われてきた遺跡分布調査では、六頂山墓群と同じような渤海初期の瓦を出土する遺跡が発見されておらず、今後も発見される可能性は小さい[李强・侯莉閩 二〇〇三]。

磨盤村山城　近年、図們江下流域の磨盤村山城(旧称城山子山城)が「旧国」との関係で注目されている。磨盤村山城は、図們江支流の布尓哈通河左岸に所在している。布尓哈通河は敦化市南方の山岳に水源があり、延吉市を経て図們市で図們江と合流している。磨盤村山城では二〇一三年から吉林省文物考古研究所が発掘調査を行い、中央の谷間を囲む尾根筋に全長四五四九㍍の城壁が確認され、谷間では多数の建築遺構が確認されている[吉林省文物考古研究所 二〇二三]。発掘調査が開始される以前から磨盤村山城では多数の遺物が採集されていて、高句麗時代と渤海から金代末期の山城と推定されていた〔吉林省地方志編纂委員会 一九九二〕。発掘調査が始まると、凸面を方格叩きや縄目叩き調整をした平瓦、八弁の単弁蓮花文瓦当(軒丸瓦)、鳥形文とされる文様を置いた瓦当などが出土したことや、城壁の断ち割り調査で出土した炭化物や種子のC14年代測定結果が五五〇~七〇〇年を示したことが紹介されている。これらの成果をもとに、磨盤村山城を大祚栄が六九八年に振を樹立した「東牟山」と関連付ける説が提唱されている〔馮恩学・安文栄 二〇二三〕。

磨盤村山城から出土した鳥形文とされる瓦当は、四個の紡錘形単弁蓮花文の間に鳥形の浮文が四個配置されている〔馮恩学・安文栄 二〇二三〕。鳥形文が表現された瓦当は、七道河子遺跡〔吉林市博物館 一九九三〕とコルサコフカ遺跡〔大陸研究所他 一九九四〕から出土しているが、いずれも鳥を横から見た図案である。磨盤村山城の瓦当は鳥を上から見たようなデザインで、七道河子遺跡・コルサコフカ遺跡とは異なっている。七道河子遺跡等の鳥形文瓦当は渤海後期(九世紀)に比定でき、渤海早期ないし高句麗晩期と推定されている磨盤村山城とは年代が異なっている。磨盤村山城出土の瓦当文様を鳥形文とした場合、高句麗や渤海前期の瓦当文に類例・系譜がなく、突然に出現したことになって不自然である。

以上の点を踏まえ、私は磨盤村山城で出土した鳥形文とされている瓦当文様は忍冬文系の文様である可能性が高いと考えている。左右に伸びる葉が下方に下がっている様子が、鳥の飛ぶ形と似ていることから飛鳥《ひちょう》文と呼称されたと思われる。忍冬文瓦当は高句麗や渤海前期の瓦当に文様系譜があり、磨盤村山城出土の瓦当文様を忍冬文系と考えると瓦当文の系譜が明確になる。

磨盤村山城出土の忍冬文系瓦当の系譜を考える上で参考になる資料が、金山建築址(北朝鮮咸鏡北道北青郡)で出土している。金山建築址は高句麗時代に建築され、渤海まで使用が続いていたと推定されている。出土した瓦当は創建時すなわち高句麗の瓦当と認識されている〔金宗赫 二〇〇二〕。金山建築址出土の瓦当には、四個の紡錘形単弁花文の間

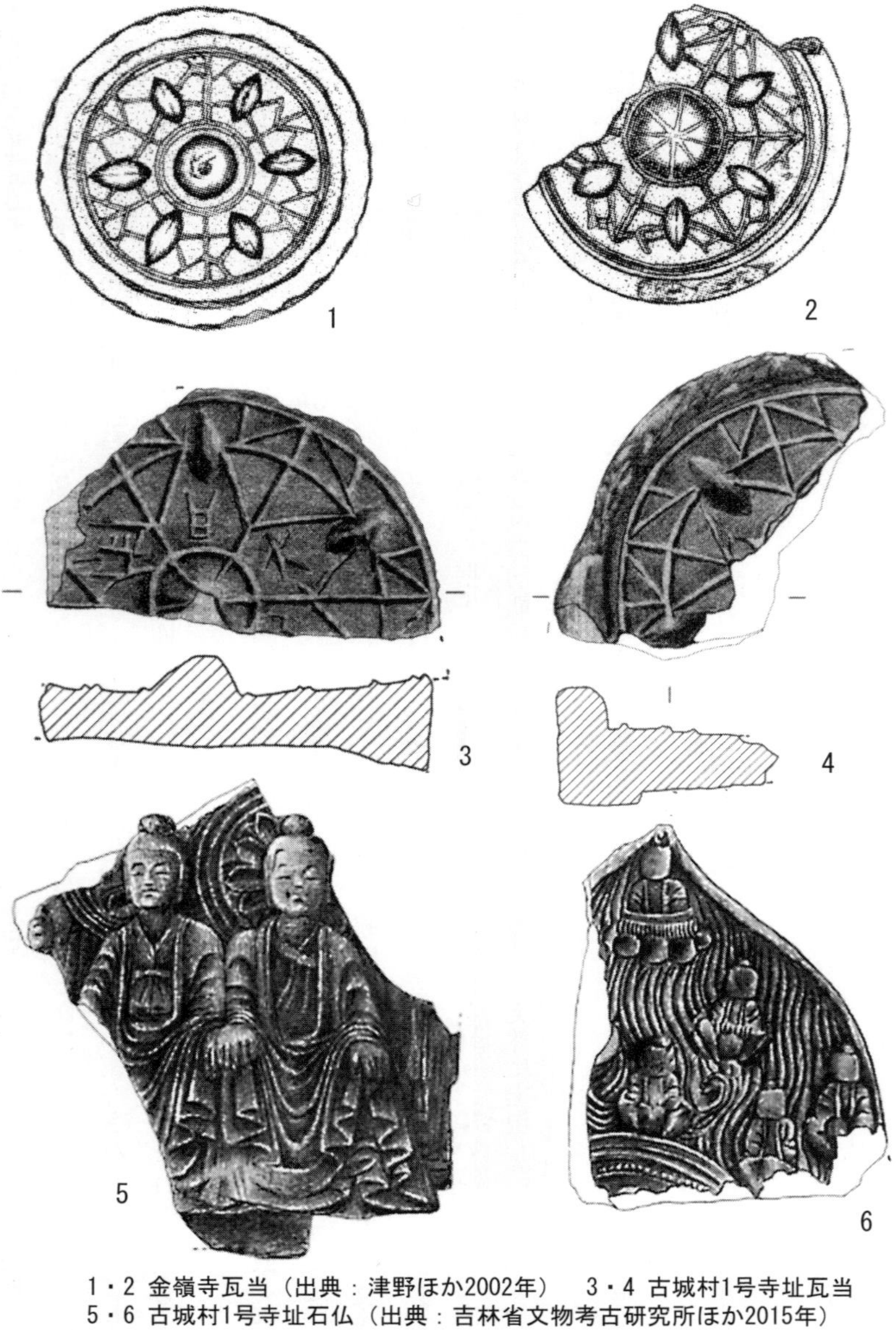

１・２ 金嶺寺瓦当（出典：津野ほか2002年）　３・４ 古城村1号寺址瓦当
５・６ 古城村1号寺址石仏（出典：吉林省文物考古研究所ほか2015年）

第６図　金嶺寺と古城村１号寺址の瓦当・石仏

第７図　新生寺址出土石仏・瓦当（出典：斎藤 1978 年）と基壇（2008 年撮影）

に葉が左右に二枚ずつ伸びている忍冬文系の文様が置かれている。この瓦当の左右二段の葉文のうち、上段の葉を取り去って下段の葉だけを残すと、磨盤村山城の忍冬文系瓦当と共通する文様になる。ちなみに、『新羅瓦塼』二三五頁に掲載された高句麗平壌地域出土の七七四番瓦当も金山建築址と同様の文様を持っている［国立慶州博物館 二〇〇〇］。

以上の検討から、磨盤村山城出土の忍冬文系瓦当は、高句麗の忍冬文系瓦当の系譜に位置づけることができ、金山建築址瓦当に比べて葉文が一対少なく、紡錘形単弁花文も外周の隆線がないなどデフォルメが認められるので、金山建築址出土瓦当より新しい様相と評価できる。また、磨盤村山城出土の八弁花文瓦当は金山建築址出土の忍冬文を挟んで八個の花弁を置いた瓦当から弁間の忍冬文を除いた文様で、この瓦当も上述の忍冬文系瓦当と同様に高句麗瓦の系譜にあると評価できる。

磨盤村山城出土として紹介されている二種の瓦当から窺える年代は、七世紀末〜八世紀初頭と推定できる。この推定は城壁土層から採集した種子のC14年代測定による年代推定や、中国で近年提起されている磨盤村山城を大祚栄が振を樹立した六九八年頃の造営とする説と矛盾しない［王培新・傅佳欣 二〇一八、彭善国ほか 二〇二三］。

ただし、年代についての最終的な判断は磨盤村山城から出土した瓦当を実見して文様や制作技法などを検討する必要があり、現状では報告書や簡報に掲載された写真などによる私の印象の域を出るものではない。

古城村1号寺址　磨盤村山城から直線距離で約五〇キロ南東にある古城村では、五世紀代の古城村1号寺址と八〜九世紀代の古城村2号寺址が見つかっている［解鋒・包艶玲・張哲 二〇二二］。古城村1号寺址は一九九五年六月に開田作業で発見され、遺構は大きく削平されたが多数の石仏や瓦が出土している。発見後、複数回の遺物採集が試みられ［吉林省文物考古研究所ほか 二〇一五］、二〇一六年から吉林省文物考古研究所が発掘調査を実施している。遺物採集や発掘調査では、放射状幾何学文を配した燕系瓦当が多数出土して注目を集めている。

古城村1号寺址では「壬子年六月作」の銘をもつ瓦当が出土しており、壬子年に該当する四一二年説が有力視されている。古城村1号寺址と類似した燕系瓦当が出土した遼寧省北票市の金嶺寺は、四世紀末頃の年代を推定されている［清野ほか 二〇二〇］。古城村1号寺址の瓦当は、金嶺寺の瓦当に比べて退化した要素があるので、古城村1号寺址は金嶺寺よりも後出で、四一二年が該当する可能性が高いと私も考えている［小嶋 二〇二四］。

古城村1号寺址は吉林省と黒竜江省では最古の仏教寺院で、『三国史記』によると高句麗に仏教が伝来したのは小獣林王二年(三七二)ということなので、高句麗寺院としても最古級に位置づけられる。なぜ図們江下流域に、この地域で最古の寺院が造営されたのだろうか。その理由は今後の重要な研究課題で、私は図們江が高句麗と北方民族(挹婁や粛慎、靺鞨など時代を経て民族名が変化している)の境界領域になっていたことが寺院設置の背景だと考えている。

古城村1号寺址の約二〇〇㍍南にある古城村2号寺址では、二〇一六年から発掘調査が実施されている。部分的に公開された調査成果によると、八世紀後半の瓦当が出土しており、この頃には寺院が置かれていたようである。八角形と方形の建物が南北に配置され、方形建物の基壇に舎利容器が三千個を越すガラス玉とともに埋納されていたと紹介されている［解峰・包艶玲・張哲 二〇二二］。2号寺址では八連城で出土した緑釉獣頭と同じ形状の緑釉獣頭が出土しており、造寺の背景に東京(八連城)へ遷都した渤海王権の存在を窺うことができる。

古城村から約四㌔北に、八世紀中頃に造営された新生寺址(別名：四方坨子寺址・旧名：八連城2号寺址)では二仏並坐像など古城村1号寺址と共通する様式の石仏が多数出土し、瓦当には八世紀前半に遡る可能性がある忍冬文系の文様がある［斎藤 一九七八］。新生寺址は、古城村1号寺址の後継寺院として八世紀第1四半期に創建され、古城村1号寺址から石仏が遷されたと私は推定している［小嶋 二〇二四］。ちなみに、八連城の創建は八世紀第2四半期頃で、七八五年頃〜七九四年の間は王都・東京となっていた。

4　虫麻呂らが見た渤海の旧国

図們江流域には高句麗の遺跡が多く、古城村1号寺址（五世紀）の発見は高句麗の辺疆とされていた図們江左岸地域を再評価するきっかけとなった。敦化を「旧国」すなわち渤海建国の地とする説は、これまでの調査成果から成立が難しいと言わざるを得ない。いっぽうで図們江下流域では、高句麗時代に造営された古城村1号寺址の石仏が渤海の新生寺址に継承されていた可能性が高いことは、高句麗から渤海への文化継承を示す興味深い事例である。また、近年調査されている磨盤村山城が渤海建国期の王城だとする説も提起されている。古城村1・2号寺址と磨盤村山城の発掘報告書がまだ刊行されていないので各遺跡の正確な評価は今後の課題だが、現在までに断片的に紹介されている調査成果を総合すると、図們江流域が振国の主要範囲だった可能性が高い。現状では大武芸が王都を置いた遺跡を特定できないが、磨盤村山城はその有力な候補である。

七二八年に第一次渤海使の高斉徳等と引田虫麻呂ら送渤海郡客使を乗せた船は、ポシェト湾に入り渤海側の港湾施設だったクラスキノ城跡に到着したと思われる。七二八年当時、大武芸は黒水靺鞨や唐・新羅との対立に備えていた。虫麻呂らは図們江下流域で造営されたばかりの新生寺址を拝し、寺院の北側で八連城の造営が始まろうとしていた光景を目にしたと思われる。彼らは王城を訪問して大武芸に謁見し、聖武天皇の国書や信物を贈るなどの公式行事に参加したと思われる。

『続日本紀』天平二年（七三〇）八月二十九日条に「遣渤海使正六位上引田朝臣虫麻呂等來歸」と記されており、虫麻呂らが無事帰還したことがわかる。「天平二年度越前国正税帳」には越前国加賀郡の項目に「送渤海郡使人食料伍拾斛」と記されており、加賀郡に帰還したことがわかる。加賀郡は現在の金沢市を含む北加賀地域で、郡津に比定されている畝田寺中遺跡に上陸したと推定している。
遣渤海使一覧表に示したように、虫麻呂以降の遣渤海使は概ね半年で帰還しており、虫麻呂らの滞在期間は異例の長期である。虫麻呂らが渤海に滞在した七二八～七三〇年は、大武芸が亡命した大門芸の帰還を唐に繰り返し要求していた時期にあたり、虫麻呂らの帰還直後の七三二年には張文休に登州攻撃を命じている。虫麻呂らの長期滞在は、黒水靺鞨や唐と対峙する渤海側の要請だった可能性が高く、虫麻呂らは渤海が置かれた厳しい国際環境を目撃している。帰国後、虫麻呂らが朝廷に報告した唐の北方政策や黒水靺鞨など靺鞨諸部や新羅の最新情報は、その後の外交政策に大きな影響を与えたと思われる。

参考文献
A．L．イブリエフ・V．I．ボルディン　二〇二二「クラスキノ古城の調査と沿海地方における渤海の考古学的研究」『渤海の古城と国際交流』勉誠出版
王培新・傅佳欣　二〇一八「磨盘村山城为渤海早期王城假说（磨盤村山城を渤海早期王城とする仮説）」『新果集（二）―庆祝林雲先生八十华诞论文集（慶祝林雲先生八十華誕論文集）』科学出版社（中国）
吉林省文物考古研究所ほか　二〇一五「吉林琿春古城村1号寺廟址遺物整理簡報」『文物』十一期
吉林省文物考古研究所・延辺朝鮮族自治州文物保護中心　二〇二三「吉林図們市磨盤村山城遺址二〇一九年調査与発掘（吉林省図們市磨盤村山城遺跡の調査と発掘）」『考古』第一期
吉林省文物考古研究所・敦化市文物管理所　二〇一二『六頂山渤海墓葬』（中国）
吉林省地方志編纂委員会　一九九一『吉林省志』巻四十三文物志
吉林市博物館　一九九三「吉林省蛟河市七道河村渤海建筑遺址清理简报（吉林省蛟河市七道河村渤海建築遺跡の調査概報）」『考古』第二期
解峰・包艶玲・張哲　二〇二一「吉林琿春古城村1号・2号寺廟址考古発掘収穫」『中国文物報』九月十八日（中国）
金毓黻　一九五六「関于渤海貞恵公主墓碑研究的補充（渤海貞恵公主墓碑研究の補充について）」『考古学報』二期（中国）
金宗赫　二〇〇二「朝鮮東海岸一帯の渤海建築址」『朝鮮東海岸一帯の渤海遺跡研究』図書出版センター（韓国）
国立慶州博物館　二〇〇〇『新羅瓦塼』（韓国）

小嶋芳孝　二〇二一「渤海平地城とクラスキノ城跡―ポシェト湾周辺遺跡群の評価」『渤海の古城と国際交流』勉誠出版
小嶋芳孝　二〇二三「瓦当文様の変遷から見た渤海王都の検討」『唐代史研究』第二十五号
小嶋芳孝　二〇二三『古代環日本海地域の交流史』同成社
小嶋芳孝　二〇二四「古城村1・2号寺址と図們江下流域の渤海仏教寺院」『東アジア都城と宗教空間』京都大学出版会
斎藤　優　一九七八『半拉城と他の史蹟』半拉城史刊行会
酒寄雅志　二〇〇一「第一節渤海の建設と国際関係」『渤海と古代の日本』校倉書房
酒寄雅志　二〇二一「クラスキノ古城と塩州」『渤海の古城と国際交流』勉誠出版
清野高之ほか　二〇二〇「金嶺寺遺跡出土瓦の研究」『東アジア考古学論叢Ⅱ』奈良文化財研究所
大陸研究所・ロシア科学院極東支部　一九九四『ロシア沿海州渤海遺跡』（韓国）
『朝鮮遺跡遺物図鑑』編纂委員会　一九九一『朝鮮遺跡遺物図（八）鑑渤海編』（北朝鮮）
馮恩学・安文荣　二〇二三「磨盤村山城早期遺存研究（初期磨盤村山城の研究）」『考古』第九期（中国）
彭善国・安文荣・苗詩鈺　二〇二三「渤海早期王城考古新探（渤海早期の王城について考古学的な新検討）」『辺疆考古研究』三十四号　吉林大学辺疆考古中心（中国）
李强・侯莉閩　二〇〇三「延辺地区渤海遺存之我见（延辺地区における渤海遺跡の私見）」『北方文物』第四期（中国）
ロシア科学アカデミー極東支部歴史学考古学民族学研究所・東北アジア歴史財団　二〇一五『沿海州クラスキノ渤海城二〇一四年度発掘調査』（韓国）

渤海の文化変容と地域社会

中澤 寛将

はじめに

渤海は、六九八年に大祚栄によって建国され、九二六年に契丹に滅ぼされるまでの約二三〇年間にわたって日本列島対岸地域にあった国家である。最盛期には現在の中華人民共和国(以下、「中国」という)の東北部(黒龍江省、吉林省、遼寧省)、朝鮮民主主義人民共和国(以下、「北朝鮮」という)、ロシア連邦(以下、「ロシア」という)の沿海地方に版図を広げた(第1図)。渤海は、高句麗遺民や粟末靺鞨《ぞくまつまっかつ》を中心とした靺鞨諸族から構成され、唐の諸制度を取り入れて政治・儀礼体制を整備し、九世紀には唐から「海東の盛国」と称された。また、七二七年、渤海が日本に使節を派遣したのを嚆矢として、日本と渤海との間では親密な外交関係が築かれ、様々な文物や情報が往来した。

渤海の成立は、この地域に居住していた靺鞨の人々の生活のあり方や精神文化にも影響を与えたと考えられる。先行研究によって、渤海の領域支配は、面的なものではなく、点と線による支配だったと考えられている[古畑二〇一七]。筆者は、前稿において、渤海の王都が置かれた牡丹江・図們江流域を中心地域とし、その文化的な影響を受ける地域、伝統的な文化が維持されて渤海中心部からの影響が希薄な地域など、文化内容に地域差があることを指摘した[中澤二〇一二・二〇二二]。

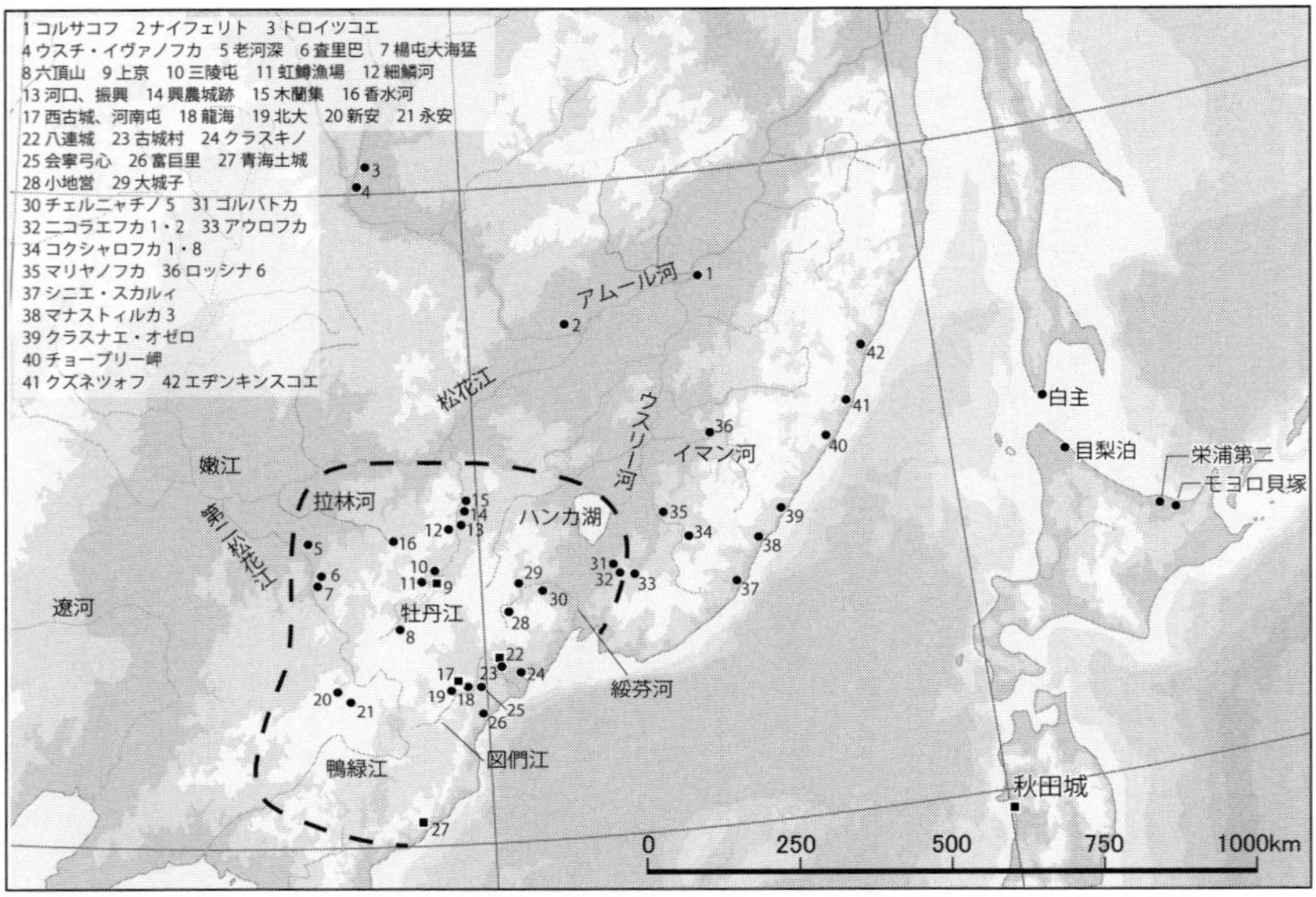

第１図　遺跡分布図（筆者作成）

本稿では、渤海建国以降に顕著になる石室墓、腰帯具、炕付き建物を取り上げ、各要素の成立と展開過程について検討し、渤海における文化変容と渤海王権による地域支配の特質について述べる。

1　石室墓の成立と展開

(1) 石室墓とは何か

石室墓は、自然石や切石などを用いて構築した墓葬であり、遺体を納める墓室、墓室の出入口となる墓門、墓室と外部をつなぐ羨道から構成される横口式の埋葬施設である。この墓葬は、羨道の有無やその接続方法によって、羨道をもたない「無袖式」、石室の中央部に羨道が接続して平面凸形を呈する「両袖式」、石室の片側に羨道が接続する「片袖式」に分類できる。その構築面は地下式と地上式に区分できる。渤海の王族墓とされる六頂山墳墓群の報告書では、墓室の高さを基準として、高さ一〇〇㌢を超えるものを石室墓、それを超えないものを壙室墓に分類している［吉林省文物考古研究所他 二〇一二］。前者は墓室への出入りや追葬が可能なのに対し、後者は出入りが難しい。高さ一㍍を超えるものは大型石室墓、超えないものは中型・小型の石室墓に区分でき、墓室の天井高は社会的地位と相関するという見方もある［姜二〇一四］。

(2) 石室墓の成立過程

石室墓の成立過程を理解する上で重要な遺跡が六頂山墳墓群である。この墓地は、「旧国」[1]に比定される中国吉林省敦化市に所在する王族墓である。墓域は、第一墓区と第二墓区に分かれ、第一墓区で一〇五基、第二墓区で一三〇基の墓葬が確認されている［吉林省文物考古研究所他二〇〇九］。これらの墓葬は、土坑墓、石(槨)棺墓、壙室墓、石室墓に分類され、封土の有無やそれを保護するための石材の有無によって細分されている。

第一墓区に位置するIM3号墓は、基壇状の封土上面に礎石建物を設け、その内部に土坑墓を配置したものである(第2図)。墓葬が緩斜面に位置しているため、北西側を切土して南東側にその土を盛ることによって、一辺約一二㍍の方形基壇状の平坦面を構築する。そのため、地表面からの高さも北・東・西側では〇・五㍍前後となるが、南東側では一・三㍍に及ぶ。その外周には、封土の流出防止のために石が積まれていることから「包石墓」と呼ばれる。平坦面には一辺約八・七㍍の規模の礎石建物があり、その中央の内陣(一間×一間)に木棺を伴う土坑墓三基、再葬墓一基がある。基壇周囲では壁画片や多量の瓦もみられ、壁画を伴う瓦葺き建物であったと推定される。瓦当は乳丁文や十字文がみられるものであり、八世紀第1四半期から第2四半期に位置付けられる［小嶋二〇一六］。

このほか、IM1号墓・IM4号墓・IM5号墓も瓦葺き建物が伴う墓葬と推定される。平面長方形の基壇上に石室を伴う点でIM3号墓とは異なる。石室は、平面凹形に高さ一・二〜二㍍程度の石積みを多重に巡らせて石を構築した「石墻石室墓」である。中央部の石室は両袖式であり、IM1号墓が一辺二・八〜三・〇㍍、IM4号墓が一辺三・二〜三・五㍍の正方形、IM5号墓が長さ二・八㍍、幅一・七㍍の長方形を呈する。いずれの墓葬でも乳丁文・

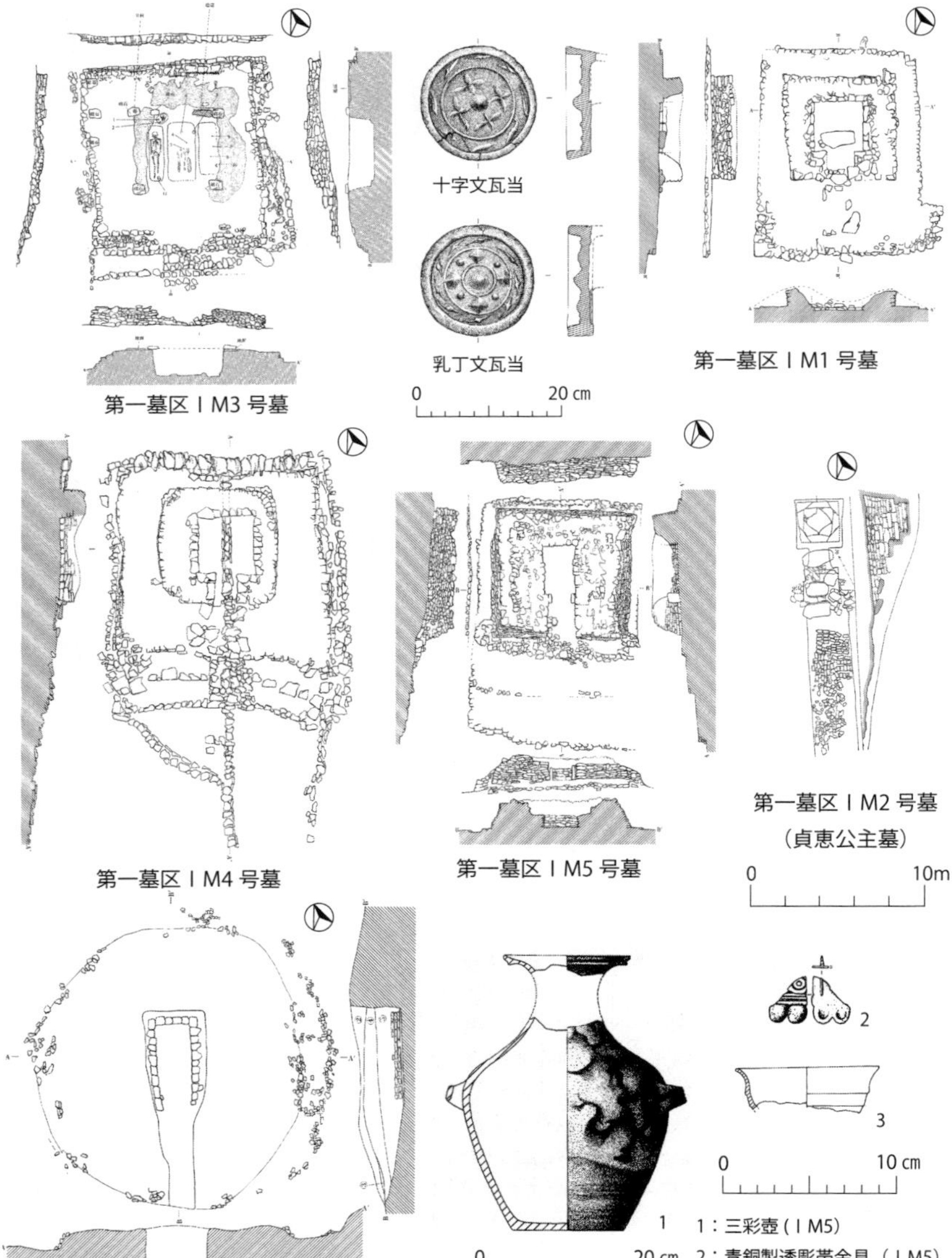

第 2 図　六頂山墳墓群の墓葬（吉林省文物考古研究所他 2012 をもとに作成）

十字文瓦当がみられる。特にＩＭ４号墓では絞胎器、ＩＭ５号墓では橋状把手付きの三彩壺が出土し、八世紀前半に年代づけられる。

この墳墓群で年代の定点となるのがＩＭ２号墓、すなわち大欽茂の第二女・貞恵公主墓である。墓道・羨道・墓門・石室から構成され、一辺約二・九㍍の墓室を持つ両袖式石室墓である（第２図）。墓室の天井高は約二・七㍍で、その四隅に三角形になるように板石を積み上げてドーム状の天井とした四隅持ち送り式構造となる。このような天井は、高句麗古墳に認められる。石室内からは漆喰片が出土し、壁画の存在が想定される。墓誌には、貞恵公主が宝暦四年（七七七）に死亡し、宝暦七年（七八〇）に「珍陵之西原」に埋葬されたと記されている。「珍陵」は、第一墓区の東に位置するＩＭ６号墓と推定されている。「珍陵」の被葬者については、大武芸とみる説、大欽茂の子・大宏臨とみる説がある。ＩＭ６号墓は直径約一五㍍の円形の封土を伴い、墓室は平面長方形の無袖式石室墓である（第２図）。墓室から花紋塼や壁画片が出土している。

六頂山墳墓群では、層位関係からＩＭ５号墓がＩＭ14号墓より古いこと、石室の平面形は方形が長方形よりも古いことが指摘されている〔吉林省文物考古研究所他 二〇一二〕。これらの点を踏まえると、土坑墓を伴うＩＭ３号墓が最も古く、ＩＭ１号墓・ＩＭ４号墓→ＩＭ５号墓→ＩＭ６号墓→ＩＭ２号墓→ＩＭ14号墓と変遷したと推定される。乳丁文・十字文瓦当が用いられる八世紀前葉に基壇状の封土及び礎石建物を伴う土坑墓・石室墓が登場し、やがて天井高の高い石室墓に変わり、方形基壇及び石室に伴う石墻が形骸化することによって天井高の低い石室墓が成立したと推定される。六頂山墳墓群では、口縁部に刻み目を伴う靺鞨罐がほとんどみられないことから七世紀に遡ることはなく、おおむね八世紀前葉以降に造営が開始され、九世紀初頭まで存続したと推定される。

(3) 石室墓の地方への広がり

八世紀前葉に牡丹江上流域で成立した石室墓は、八世紀中葉頃までに「顕州」が置かれたと推定される図們江支流の海蘭江流域や、天宝末(七五六年頃)に「上京」が置かれた牡丹江中流域にまで広がる。海蘭江流域では河南屯墓地(八世紀前半)や龍頭山墳墓群(八世紀後葉~九世紀初頭)、北大墓地(八~九世紀)、牡丹江中流域では虹鱒漁場墓地(八世紀前半~九世紀)や三陵屯墳墓群(九~十世紀)など、王都周辺に葬地が新たに造営される。龍頭山墳墓群や三陵屯墳墓群は、地下式の大型石室墓を伴う王族墓、北大墓地や虹鱒漁場墓地は小・中規模の石室墓を中心とした共同墓地である。

北大墓地は、「顕州」に比定される西古城の南西約五㌔に位置する。一九七三年調査で五四基、一九八八年調査で一一基の墓葬で発掘調査が行われた。なかでも一九七三年調査のM35号墓は、南北五・八㍍、東西四・六㍍の平面長方形状に板石を組み、その中央に長方形の墓室を設けた両袖式石室墓である(第3図)。墓室の規模は、長さ二・九㍍、幅一・七㍍、高さ〇・八㍍である。このような墓葬は、外周に石列が配置される点で六頂山ⅠM3号墓やⅠM58号墓に類似する。北大墓地の変遷については、東潮氏が有羨道と無羨道、墓室周囲に積み上げた板石が多重になるものと単重のものに区分し、それぞれ前者から後者に変化したと推定している[東 二〇〇〇]。その上で、古い方からM35号墓→M34号墓→M1号墓→M28号墓→M26号墓と変遷し、M35号墓に代表される基壇及びその外周に列石が配置されたもの(外護列石)を積石塚の痕跡と推定している[東 二〇〇〇]。

一方、上京の西約六・五㌔に位置する虹鱒漁場墓地では、三二三基の墓葬が確認され、石室墓・石壙墓・石棺墓・塼室墓に分類されている[黒龍江省文物考古研究所 二〇〇九a]。筆者はM2280号墓をこの墓地における初期の石室墓と位置づけ、八世紀前半代と推定した[中澤 二〇一二]。M2280号墓は、長軸五・二㍍、短軸四㍍の楕円形状に配置された板石の中央部に、半地下式の両袖式石室を配置する(第3図)。石室は玄武岩の板石を三~四段積み上げて構

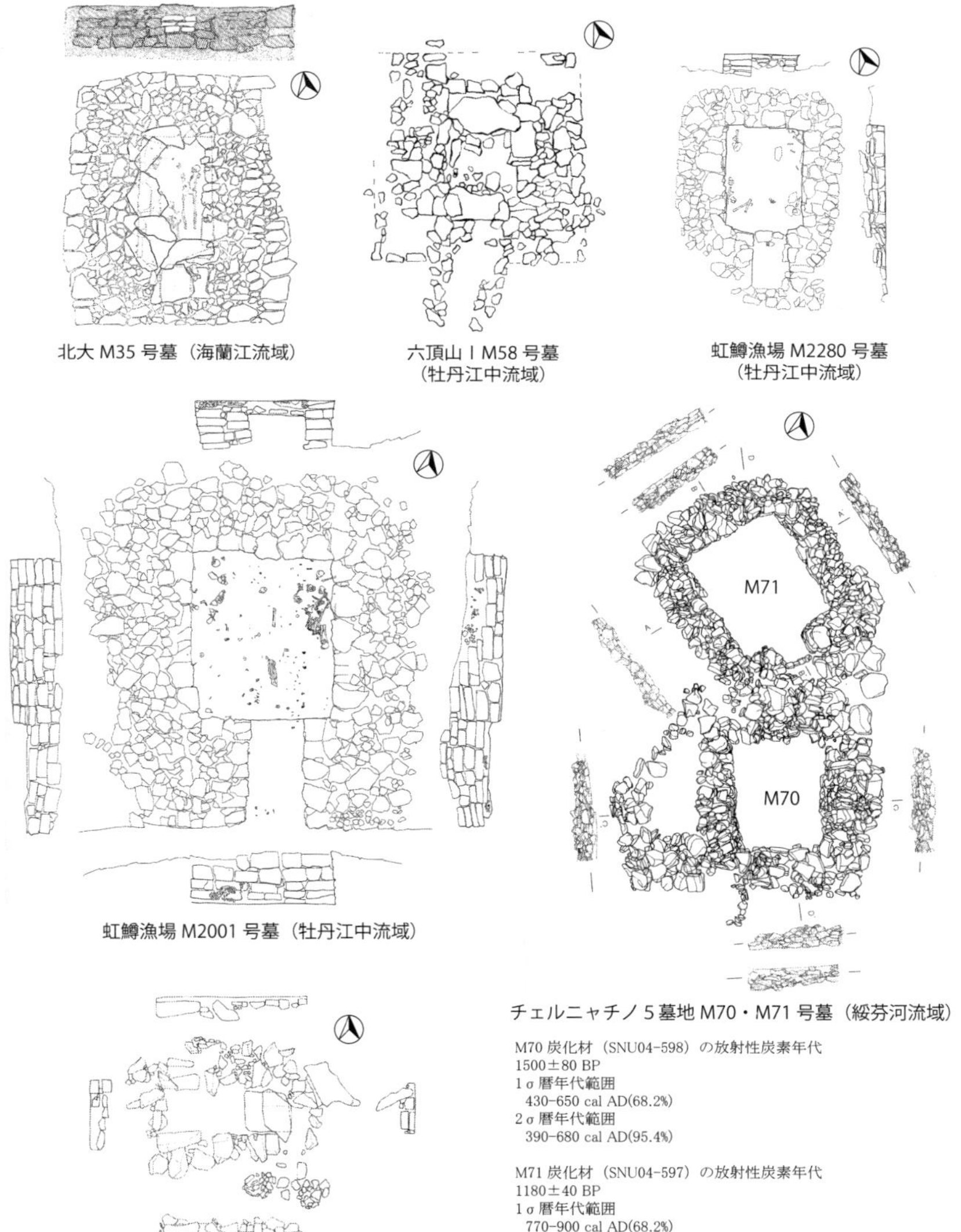

第 3 図　渤海時代の石室墓

（延辺朝鮮族自治州博物館他 1982、黒龍江省文物考古研究所 2009a・2016、吉林省文物考古研究所他 2012、韓国伝統文化大学校他 2006 をもとに作成）

築されている。また、M２００１号墓は、半地下式の両袖式石室墓である。墓室の四壁には石を三～四段程度積み、その天井面の周囲に広がる封土上面を覆うように板石が配置されている。鍍金銅製・銀製の腰帯具、鍍金された棺釘など多種多様な遺物が出土した。年代は八世紀後半～九世紀初頭と推定される。M２００１の北側では「方壚」と呼ばれる石敷きの方形基壇状遺構が六基確認されている。方壚は六頂山墳墓群第一墓区でみられる「石台」と共通し、遺体の仮安置や葬送に関わる儀礼が行われた施設と推定される。

平面方形の墓室を持つ両袖式石室墓は、九世紀頃になると、第二松花江流域や拉林河上流域、綏芬河流域にも広がる（第3図）。石室墓の構造は天井高が一㍍未満で、墓室周囲の石積みは単重になる。これらの地域では、石室墓は靺鞨の伝統を引く土坑墓主体の共同墓地に築造される。石室墓の数は土坑墓に比べて少なく、年代も土坑墓より新しいなど、土坑墓から石室墓への移行は地域社会における葬墓制のあり方の変容を示唆する。現在のところ、石室墓の北限はウスリー河流域である。コクシャロフカ8遺跡では、墓上建物を伴う石室墓が確認されている。墓室及びその周囲からは、橋状把手坏の壺や塔式罐と呼ばれる器台、回転スタンプ文のある陶質土器、金製飾りや銀製の釘、玉石帯、多数の瓦片などが出土しており、年代は十世紀前葉頃と推定している［中澤 二〇二二］。一方、アムール河流域では、石室墓が導入されることはなく、土坑墓が継続して利用された。

２　腰帯具にみる靺鞨伝統の変容

⑴ 唐式腰帯具の分類と変遷

墓葬から出土する特徴的な遺物の一つが腰帯具である。腰帯具は被葬者の性格や社会的な位置を考える上で貴重な資料である。なかでも唐式腰帯具は、唐において製作された腰帯具を模倣して、中国や朝鮮半島、日本、ベトナムなど唐の周辺諸国で製作された腰帯具である［中川 二〇一二］。帯や腰帯に付属する部品(鉸具《こうぐ》・鉈尾《だび》)、腰帯の表面を飾った金属器や玉製、石製の装飾板(銙具《かぐ》)などから構成され、貴族・官人の身分を可視的に表現する装身具として使用された。

『新唐書』北狄・渤海伝には「品を以て秩となす。三秩以上は服紫、牙笏《げしゃく》、金魚。五秩以上は服緋、牙笏・銀魚。六秩、七秩は浅緋衣《さんひい》、八秩緑衣、皆木笏《もくしゃく》」と定められ、身分に応じて衣服の色や付属品が異なっていたことがうかがえる。この史料は、渤海が唐の政治・儀礼制度を受容する中で、衣服制が導入されたことを示す［伊藤 一九九七、東 二〇〇〇］。

渤海時代の唐式腰帯具は、中国東北部やロシア沿海地方、朝鮮半島北部で出土している。鉸具(バックル)、方形・半円形金具、鉈尾(帯端金具)がみられ、材質は銅製・鉄製が多く、わずかに鍍金されたものや玉製、石製もある。方形金具は巡方と呼ばれるもので、形状が方形のもの(Ⅰ類)と長方形のもの(Ⅱ類)がある。一方、半円形金具は丸鞆と呼ばれ、下辺のみ直線で丸みを帯びるもの(Ⅰ類)、上辺が山形に尖り平面五角形を呈するもの(Ⅱ類)、下方及び左右が直線的で、上辺が弧状で蒲鉾型となるもの(Ⅲ類)がある(第4図)。このほか、平面雲形や花形のものもある(第5図)。

方形金具・半円形金具は、表金具と裏金具から構成され、両者で帯を挟む構造となる。表金具は、断面が台形を呈した一枚板のもの(a類)、わずかな側面をもち、表面と鈍角になるもの(b類)、明瞭な側面をもち、表面とほぼ直角になるもの(c類)に分類できる。また、方形・半円形金具の下半には、垂孔がある。その形態は長方形が多く、山形(玉ねぎ状)や山の字形のものもみられる。

年代は、方形金具Ⅰ類・Ⅱ類は八世紀前半から十世紀前半まで、半円形金具Ⅰ類・Ⅱ類は八世紀から九世紀、Ⅲ類は九世紀から十世紀前半にみられる。表金具の構造は、a類・b類は八世紀から十世紀前半、c類は九世紀後半から十世紀前半頃と推定される。

(2) 唐式腰帯具の成立と展開

腰帯具は、単体で出土することが多いが、龍海墓群、北大墓地、虹鱒漁場墓地、クラスキノ墓地では腰帯具の使用状況を推定できる事例がある。

西古城の南東に位置する龍海墓群では、第三代大欽茂の孝懿皇后墓、大欽茂の第四女の貞孝公主墓、第九代大明忠の順穆皇后墓が確認されている[吉林省文物考古研究所他 二〇〇九]。腰帯具は、墓上建物と推定される礎石建物の中央にある二基の墓葬の内、M14号墓で鍍金製の裏金具を伴う花文石玉帯一組(鉈尾一点、方形六点、円形一一点)が出土している。この墓からは、金冠飾、鍍金製釵、銅鏡も出土している(第5図)。年代は八世紀後葉頃と推定される。唐代に「金玉帯」を装着できるのは文官三品以上とされ(2)、この墓葬の被葬者の身分の高さを示唆する。

北大墓地では、M2号墓で革帯の痕跡が残る銅製腰帯具(方形金具三、半円形金具六)、M28号墓で銅製腰帯具(鉸具一、方形金具四、半円形金具八、鉈尾二)、M9号墓で鍍金銅製腰帯具(鉸具一、方形金具四、半円形金具七)が出土している(第4図)。また、虹鱒漁場墓地では、M2091号墓で銅製腰帯具(鉈尾一、方形金具三、半円形金具四)、M2127号墓で成人男性に伴う銅製腰帯具(鉸具一、方形金具二、半円形金具五)、M2171号墓で成人男性に伴う銅製腰帯具(方形金具四、半円形金具七)、M2127号墓で鉄製腰帯具(鉸具一、方形金具三、半円形金具四)が出土している。ロシア沿海地方のクラスキノ墓地では、九世紀頃の石室墓一基が調査され、墓室から鉄製腰帯具(鉸具一、方形金具四、半円形金具三、鉈尾一)が出土している。方形・半円形金具の数は五個から一二個とばらつくが、『新唐書』輿服上にみえる「庶人は服黄、銅鉄帯七銙(3)。」におおむね対応し、腰帯具を伴う被葬者に中には「首領」と呼ばれた人物も含まれていた可能性がある。

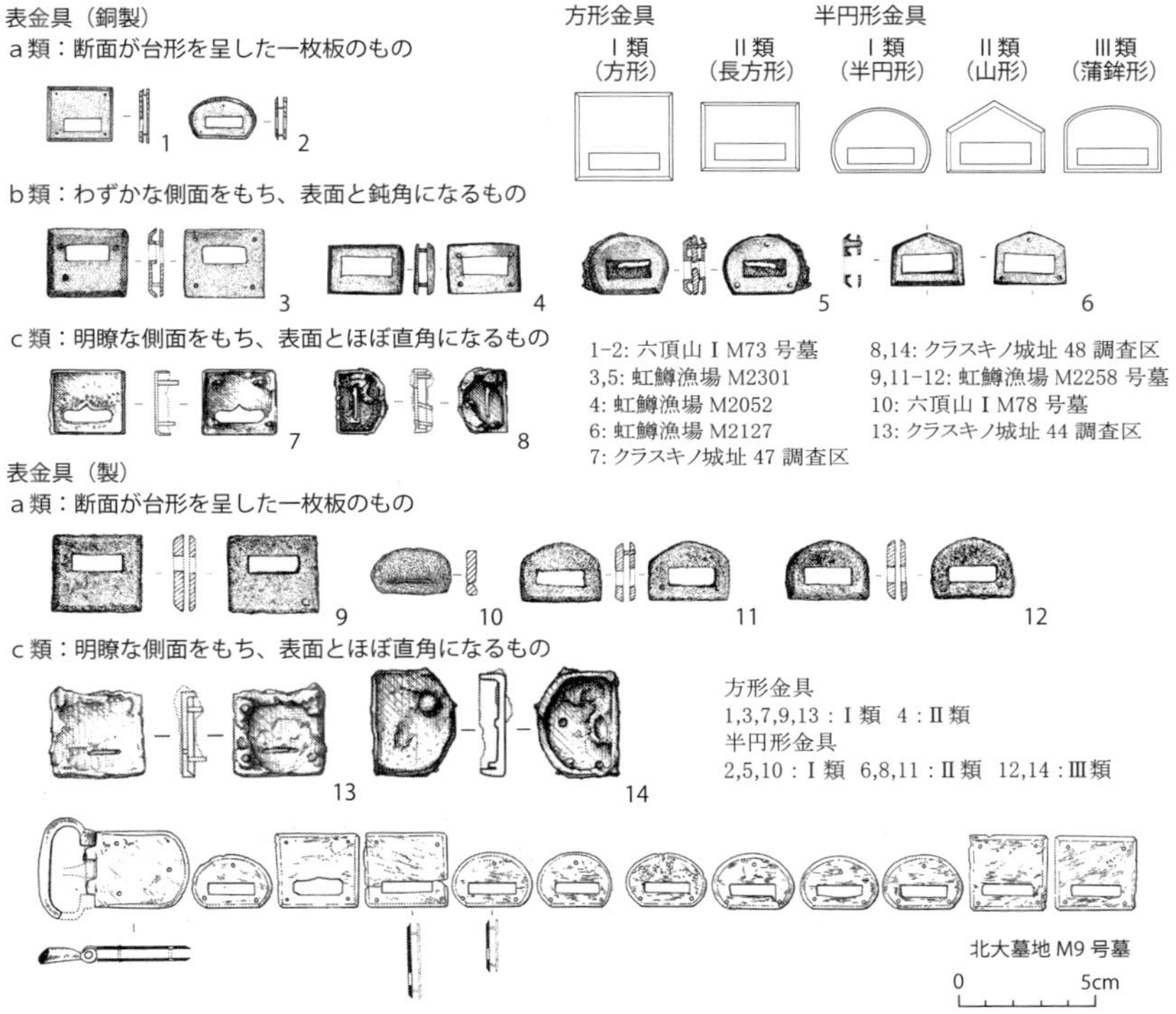

第４図　方形金具・半円形金具

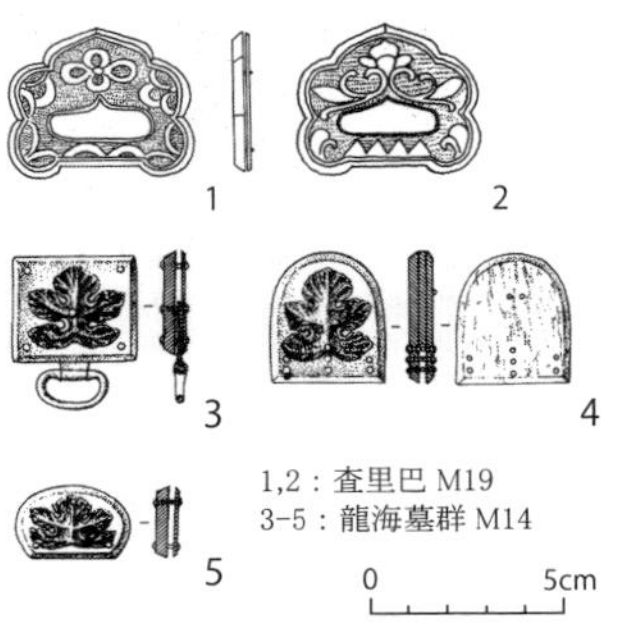

第５図　文様のある腰帯具

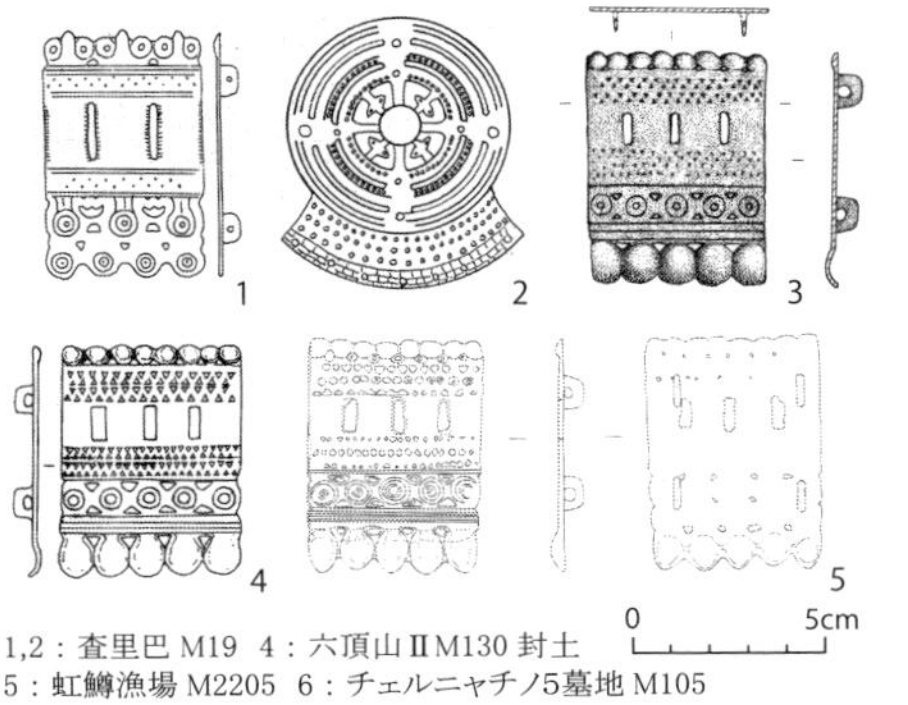

第６図　方形透彫腰金具

第４図は黒龍江省文物考古研究所 2009a・2016、吉林省文物考古研究所他 2012、金 2021、第５図は吉林省文物考古研究所他 1995・2009、第６図は吉林省文物考古研究所他 1995、黒龍江省文物考古研究所 2009a・2016、韓国伝統文化大学校他 2006 をもとに作成

唐式腰帯具は、渤海建国当初の八世紀前半に導入され、八世紀後半に牡丹江・図們江流域でみられ、九世紀以降に第二松花江流域や綏芬河流域、沿海地方日本海沿岸にも広がる。綏芬河流域のチェルニャチノ5墓地では、八世紀後半以降と推定されるM162号墓(石敷墓)で青銅製腰帯具が出土している。また、日本海沿岸のシニエ・スカルィ遺跡では、方形・半円形金具が後述する青銅製透彫帯金具とともに出土している。これらの地域では、腰帯具は単体で出土することも多い。

一方、アムール河流域のコルサコフ墓地では、九世紀代と推定されるM54号墓で銅製腰帯具(鉸具一、方形金具六、半円形金具三、鉈尾一)・鉄刀・鉄鏃が共伴し、M285で銅製腰帯具(方形金具三、半円形金具四、鉈尾一)と青銅製透彫帯金具が共伴する。唐式腰帯具は九世紀から十世紀前半の墓葬でみられ、鉄刀や鉄鏃と一緒に出土することもある。

(3) 青銅製透彫帯金具の分布と変遷

青銅製透彫帯金具(アムール型帯飾板とも呼ばれる)は、透かし彫り文様がある板状の鋳造製品であり、鞢䪁を特徴づける腰帯具である[菊池 一九九九、天野 二〇〇八、臼杵 二〇〇〇・二〇〇四]。このような帯金具は、矩形のもの、円形のものに大別できる(第6図)。

方形透彫帯金具の変遷については、天野哲也氏[二〇〇八]、王培新氏[一九九七]や臼杵勲氏[二〇〇〇]が詳細に検討している。臼杵氏は、帯金具の上端部の形状、中央部の透かしの形状及び数、下部の文様に基づいて分類し、六時期に区分した[臼杵 二〇〇〇・二〇〇四]。そのうち、渤海時代に相当するのは第Ⅱ期(八世紀前半)から第Ⅴ期(九世紀後半)である。特に第Ⅲ期(八世紀後半)に年代づけられる上端部が連珠型、中央部が矩形三孔型、下部が舌状文となる方形透彫帯金具は、王都が置かれた牡丹江流域のみならず、第二松花江流域、綏芬河流域、沿海地方日本海沿岸にも分布する。また、第Ⅳ期(九世紀代)以降の帯金具は、アムール河流域やロシア沿海地方北部に限られ、分布の中心が北の地域へ移り変わる[臼杵 二〇〇四]。

一方、円形の透彫帯金具は、第二松花江流域の大海猛遺跡や査里巴墓地、牡丹江流域の虹鱒漁場墓地、沿海地方日本海沿岸のシニエ・スカルィ遺跡、アムール河流域のコルサコフ墓地などで出土している。八世紀後半に第二松花江流域や牡丹江流域、沿海地方日本海沿岸、十世紀以降にアムール河中流域で顕著になる。アムール河流域では、鐸を付けるための張り出しを持つ円形帯金具が多い。

透彫帯金具は、オホーツク文化の枝幸町目梨泊遺跡、網走市モヨロ貝塚、北見市栄浦第二遺跡でも出土している[菊池 一九九九]。いずれも臼杵編年第Ⅱ期(八世紀前半)に位置付けられる[臼杵 二〇〇四]。当該期を特徴づけるオホーツク式土器(刻文系土器)は、器形や文様が靺鞨罐(ナイフェリト群)と類似し、大陸に由来すると考えられる軟玉製の環状耳飾り、青銅製の鐸、鉄製の曲手刀子や鉾などもみられるなど、オホーツク文化と大陸との間で交流・交易が行われていたことを示す[菊池 一九九九]が、八世紀後半になると、オホーツク文化の大陸系遺物は希薄になる[臼杵 二〇〇四]。

(4) 帯金具からみえる二面性

青銅製透彫帯金具は、七世紀にアムール河流域や第二松花江流域で登場し、八世紀に入ると第二松花江流域で発達する[臼杵 二〇〇四]。八世紀後半には牡丹江中流域、綏芬河流域、沿海地方日本海沿岸にも広がる。それに対して、唐式腰帯具は八世紀前半に導入され、八世紀後半に牡丹江・図們江流域でみられる。八世紀後半に牡丹江中流域で唐式腰帯具と青銅製透彫帯金具が共存する。同じ型式の青銅製透彫帯金具が広域に分布する点は、靺鞨の伝統や風習を認めつつ、集団間の結びつきも利用するかたちで、渤海王権が領域拡大を図り、靺鞨を統合していった様子を示唆する。

九世紀に入ると、青銅製透彫帯金具の分布がアムール河流域やロシア沿海地方北部に移る一方で、綏芬河流域や沿海地方日本海沿岸に唐式腰帯具が流入する。この点は、靺鞨伝統の身分表象から中央集権的体制下の衣服制に基づく身分秩序・位階表現へと転換が図られたことを示唆する。また、九世紀以降にアムール河流域にも唐式腰帯具が流入し、青銅製透彫帯金具と共伴する例もあることから、靺鞨の伝統的な装身具形態を維持しながら、渤海とのつながりを持ったことを示唆する。

十世紀に入ると牡丹江・図們江流域、アムール河流域では、契丹（遼）の系譜を持つと推定される腰帯具（特に表金具c類）がみられ、渤海王権が作り上げた身分表象方法である唐式腰帯具は消滅し、契丹系帯金具へと変質・転換した様子がうかがえる。

3　渤海王都にみられる炕付き建物と地方社会

(1) 炕付き建物の構造

渤海時代の住居は、地上に構えた平地建物と、先史時代以来の伝統的な居住施設である半地下式の竪穴建物に分類できる［中澤 二〇二〇］。渤海時代には、竪穴建物からなる集落が営まれる一方で、平地建物を伴う集落もみられ、屋内に炕《かん》と呼ばれる暖房施設が伴う建物が登場する［中澤 二〇二〇］。

炕は、カマドの熱を煙道に流すことによって、床や室内を暖める暖房施設である。現在も朝鮮半島でみられるオンドルにつながる。その起源は、『後漢書』東夷伝に登場する「挹婁」の考古学文化とされるロシア沿海地方南部の団結・クロウノフカ文化（紀元前三世紀〜紀元一世紀）や松花江流域の鳳林文化（三〜五世紀）、さらには高句麗にさかのぼる。炕は、カマド（焚口）、煙道、排煙部（煙突）からなる。渤海時代には煙道がI字、L字、コの字に巡るものがみられる。

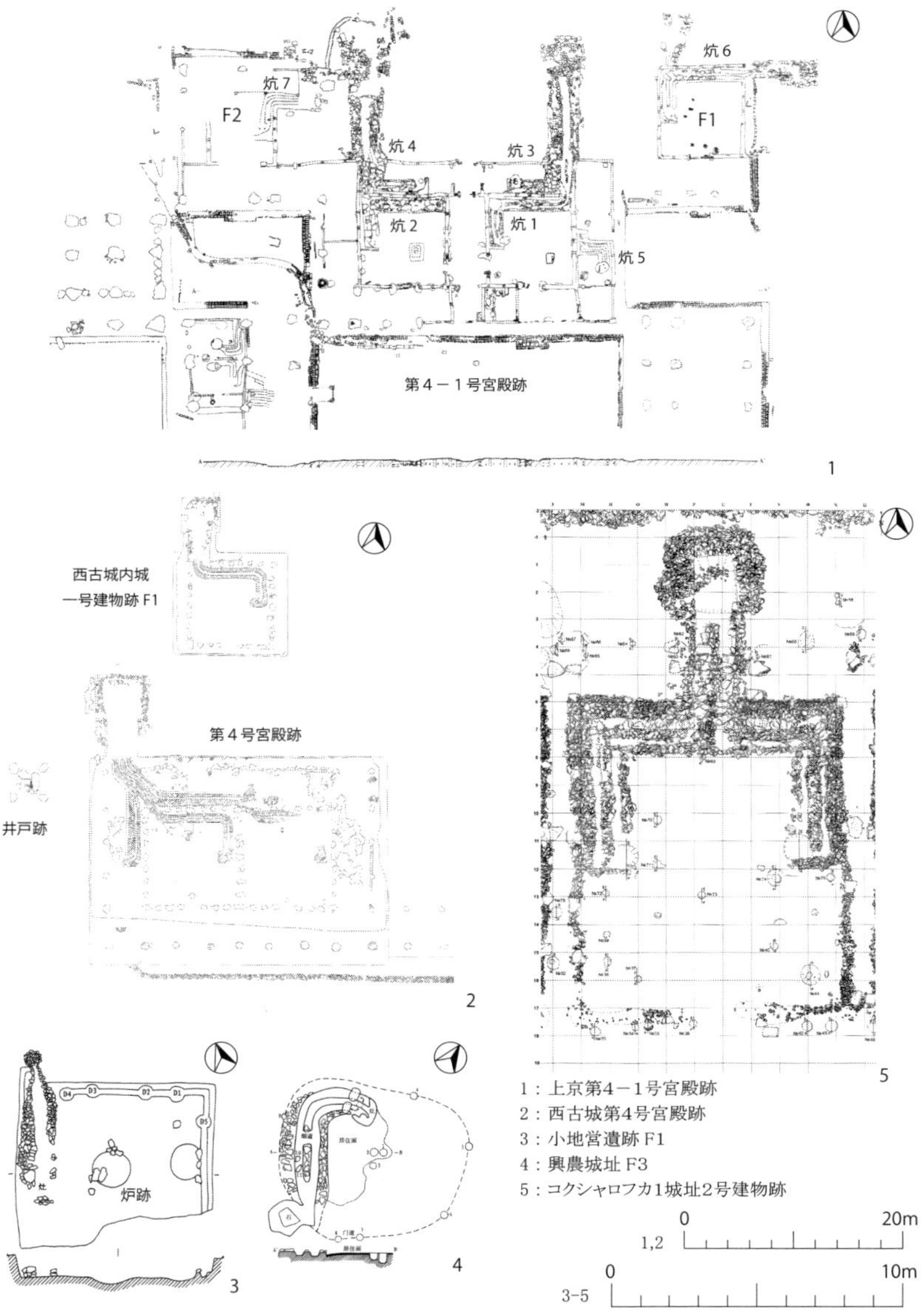

第７図　炕付き建物跡

（黒龍江省文物考古研究所 2003・2005・2009b、吉林省文物考古研究所他 2007、韓国伝統文化大学校他 2012 をもとに作成）

(2) 渤海王都の炕付き建物

炕を伴う平地建物は、渤海上京、「中京」に比定される西古城、「東京」に比定される八連城で確認されている。なかでも、上京では宮城第2号宮殿跡西廊跡、第4号宮殿跡、宮城西区、宮城南壁中央門付近、禁苑地区などで炕付き建物跡が確認されている〔黒龍江省文物考古研究所他 二〇〇九b〕。

上京第4号宮殿跡は、寝殿と推定される建物で、主殿と東西配殿から構成される。東西九間×南北五間の主殿の北側に二本の凸状の張り出しがある。同様の張り出しはその東側に位置する第4―1号宮殿のほか、西古城2号宮殿址及び3号宮殿址、八連城第2号建築址でも確認されている。

第4―1号宮殿は、主殿と東西二棟の建物(F1・F2)から構成される〔黒龍江省文物考古研究所他 二〇〇九b〕。主殿は東西二八・七㍍×南北一六・四㍍の東西棟建物であり、東西二室とそれを囲む回廊、附属建物からなる(第7図)。炕は主殿で五基、F1で一基、F2で一基確認されている。主殿東部屋の炕は、西壁中央付近に焚口を設けて西壁から北壁に沿ってL字状に二条の煙道が延び、北東端から凸状の張り出し部に向かって煙道が延び排煙する構造である。西部屋でも同様に西壁中央付近から北壁に沿って煙道が延び、北側の部屋にある炕と合流し、西側の張り出しから排煙される。東西二室の北側にも対称にL字状に炕が配置され、東西の張り出しからそれぞれ排煙される。

西古城4号宮殿址は、東西二六・七㍍×南北一八・二㍍の基壇上に位置し、東西八間×南北五間の東西建物である〔吉林省文物考古研究所他 二〇〇七〕。第4―1号宮殿と同様に、二つの部屋(東・西)とその東西と南側を囲む回廊からなる(第7図)。東部屋では東壁中央に焚口がある。東壁の煙道は判然としないが、北壁内側に沿って二条の煙道が確認されていることから、L字状に屈曲し、西端で北側の部屋の煙道と合流するものと思われる。また、西部屋では東壁中央に焚口があり、東壁から北壁に沿って二本の煙道が延び、北西端で北側の部屋に抜ける。北側外廊には、南壁中央付近に焚口があり、南壁に沿って西に延び、北西端から建物北側にある西の煙突から排煙される。

渤海王都の炕付き建物は、①寝殿と推定される礎石建物に炕が設置される、②焚口は各部屋の壁に設ける、③煙道は二条となり、部屋の壁に沿ってL字状に巡る、④炕の幅は一〜一・五㍍程度となる、⑤排煙施設は建物北側（北西端・北東端を含む）の屋外に設けるという特徴がある。

渤海上京の発掘調査では、第1号・第2号宮殿に先立ち第3号・第4号宮殿が造営されたことが明らかにされており［黒龍江省文物考古研究所他 二〇〇九b］、炕付きの礎石建物が八世紀中葉、遅くとも八世紀第4四半期から九世紀第1四半期までには機能していたと推定される。

また、上京第2号宮殿跡西廊址の西側に近接している炕付き建物跡（F1）では、煙道がコ字状に巡る炕が確認されている［黒龍江省文物考古研究所他 二〇〇九b］。焚口は二か所あるが、I字状の炕とL字状の炕を組み合わせることによってコの字状になるものであり、L字状の炕よりも新しい様相を示す。

(3) 炕付き建物の広がりとその背景

炕付き建物は、王都以外では、牡丹江流域の六頂山墳墓群、興農古城、図們江流域の新安遺跡、沿海地方南部のクラスキノ城址、綏芬河流域の小地営遺跡、コンスタンチノフカ1遺跡、ウスリー河流域のニコラエフカII城址、アウロフカ城址、コクシャロフカ1城址などで確認されている（第7図）。

六頂山墳墓群では、第一墓区から二棟の炕付き建物が確認されている。建物の平面構造は判然としないが、クランク状にめぐる炕が確認されている［吉林省文物考古研究所他 二〇一二］。墓群の維持管理に関わる施設と考えられ、年代は八世紀前葉から後葉と推定される。

東寧市小地営遺跡では、方形竪穴建物（F1、F2）の壁面に沿ってI字状またはL字状に炕が巡る。炕の煙道は一条であり、渤海上京にみられる炕と比べると古手の様相を示す。中央部には炉跡もみられ、炕付き竪穴建物から炕付き平地建物への移行過程を示す。

このほか、興農古城、新安遺跡、コンスタンチノフカ1遺跡ではL字状に炕が巡る平地建物が確認され、九世紀代と推定される。クラスキノ城址やニコラエフカII城址、アウロフカ城址、コクシャロフカI城址ではコの字状に炕が巡る建物が確認されている。ウスリー河流域のアウロフカ城址やコクシャロフカ1城址は十世紀以降の遺跡である(第7図)。また、日本道の起点で「塩州」治所に比定されるクラスキノ城址では、下層からは竪穴建物が確認されるものの、九世紀以降に炕付き建物が導入され、十世紀前半にはコの字状の炕付き建物へ移り変わる。

炕付き平地建物は、八世紀前葉頃に王室・貴族墓の造営、八世紀中葉以降は王都の造営に伴い普及すると考えられる。九世紀以降は、王都の炕付き建物の影響を受けて、牡丹江・図們江流域の地方行政拠点となる平地城や一部の集落で使用されると推察される。十世紀前葉頃にはコの字状に煙道を配置した炕が登場し、熱効率の向上が図られる。集落遺跡の調査事例が多くないため今後の資料蓄積に委ねるところが多いが、集落では渤海時代を通じて竪穴建物が多く、炕付き平地建物は限定的である。また、平地建物の導入には地域差が認められ、綏芬河流域やウスリー河流域では、牡丹江・図們江流域よりも遅れる。さらに、これらの地域よりも北の沿海地方北部やアムール河流域では竪穴建物の使用が継続し、炕付き建物は十世紀以降にわずかにみられるにすぎない。以上のことから、炕付き平地建物は、渤海王権による領域拡大や拠点支配といった政治的な動きを契機として広がったものと考えられる。

4　墓と建物からみた渤海の文化変容と地域社会

(1) 七世紀末～八世紀前半

六九八年、大祚栄は東牟山で振国を建国し、七一三年には「渤海郡王」に冊封された。渤海建国初期の王都は「旧国」に置かれた。七一九年、大祚栄の死去により即位した第二代・大武芸は、「大いに土宇《どう》を斥《ひら》く。東北の諸夷畏《おそ》れてこれに臣《しん》す」（『新唐書』渤海伝）とあり、靺鞨七部の一つである白山靺鞨が居住していた朝鮮半島日本海沿岸や、鴨緑江流域から平壌にかけての地域を統治したと考えられている〔酒寄 二〇〇〇〕。このような時期に六頂山墳墓群で造営が開始された。同墳墓群では、口縁部に刻み目を伴う古手の靺鞨罐がほとんど出土しないため、大祚栄の死去に伴い造営された可能性もある。八世紀前葉に基壇状の封土及び礎石建物を伴う土坑墓・石室墓が登場し、方形基壇及び石室に伴う石墻が形骸化することによって、渤海時代の典型となる天井高の低い石室墓が成立する。

七三八年には渤海の使いが『唐礼』、『三国志』、『晋書』、『三十六国春秋』などの書写を願い出て許可されており、当時、唐の諸制度に倣い、政治・儀礼体制を整備したことがうかがえる。八世紀前半に導入される唐式腰帯具もその一つである。一方、靺鞨の腰帯具である青銅製透彫帯金具が第二松花江流域で発達する。この時期の帯金具はオホーツク文化の遺跡でも確認でき、大陸と北海道との間で交易・交流が行われていたことを示す。

(2) 八世紀中葉から後葉

渤海の王都は、天宝中（七四二〜七五五年頃）に「旧国」から「顕州」に遷され（『新唐書』地理志）、天宝末（七五六年頃）には「上京」に遷都された（『新唐書』渤海伝）。また、貞元中（七八五〜七九四年）に「東京」に遷都され、大華璵の即位後（七九四年頃）に再び上京に遷都された。近年、「顕州」は西古城（吉林省和龍市）に比定する説が有力となり〔吉林省文物考古研究所他 二〇〇七、小嶋 二〇二三〕、東京は八連城（吉林省琿春市）に比定される。

渤海王都の整備に伴い、寝殿において炕付きの礎石建物が発達するが、平地城や一部の集落を除けば竪穴建物が主体を占める。また、西古城周辺では龍頭山墳墓群や北大墓地、上京周辺では虹鱒漁場墓地など、王都周辺では葬地が造営された。王室墓では貞恵公主墓や貞孝公主墓に代表されるように大型の石室墓が発達する一方で、図們江・牡丹江流域の共同墓地では天井高の低い中・小規模の石室墓が普及した。唐式腰帯具は、前者では金玉帯、後者では銅製のものが多く、被葬者の身分の違いが明確になる。天井高の低い石室墓の被葬者の中には、官人や「首領」(『類聚国史』渤海沿革記事)と呼ばれた人々が含まれていた可能性もある。

また、八世紀後半には、同じ型式の青銅製透彫帯金具が牡丹江流域や綏芬河流域、沿海地方日本海沿岸と広域に分布する。渤海王権は、靺鞨の風習を認めながらも、集団間の結びつきを活用して靺鞨を統合していったことを示す。この頃、オホーツク文化の大陸系遺物は希薄になり、渤海王権による統合の過程で靺鞨の行動も規制されていったことを示す。

(3) 八世紀末〜九世紀

八一八年に即位した大仁秀の功績として、「頗《すこぶ》るよく海北の諸部を討伐し、大いに境宇《きょうう》を開き、功あり」(『新唐書』渤海伝)と記され、北方の靺鞨諸族を服属させたことがうかがえる。九世紀になると、牡丹江・図們江流域だけでなく、第二松花江流域や拉林河上流域、綏芬河流域でも両袖式石室墓や炕付き建物がみられることは、地方行政制度の整備や領域拡大の一端を反映しているものと思われる。これらの地域では石室墓が主体となることはないが、靺鞨以来の伝統を引く土坑墓が不明瞭になるなど、石室墓の登場は葬墓制のあり方に変化をもたらしたと推定される。また、身分表象のあり方も靺鞨伝統の透彫帯金具に代わり、衣服制に基づく身分秩序・位階表現へと転換が図られる。ただし、唐式腰帯具が完全な帯として出土することは少なく、本来の意味を失っているものもある。この点は、位階を授かった者が第三者に腰帯具の一部を分与していた可能性もあり、今後の検討すべき課題でもある。また、九世紀以降、唐式腰帯具がアムール河流域でもみられるようになる。青銅製透彫帯金具と比べると極めて量が少ないが、渤海王権による統合と結びつきがあったことを示す。

(4) 十世紀前半

十世紀になると、上京やクラスキノ城址など牡丹江・図們江流域において契丹系の影響が及ぶ。アムール河流域でも契丹(遼)の系譜をもつと推定される腰帯具、陶質土器が出土する。この頃、ウスリー河流域のコクシャロフカ8遺跡では墓上建物を伴う両袖式石室墓が登場する[中澤 二〇二二]。コクシャロフカ1城址やアウロフカ城址でコの字状の炕付き建物がみられる。

渤海滅亡後、東丹国の領域に組み込まれる旧渤海領域の人々の中には、契丹(遼)の領域へ移された者もあり、瓦生産や金属生産に携わるようになる。また、アムール河流域の陶質土器はサハリンや北海道に伝わる。

おわりに

本稿では、渤海以降に顕著になる石室墓、腰帯具、炕付き建物を取り上げ、渤海の文化変容とその背景について述べた。石室墓、唐式腰帯具、炕付き平地建物には、伝統的な「靺鞨」や「高句麗」の要素、唐をはじめ外来文化の影響が認められるが、その成立・展開の背景には、渤海王権による領域拡大や政治的な動きがあったと推定した。これらの要素は、渤海中心部となる牡丹江・図們江流域から離れるほど希薄になるだけでなく、王都や平地城といった政治・行政拠点を中心に展開する。渤海王権が多様な靺鞨諸集団を統合する上での最善策が、伝統的な生活や風習を認めながら支配下に組み込むことであったことを示唆する。

近年、渤海の領域について、文献史学のみならず、考古学でも議論されている。小嶋芳孝氏は、綏芬河流域を渤海の東の境界とし、それより北の地域を境界領域として捉えている[小嶋他 二〇一六]。一方、鄭焟培氏は、渤海が黒水靺鞨を含むすべての靺鞨諸族を服属したという記述を踏まえ、「渤海遺跡」に渤海時代の「靺鞨遺跡」も含め、さらに渤海の最大領域に西部アムール地域や、いわゆる「パクロフカ文化」の範囲も含めることを提唱している［鄭二〇二〇］。渤海領域論は、文献史料の評価に加え、考古学的には「渤海文化」をどのように捉えるか、渤海王権の直接的・間接的な影響と「領域」の関係をどのように捉えるかとも関わる。渤海の領域は当初から固定的なものではなく、時間の経過とともに変化したことが指摘されている。多様な地域文化の総体を「渤海文化」と捉え、時間・空間を軸として文化を構成する各種要素の変遷や地域差、相互関係などを明らかにしていく視点も重要になると考える。

註

（1）近年、吉林省図們市にある磨盤村山城の発掘調査が行われ、鳥形文のある瓦当や格子文瓦などが出土し、渤海早期に年代付けられる可能性が指摘されている。「旧国」の位置を考える上でも注目されるが、今後の調査に期待するところが大きい［劉二〇二三］。

（2）『旧唐書』輿服には「一品已下手巾、算袋を帯び、仍って刀子、砥石を佩し、武官欲帯者これ聴す。文武三品已上は服紫、金玉帯。四品は服深緋、五品は服浅緋並びに金帯。六品は服深緑、七品は服浅緑並びに銀帯。八品服深青、九品服浅青並びに鍮石帯、庶人は並びに銅鉄帯。」と定められている。

（3）『唐会要』輿服上・章服品第には「文武三品已上は服紫、金玉帯十三銙、四品は服深緋、金帯十一銙、五品は服浅緋、金帯十銙、六品は服深緑、七品は服浅緑並びに銀帯九銙、八品は服深青、九品は服浅青並びに鍮石帯九銙、庶人は服黄、銅鉄帯七銙」と定められている。

引用・参考文献

東　潮　二〇〇〇「渤海墓制と領域」『朝鮮学報』一七六・一七七
天野哲也　二〇〇八『古代の海洋民オホーツク人の世界—アイヌ文化をさかのぼる』雄山閣
石井正敏　二〇〇〇『日本渤海関係史の研究』吉川弘文館

伊藤玄三　一九九七「渤海時代の銙帯金具」『法政大学文学部紀要』第四二号
臼杵　勲　二〇〇〇「靺鞨—女真系帯金具について」『大塚初重先生頌寿記念考古学論集』東京堂出版
臼杵　勲　二〇〇四『鉄器時代の東北アジア』同成社
姜　成山　二〇一四『渤海王国の社会と国家—在地社会有力者層の検討を中心に』桜美林大学大学院国際研究科二〇一四年度博士論文
菊池俊彦　一九九九『北東アジア古代文化の研究』北海道大学図書刊行会
小嶋芳孝　二〇一六「渤海前期の王都に関する研究」『中国とロシア沿海地方における渤海の考古学的研究』金沢学院大学
小嶋芳孝、Y・G・ニキーチン　二〇一六「ロシア沿海地方の渤海遺跡—遺跡分布から見た領域論」『中国とロシア沿海地方における渤海の考古学的研究』金沢学院大学
小嶋芳孝　二〇一八「渤海の都城と葬地」『国際公開シンポジウム 東アジアの古代都城と葬地・墓葬』東アジア比較都城史研究会
小嶋芳孝　二〇二二「瓦当文様の変遷から見た渤海王都の検討」『唐代史研究』二五　唐代史研究会
小嶋芳孝　二〇二三ａ「古城村一号・二号寺址から見たクラスキノ城跡」岩井浩人編『渤海「日本道」に関する海港遺跡の考古学的研究—クラスキノ城跡の発掘調査を中心に—』青山学院大学
小嶋芳孝　二〇二三ｂ「渤海の花文帯金具」『東アジアの帯金具と古代の日本』報告資料　横浜ユーラシア文化館
酒寄雅志　二〇〇〇『渤海と古代の日本』校倉書房
酒寄雅志　二〇二三『渤海と日本』吉川弘文館
田村晃一　二〇〇五「上京龍泉府址出土瓦当の蓮花文に関する考察」『東北アジアの都城と渤海』東洋文庫
中川あや　二〇一一「古代韓半島における唐代腰帯の受容」『日韓文化財論叢』Ⅱ
中澤寛将　二〇一二『北東アジア中世考古学の研究』六一書房
中澤寛将　二〇二〇「靺鞨・渤海の住居構造と地域性」『芙蓉峰の考古学』六一書房
中澤寛将　二〇二二「考古学からみた渤海とその周辺」古畑徹編『高句麗・渤海史の射程』汲古書院
中澤寛将　二〇二四「靺鞨・渤海の葬墓制—土坑墓から石室墓への変容過程」中央大学人文科学研究所編『考古資料と歴史史料』中央大学出版部
中村亜希子　二〇二二「渤海瓦塼研究の諸問題—なぜ、考古学者は瓦を研究するのか」古畑徹編『高句麗・渤海史の射程—古代東北アジア史研究の新動向』汲古書院
古畑　徹　二〇一七『渤海国とは何か』吉川弘文館
韓国国立文化財研究所他　二〇一二『沿海州コクシャロフカⅠ平地城Ⅰ』

韓国伝統文化大学校他　二〇〇六『沿海州チェルニャチノ5渤海古墓群（Ⅱ）』韓国伝統文化大学校
金恩学　二〇二一『クラスキノ渤海城―発掘四〇年の成果』東北アジア歴史財団
鄭焟培　二〇二〇「渤海の西北・北の境界について」『高句麗渤海研究』第六七輯
黒龍江省文物考古研究所　二〇〇三「黒龍江東寧県小地営遺址渤海房址」『考古』二〇〇三―三
黒龍江省文物考古研究所・吉林大学考古学系　二〇〇五「黒龍江海林市興農渤海時期城址的発掘」『考古』二〇〇五―三
黒龍江省文物考古研究所　二〇〇九a『寧安虹鱒漁場』文物出版社
黒龍江省文物考古研究所　二〇〇九b『渤海上京城』文物出版社
黒龍江省文物考古研究所　二〇一六「黒龍江五常市香水河墓地発掘簡報」『考古』二〇一六―四
吉林省文物考古研究所　一九九五「吉林永吉査里巴靺鞨墓地」『文物』一九九五―九
吉林省文物考古研究所他　二〇〇七『西古城』文物出版社
吉林省文物考古研究所他　二〇〇九「吉林和龍市龍海渤海王室墓葬発掘簡報」『考古』二〇〇九―六
吉林省文物考古研究所他　二〇一二『六頂山渤海墓葬』文物出版社
劉暁東　二〇二三「渤海早期王城的文献学辨正与考古学観察」『北方文物』二〇二三―六
延辺朝鮮族自治州博物館他　一九八二「和龍北大渤海墓葬清理簡報」『東北考古与歴史』一
延辺博物館・和竜県文物管理所　一九九四「吉林省和竜県北大渤海墓葬」『文物』一九九四―一
王培新　一九九七「靺鞨―女真系銅帯飾及相関問題」『北方文物』一九九七―一
魏存成　二〇〇八『渤海考古』文物出版社
中国社会科学院考古研究所　一九九七『六頂山与渤海鎮』中国大百科全書出版社

渤海国の高氏について

――渤海国の対外政策と関連させて――

古畑　徹

はじめに

古代日本の対外交流に渡来系氏族の人々が活躍したことはよく知られた事実である。日本と渤海との通交も例外ではなく、特に高句麗系氏族の名前が目につく。たとえば、天平宝字六年(七六二)に渡海した第5次遣渤海大使の高麗大山、その子で宝亀八年(七七七)に渡海した第8次遣渤海大使の高麗殿嗣は、ともに武蔵国高麗郡を本貫とし、広開土王の子孫を名乗る高麗朝臣の人々である。また、安史の乱の最中に唐に残されていた遣唐大使藤原清河を迎えるため、渤海経由で入唐した遣唐大使高元度や、渤海に留学して音声を学んだという高内弓も、高句麗系渡来人と目されている。

一方、渤海も日本との通交に当たり、高句麗系と目されている高姓の人々(以下、これを高氏と呼ぶ)を多数派遣している。第1表は、渤海使等で来日した渤海人で名前がわかる者を一覧にしたもので、高姓の人物は太字にしてある。この表を基に統計を取ると、高氏が28名、次いで李氏が13名、王氏が8名、楊氏が5名、烏氏が3名、賀氏が2名で、王族の大氏は1名しかいない。(1) 使節のすべての人名が残されているわけではないが、これだけ大きな差があるとすれば、そこには何らかの理由があると考えなければならないであろう。

第１表　渤海使等来日渤海人人名一覧　　＊遭難等で来日できなかった者も含む

次	来着年月日 西暦年	来着年月日 日本暦年月日	大使	副使	判官	録事	通事・訳語	首領その他
1	727	神亀4.9.21	高仁義					徳周（游将軍）、舎航（別将）、高斉徳（首領）
2	739	天平11.7.13	胥要徳	己珎蒙				己閼棄蒙（首領）
3	752	天平勝宝4.9.24	慕施蒙					
4	758	天平宝字2.9.18	楊承慶	楊泰師	馮方礼			
5	759	天平宝字3.10.18	高南申	高興福	李能本・解臂鷹・安貴宝			
6	762	天平宝字6.10.1	王新福	李能本	楊懐珍			達能信（品官）／送使の帰路に日本留学生高内弓の妻・高氏が便乗
7	771	宝亀2.6.27	壱万福	慕昌禄				
8	773	宝亀4.6.12	烏須弗					
9	776	宝亀7.12.22	史都蒙		高禄思（大判官）・高鬱琳（少判官）・高淑源（判官）	史遒仙（大録事）・高珪宣（少録事）		
10	778	宝亀9.9.21	張仙寿					
11	779	宝亀10.9.14	高洋弼（押領）				高説昌	
12	786	延暦5.9.18	李元泰					
13	795	延暦14.11.3	呂定琳					
14	798	延暦17.12.27	大昌泰					
15	809	大同4.10.1	高南容					高多仏（首領）
16	810	弘仁1.9.29	高南容					
17	814	弘仁5.9.30	王孝廉	高景秀	高英善・王昇基	釋仁貞・烏賢偲	李俊雄	
18	818	弘仁9.4.5	慕感徳					
19	819	弘仁10.11.20	李承英					
20	821	弘仁12.11.13	王文矩					

21	823	弘仁 14.11.12	**高貞泰**	璋璿				
22	825	天長 2.12.3	**高承祖**	**高如岳**	王文信・**高孝英**	**高成仲**・陳崇彦	李隆郎・李承宗	釋貞素
23	827	天長 4.12.29	王文矩					
24	841	承和 8.12.22	賀福延	王宝璋	**高文暄**・烏孝慎	**高文宣**・**高平信**・安歓喜	李憲寿・**高応順**	王禄昇・李朝清(以上史生)・晋昇登(天文生)
25	848	嘉祥 1.12.30	王文矩	烏孝慎	馬福山(大判官)・**高応順**(少判官)	**高文信**(大録事)・多安寿(中録事)・李英貞(少録事)		
26	859	天安3(貞観1) 1.22	烏孝慎	周元伯				
27	861	貞観 3.1.20	李居正					
28	871	貞観 13.12.12	楊成規	李興晟	李周慶・賀王真	**高福成**・**高観**・李孝信		
[1]※	873	貞観 15.11	崔宗佐(首)					大陳潤・門孫宰(以上副使か?)
29	876	貞観 18.12.26	楊中遠					
30	882	元慶 6.11.14	裴頲	**高周封**				
31	892	寛平 4.1.8	王亀謀					
32	894	寛平 6.12.28	裴頲					
33	908	延喜 8.1.8	裴璆					
34	919	延喜 19.11.18	裴璆					
[2]※※	929	延長 7.12.24	裴璆					

凡例：◆来着年月日の西暦は日本の年号と西暦の一般的な対照関係に依る。年月日で対照すると9・22・24・25・28・29・32・[2]の実際の西暦年は1年後。
◆太字の人名は高氏の人物。
注：※[1]は渤海から唐への使節が漂着した例　※※[2]は渤海滅亡後に東丹国が送ってきた使節。
出典:『続日本紀』『日本後紀』『続日本後紀』『日本文徳天皇実録』『日本三代実録』『類聚国史』『日本紀略』「渤海国中台省牒」等
参考：石井正敏『日本渤海関係史の研究』(吉川弘文館、2001)、酒寄雅志『渤海と古代の日本』(校倉書房、2001)、上田雄『渤海使の研究』(明石書店、2002)、古畑徹『渤海国とは何か』(吉川弘文館、2018)

また、渤海使内における職階別に高氏を確認すると、大使29名中６名(20・７%)、副使13名中４名(30・８%)、判官18名中７名(38・９%)、録事15名中７名(46・７%)、通事・訳語６名中２名(33・３%)、首領・その他11名中３名(27・２%)で、どの職階にも複数の高氏が存在する。[2] 同様にすべての職階に存在しているのが李氏で、大使３名、副使２名、判官２名、録事２名、通事・訳語４名、首領・その他(史生)１名である。[3] 他に複数登場する氏の人物は、王氏に史生が１名いる以外は、すべて渤海使の上級職員で、王族の大氏も大使が１名である。ここにも何らかの理由が存在する可能性がある。

本稿は、上記の問題を念頭に、渤海使の一員として多数派遣された渤海国の高氏[4]とはどのような人々だったのかを検討しようとするものである。

１　渤海国の有力氏族

渤海国にどのような氏族がいたかについては、南宋・洪皓の『松漠紀聞』[5](一一五六)に次のような記事がある。

> 渤海国、燕京・女真の都とする所を去ること皆千五百里、石累を以て足を城《きず》き、東は海に並《つら》なる。其の王は旧《もと》大を以て姓と為し、右姓は高・張・楊・竇・烏・李と曰い、数種に過ぎず。部曲・奴婢の姓無き者は皆其の主に従う。(渤海國、去燕京・女真所都皆千五百里、以石累城足、東並海。其王舊以大爲姓、右姓曰高・張・楊・竇・烏・李、不過數種。部曲・奴婢無姓者皆從其主。)

これによれば、渤海の有力氏族の数は少なく、王族の大氏以外には高・張・楊・賀(「竇」は「賀」の誤写[6])・烏・李などがあり、その筆頭が高氏だということになる。

ただし、この記事は金に抑留されていた洪皓の記録であり、渤海の滅亡からすでに二〇〇年以上が経っている。そのため、即座にこの史料を根拠に王族を含む7氏を渤海時代の有力氏族と断定することはできない。金代には、遼陽に渤海遺民が集団で存在しており、その状況を記述している可能性は否定できないからである。

そこで渤海時代及びその後の歴史上に見える、渤海国の高氏とそれ以外の有力氏族について確認してみたい。これについては、すでに金毓黻氏と櫻井俊郎氏に史書等に残された渤海国の各氏族の人数を集計した先行研究がある。

金毓黻氏は、『渤海国志長編』〔金毓黻 一九三四〕巻10諸臣列伝、巻11士庶列伝、巻13遺裔列伝に高姓の人物を列挙したうえで、巻16族俗考でそれらを集計して「諸臣・士庶及び遺裔、高を姓とする者を以て多と為す。[7]仁自《よ》り以下竑に訖《およ》ぶまで、凡《すべ》て五十六人を得(諸臣・士庶及遺裔、以姓高者爲多。自仁以下訖竑、凡得五十六人)」と記す。さらに続けて、「愚《ぐ》疑うらくは、高氏は蓋《けだ》し高句麗自り出で、高句麗王族の姓は高氏、故に渤海に在りて右姓と為ると(愚疑、高氏蓋出自高句麗、高句麗王族姓高氏、故在渤海爲右姓)」と記し、高氏は高句麗王族だから渤海でも有力氏族になったとの見解を示している。また、巻16族俗考は、その他の氏族について、王族の大氏は95名、右姓の張氏は21名、楊氏は9名、烏氏は11名、李氏は16名、庶姓の賀氏は3名、王氏は28名などと記している。これによれば、王族大氏を除けば、高氏が他の氏族と比べて格段に多いことは明らかであり、また『松漠紀聞』で有力氏族とされていない王氏が高氏に次いで多いということも注意される。

櫻井俊郎氏は、「【第1表】王代毎の各姓氏人名確認者数」という一覧表〔櫻井 一九九五：一一〇～一一一頁〕を作成している。これは諸史料に記されている渤海人の姓名を姓氏ごとに分類し、王代順にその人数を配列したもので、渤海時代の小計のあとに、遺裔として遼代・金代の数も加えている。[8]この表の王族・有力氏族などの、渤海時代の小計・遼代・金代・合計の各部分の数値を抜き出して作成したのが、次の第2表である。

この櫻井氏の統計でも、高氏が王族大氏に次いで多く、他の氏族と大きな差があること、及び有力氏族ではない王氏が非常に多いことがわかるが、それ以上に注目したいのが張氏である。『松漠紀聞』では「右姓」とされて

第２表　渤海時代・遼代・金代の主要氏族人名確認数一覧

氏族名※	渤海時代小計	遺裔		合計
		遼代	金代	
大氏	68	10	5	83
高氏(右姓)※※	33	13	10	56
李氏(右姓)	15	3	0	18
王氏	8	1	5	14
烏氏(右姓)	7	3	0	10
楊氏(右姓)	7	1	0	8
賀氏	4	0	0	4
竇氏(右姓)	0	0	0	0
張氏(右姓)	2	2	9	13

※　氏族名の順序は出典の順の通り。
※※　(右姓)とあるのは、『松漠紀聞』に「右姓」と記されている氏族。

いるが、渤海時代には2名しかいない。しかし金代になると、一気に9名に増えている。これは張浩(?〜一一六三)の一族が繁栄したためだが、張浩は『金史』のその伝に「張浩、字《あざな》は浩然、遼陽渤海の人。本の姓は高、東明王之後。曽祖霸、遼に仕えて張氏と為る(張浩字浩然、遼陽渤海人。本姓高、東明王之後。曾祖霸、仕遼而爲張氏)」(巻83)とあり、本来が高氏であって、張氏ではない。つまり、統計的に見て張氏が有力氏族だと言えるのは、渤海時代ではなく、金代なのである。それ故に櫻井氏は、この遼陽渤海の張氏の繁栄期と洪皓の金朝訪問の時期の重なりが、『松漠紀聞』が張氏を「右姓」として数えた理由だとする説を支持し、本来ならばこの張氏は高氏に数えるべきかもしれないと述べている。

また、櫻井氏は、『松漠紀聞』では右姓に数えられていない王氏が渤海時代に高氏に次いで多いことについても検討している。櫻井氏は、外山軍治氏の先行研究[外山 一九六三]を参照しつつ、金代の著名な文人王庭筠の墓誌(元好問「王黄華墓碑」『遺山先生文集』巻16)に基づいて、渤海国の王氏が渤海滅亡後に遼陽に移されたあと、他の遺民たちとは異なり、大林延の乱(一〇二九)を契機に遼陽を離れ、やがて蓋州熊岳県に落ち着いたことを確認する。そして王氏は「一一二九〜四三年より一世紀以上も前に遼陽を離れていたことになり、その存在が皓の耳に届かなかった可能性が存在する」[櫻井 一九九五：一二頁]と指摘する。

そもそも『松漠紀聞』の渤海国記事が遼陽の渤海遺民の状況を述べたものではないかという説は外山軍治氏の見解だが、櫻井氏はその可能性とともに、遼陽の渤海遺民からの直接伝聞の可能性、いいかえると渤海遺民が語る渤海時代の歴史の可能性も念頭に置いている。そのため、櫻井氏は『松漠紀聞』の「右姓」記事は金代遼陽の渤海遺民の状態を述べたもので渤海時代とは異なるという理解の仕方はしない。これに多少の補正を加えると史料整理から得られた実際の結果(第2表)と一致するとして、「右姓」をベースに加減を行い、高・李・王・烏・楊・賀の6氏を渤海の有力氏族だと見なしている。折衷的だと言えなくもないが、現時点の史料状況から考えると最も妥当な見解・妥当な補正というべきであろう。

また、金氏も櫻井氏も高氏を有力氏族筆頭とするが、人数的に見てこれも妥当であろう。渤海時代に「中台右平章事」(宰相クラスと考えられる)となった高賞英(第4表の(52))、遼金交代期に遼陽を中心に遼に反旗を翻し大渤海皇帝を称した高永昌(?〜一一一六)の存在はこの見解を補完するものと言える。

では、なぜ高氏が有力氏族の筆頭になるのだろうか。先述したように金毓黻氏は、高氏は高句麗王族だから渤海でも有力氏族になったとの見解を示しているが、それは本当に妥当なのだろうか。次節ではこの問題を考えてみたい。

2　渤海国の高氏と高句麗王家の高氏

渤海時代の高氏についての記録のなかに高句麗王家との関係を示す記録はない。渤海時代以降では、先掲した『金史』の張浩の伝に、もとは高氏で、高句麗初代東明王の子孫であるとする記事がある。ただ、これは高句麗系の高氏一般の先祖を言っているに過ぎず、張浩の一族が高句麗王家に連なることを主張しているとは見なせない。[9] だとすると、この渤海国の高氏はどのような人々と理解すればよいのであろうか。

そのことを考える手がかりになるのが、唐に移住させられた高句麗遺民のなかの高氏の先祖情報である。この先祖情報の大半は出土墓誌に記されているもので、すでに植田喜兵成智氏によって、現時点で確認できる在唐高句麗人の

第 3 表　墓誌のある在唐高句麗遺民高氏とその祖先情報一覧

番号	高氏氏名	生没年（墓誌制作年）	本貫	事績	祖先
①	高鐃苗	？~673（673）	遼東	唐高祖代に入唐。	未詳
②	高提昔	649~674（674）	国内城	泉氏に嫁ぐ。	曽祖父：伏仁（大相・遼東城大首領）／祖父：支于（入唐）／父：文協
③	高玄	642~690（691）	遼東三韓	泉男生に従って入唐。	曽祖父：宝（本州都督）／祖父：方（平壌城刺史）／父：廉
④	高足酉	626~695（697）	遼東平壌→洛州永昌県	武周の鎮軍大将軍・左豹韜衛大将軍。天枢の儀式に参加し、高麗蕃長・漁陽郡開国公・食邑 2000 戸。	未詳
⑤	高牟	640~694（699）	安東	唐の冠軍将軍・左豹韜衛大将軍。	未詳
⑥	高質	626~697（700）	遼東朝鮮	高句麗の三品位頭大兄兼大将軍。668 唐帰属。690 冠軍大将軍・左鷹揚衛将軍・柳城県開国公・食邑 2000 戸。契丹蜂起に当たり清辺東道総管に任じられる。磨米城で戦死。	19 代祖：密（燕軍を破り、高姓と食邑 3000 戸を授けられる）／曽祖父：前（三品位頭大兄）／祖父：式（二品莫離支）／父：量（三品柵城都督・位頭大兄兼大相）
⑦	高慈	665~697（700）	朝鮮	父・高質に従って契丹を迎え撃ち、磨米城で戦死。	⑥と情報は同じ。
⑧	高乙徳	618~699（701）	卞国東部	高句麗の中裏小兄・貴端道史。661 唐遠征軍の捕虜となり唐帰属。691 冠軍大将軍。	祖父：岑（東部出身。中裏小兄・遼府都督を歴任）／父：孚（太相・司府大夫を歴任）
⑨	高木盧	650~730（730）	渤海蓚	高句麗滅亡で唐帰属。中宗代、陪戎副尉・直僕寺。	未詳
⑩	高徳	676~742（742）	渤海	韋皇后一派粛清に功あり。定遠将軍・右龍武軍翊府中郎。	遠祖（中原の混乱を避け遼陽移住）／祖父：宗（唐帰属）
⑪	高遠望	697~740（745）	殷	浄蕃府果毅兼保塞軍副使として出仕。軍功により安東鎮副使・安東大都護府副都護兼松漠使を歴任。	曽祖父：懐（唐の雲麾将軍・建安州都督）／祖父：千（左玉鈐衛中郎・建安州都督）／父：欽徳（建安州都督・左武衛将軍・幽州副節度・知平盧軍事）
⑫	高欽徳	677~733（746or 750）	渤海	父戦死の功で陶城府果毅に任命。中郎将・右武衛将軍を歴任。726 契丹との戦の功により寧遠将軍兼幽州副節度・知平盧軍事。	曽祖父：瑗（建安州都督）／祖父：懐（建安州都督）／父：千（左玉鈐衛中郎将）
⑬	高氏夫人	731~772（772）	渤海	邵陝に嫁す。	曽祖父：蔵（朝鮮王）／祖父：連（朝鮮郡王）／父：震（定州別駕）
⑭	高震	701~773（778）	渤海	開府儀同三司・工部尚書・右金吾衛大将軍・安東都護・郯国公・上柱国	祖父：蔵（開府儀同三司・工部尚書・朝鮮郡王・柳城郡開国公）／父：連（雲麾将軍・右豹韜大将軍・安東都護）

★	高仙芝	？~755		父に従い安西に赴く。安西副都護・四鎮都知兵馬使となり、小勃律国征討の軍功で安西四鎮節度使。751タラス河畔の戦に大敗し、長安に戻る。755安禄山の乱に当たり封常清の援軍として出撃したが、退却して潼関を守備。讒言により刑死。	父：舎鶏（河西軍に従軍。四鎮十将・諸衛将軍を歴任）

凡例：番号は墓誌の制作年次順／★印は墓誌はなく、旧新『唐書』に列伝がある者／事績や祖先の官爵等には一部省略がある。
出典：本表は植田喜兵成智『新羅・唐関係と百済・高句麗遺民：古代東アジア国際関係の変化と再編』（山川出版社、2022）の表18「在唐高句麗遺民の経歴」（pp.150~161）を基に抜粋・編集したものである。

すべての先祖情報が整理されている［植田 二〇二二］。この植田氏の整理から高氏の部分だけを抜粋して整理し直したのが、第3表である。

これを見ると、高句麗最後の王の高蔵の子孫である⑬高氏夫人・⑭高震以外は、高句麗王家であることを称する者はいない。一番多いのが、高句麗の地方豪族・官僚の子孫を称する者で、②高提昔・③高玄・⑥高質・⑦高慈・⑧高乙徳・⑩高徳・⑪高遠望・⑫高欽徳がそれに該当し、いずれも祖先の記事に高句麗王家の者がまったく出てこない。特に⑩高徳の遠祖は漢族で、中原の混乱を避けて遼陽に移住したと記されており、高句麗王家の一族でないことは明瞭である。また、⑥高質・⑦高慈父子は先祖の密が燕軍を破った功績で高姓を与えられたというのだから、これも明らかに高句麗王家の一族ではない。これらからすると、他も同様に高句麗王家の一族ではないと判断すべきであろう。

また、第3表には武人で高い地位の将軍号を持つ者が多いが、⑨高木盧は生涯の最高位が陪戎副尉という従九位下の武散官なので、低い地位にあった武人だと判断される。また、第3表には★印で新旧『唐書』に列伝がある高仙芝も挙げておいたが、彼の父は「労を累ねて四鎮十将に至る（累勞至四鎮十將）」（『旧唐書』巻一〇四）と記されている。この労を累ねるという表現からは、功績を積み重ねてやっとその地位に至ったというニュアンスを感じるので、高仙芝の父は当初はさほど地位の高い武将ではなかったと推測される。

この在唐高句麗人高氏の考察から、次の二つのことが言えるであろう。まず、在唐高句麗人で高氏を名乗った者は、高句麗王家から低い地位の武人まで広い階層に存在したということである。この広い階層に高氏がいるという状況は、先に第１表で確認した渤海使における高氏の状況と類似している。

もう一つは、広い階層とはいえ、最も多いのは高句麗の地方豪族をルーツにする者たちであり、いいかえると高句麗の地方豪族の多くが高氏を称していたと見られることである。このことは、渤海国の有力氏族と見なされる高氏のルーツは高句麗の地方豪族たちであったことを示唆しており、同じ高を姓としていても同族とは限らず、いくつもの一族が存在したと考えられるのである。このように考えてくると、高氏は高句麗王族だから渤海でも有力氏族になったのだという金毓黻氏の推測は誤りと判断せざるを得ない[10]。

では、高句麗王族ではない高氏が、なぜ有力氏族の筆頭になるのであろうか。そこには高氏が渤海で果たしていた役割が関わっているのではないかと思われる。そしてそれを考えるために、今度は渤海の対中国王朝遣使における高氏の状況を確認してみたい。

３　渤海国の対中国王朝遣使にみえる高氏と大氏

各種史料に記された渤海国の対中国王朝遣使記事のなかに見える渤海人の人名を一覧表にしたのが、第４表の「渤海の対中国王朝遣使使者等人名一覧」である。この表から、対中国遣使における高氏の状況を抽出するため、高氏の人名は太字にした。

まずこの表から言えることは、高氏が、大使として唐代に４名、学生として唐代に１名しか見当たらないことであり、大使の４名も名前が判明している対唐遣使の大使59名・対中国王朝遣使の大使68名のなかのわずか４名（６・８％、５・９％）であり、学生も名前の判明している対唐派遣学生７名のなかの１名[11]（14・３％）だということである[12]。日本へ送られた渤海使では、名前の判明している人物のなかで高氏が最も多く、大使でも約20%を占めるから、この状況は非常に対照的である。

もう一つこの表から言えることは、高氏が登場する対唐遣使は(37)八一〇年、(40)八一四年、(45)八一六年、(52)八三三年の4回だけで、八世紀には登場せず、九世紀前半に集中して登場しているということである。これも渤海使においてはほぼ全時代を通じて高氏が登場するのと対照的である。

ここまでは渤海使における高氏の状況との比較であったが、次に対中国王朝遣使における他の有力氏族の状況と比較してみたい。そこで作成したのが、第4表を基にして高氏を含む七つの有力氏族が対中国王朝遣使においてどれだけ登場しているかを示した第5表である。

この第5表によれば、大氏が突出して多く、高氏は他の有力氏族である烏氏・楊氏と大差ないことが分かる。言い方を変えると、対唐及び対中国王朝遣使は王族である大氏が中心であって、他の氏族には目立った傾向はないということである。

次にこの有力氏族の時期的な傾向について見てみたい。派遣学生で人名がわかる遣使は2回しかないので、これを除外し、第4表を基に時期を五つに分割して大使のみの表を作成してみた。それが第6表であり、これには有力氏族以外をその他として入れた。

これを見ると、まず大使名がわかる対中国王朝遣使記事に時期的な精粗があることがよくわかる。八世紀後半と九世紀後半が極端に少ないが、八世紀後半の場合は、遣使記事はあるものの大使名を記す記事が少ないので、皇帝代ごとの記録の残し方の相違が想定される。一方、九世紀後半の場合は、渤海のみならず周辺諸国からの遣使記事自体が少なく、戦乱の中で多くの記録が失われたことが知られているので、そのためと考えられる。したがって、この表に基づいて各時期間の細かな比較はできないのだが、最初の八世紀前半の状況は注目に値する。なぜならこの時期は、

備考
質子
史料には大氏とはないが、王子と記載されているため、大氏とみなして記載した。
宿衛
宿衛
宿衛／728 年 4 月在唐客死
宿衛
宿衛
宿衛？
「大姓取珍」の「大姓」を大族・豪族の意と解したが、大氏の意の可能性や「姓取珍」が名前の可能性は残る。
2 名併記だが、先に記されている方を大使と見なした。
大茂慶は謝罪使・大蕃は宿衛
宿衛
宿衛
日本の迎入唐大使使高元度ら 11 名を連れての慶賀使
質子／史料は帰国記事なので来唐年時は不明
宿衛
進奉端午使として来唐。長安から逃げ帰ろうとして潼関で捕まった。
史料には大氏とはないが、王子と記載されているため、大氏とみなして記載した。

第４表　渤海の対中国王朝遣使使者等人名一覧　＊使者名が記録されていない使節は省いた

番号	年(西暦・唐・渤海)	月	大使名(本国身分)	その他使者等名
(1)	705・神龍１・高王８		大門芸(王子)	
(2)	713・開元１・高王16	12	大氏(王子)	
(3)	718・開元６・高王21	2	大述芸(王子)	
(4)	722・開元10・仁安４	11	味勃計(大臣)	
(5)	724・開元12・仁安６	2	賀祚慶(臣)	
(6)	725・開元13・仁安７	1	烏借芝蒙(大首領)	
(7)	725・開元13・仁安７	4	謁徳(首領)	
(8)	725・開元13・仁安７	5	大昌勃価(王弟)	
(9)	726・開元14・仁安８	3	大都利行(嗣子)	
(10)	726・開元14・仁安８	11	大義信(王子)	
(11)	727・開元15・仁安９	8	大宝方(王弟)	
(12)	728・開元16・仁安10	9	菸夫須計	
(13)	729・開元17・仁安11	2	大胡雅(王弟)	
(14)	729・開元17・仁安11	8	大琳(王弟)	
(15)	730・開元18・仁安12	1	大朗雅(王弟)	
(16)	730・開元18・仁安12	2	知蒙	
(17)	730・開元18・仁安12	5	烏那達利	
(18)	731・開元19・仁安13	10	取珍(大姓)	
(19)	730or731		馬文軌	葱勿雅
(20)	735・開元23・仁安17	3	大茂慶・大蕃(王弟)	
(21)	735・開元23・仁安17	8	多蒙固	
(22)	737・開元25・大興１	1	木智蒙	
(23)	737・開元25・大興１	4	公伯計(臣)	
(24)	739・開元27・大興３	2	大勗進(王弟)	
(25)	739・開元27・大興３	10	受福子(臣)	
(26)	741・開元29・大興５	2	失阿利(臣)	
(27)	743・天宝２・大興７	7	大蕃(王弟)	
(28)	760・上元２・大興24		楊方慶	
(29)	774・大暦９・大興38	2	大英俊	
(30)	791・貞元７・大興55	1	大常靖	
(31)	791・貞元７・大興55	8	大貞翰(王子)	
(32)	792・貞元８・大興56	閏12	楊吉福	
(33)	794・貞元10・正暦１	1	大清允(王子)	
(34)	795・貞元11・正暦２	12	(都督)	
(35)	798・貞元14・正暦５	11	大能信(王侄)	茹富仇(都督)
(36)	807・元和２・正暦14		楊光遠	
(37)	810・元和５・永徳２	1	高才南	
(38)	810・元和５・永徳２	11	大延真(王子)	
(39)	813・元和８・朱雀２	12	大氏(王子)	辛文徳

金毓黻 1934・孫玉良 1992 は「大昌慶」とするが、『宋本冊府元亀』に従って「大呂慶」とした。
『元氏長慶集』巻 49・制誥による。金毓黻 1934 は(48)を長慶元(821)年、(49)を長慶 3（823)年とするが、元稹が知制誥・翰林学士・中書舎人等の職に在ったのは長慶元年～ 2 年の間なので年次を「821or822」とした。
宿衛
金毓黻 1934 は「金賞英」を「金寶英」とするが、『宋本冊府元亀』に従って「金賞英」とした。／「同中書右平章事」は正しくは「中台右平章事」と思われる。
崔彦撝(868 ～ 944)が科挙に合格した年(知貢挙は薛廷珪)に烏炤度が来唐した。薛廷珪が知貢挙になったのは光化年間なので年次を「898 ～ 901」とした。

(40)	814・元和 9・朱雀 3	1	**高礼進**	
(41)	814・元和 9・朱雀 3	12	大孝真	
(42)	815・元和 10・朱雀 4	1	卯貞寿	
(43)	815・元和 10・朱雀 4	2	大呂慶	
(44)	815・元和 10・朱雀 4	7	大庭俊(王子)	
(45)	816・元和 11・朱雀 5	2	**高宿満**	
(46)	817・元和 12・朱雀 6	3	大誠慎	
(47)	818・元和 13・建興 1	3	李継常	
(48)	821 or 822		慎能至・大公則(王侄)	
(49)	821 or 822		大定順・大多英(王侄)	
(50)	824・長慶 4・建興 7	2	大聡睿	
(51)	832・大和 6・咸和 3	3	大明俊(王子)	
(52)	833・大和 7・咸和 4	1	**高賞英**(同中書右平章事)	解楚卿・趙孝明・劉宝俊(以上派遣学生)／李居正・朱承朝・**高寿海**(以上先遣学生)
(53)	833・大和 7・咸和 4	2	大光晟(王子)	
(54)	837・開成 2・咸和 8	1	大明俊(王子)	
(55)	839・開成 4・咸和 10	12	大延広(王子)	
(56)	843・会昌 3・咸和 14	2	大昌輝(王子)	
(57)	846・会昌 6・咸和 17	1	大之萼(王子)	
(58)	897・乾寧 4・(大瑋瑎代)	7	大封裔(王子)	
(59)	898 ～ 901・光化年間・(大瑋瑎代)		烏炤度(宰相)	烏光贊(烏炤度の子・科挙合格)
	年(西暦・後梁・渤海)			
(60)	907・開平 1・(大諲譔代)	5	大昭順(王子)	
(61)	908・開平 2・(大諲譔代)	1	崔礼光(殿中少令)	
(62)	909・開平 3・(大諲譔代)	3	大誠諤(相)	
(63)	912・乾化 2・(大諲譔代)	5	大光贊(王子)	
	年(西暦・後唐・渤海)			
(64)	924・同光 2・(大諲譔代)	1	大禹謨(王子)	
(65)	924・同光 2・(大諲譔代)	5	大元讓(王侄)	
(66)	924・同光 2・(大諲譔代)	8	大元謙(王侄・学堂親衛)	
(67)	925・同光 3・(大諲譔代)	2	裴璆	
(68)	926・天成 1・(大諲譔代)	4	大陳林	

凡例：◆本表の年月は人名記載記事・史料の年月。このうち(1) ～ (21)は古畑 2021、(56)は赤羽目 2011 の考証に基づく。◆太字の人名は高氏の人物。

付記：表中にはないが、徐夤(849 ～ 939)が福建帰郷中(903~910)に作った詩(『全唐詩』巻 709)より「渤海賓貢高元固」が確認できる。

出典：『冊府元亀』『旧唐書』『新五代史』『唐会要』『五代会要』『曲江集』『文苑英華』『元氏長慶集』『続日本紀』『高麗史』等

参考：金毓黻『渤海国志長編』（千華山館、1934)、孫玉良『渤海史料全編』（吉林文史出版社、1991)、赤羽目匡由『渤海王国の政治と社会』（吉川弘文館、2011)、古畑徹『渤海国と東アジア』（汲古書院、2021)

第5表　渤海の対中国王朝遣使記事に名前の登場する有力氏族所属者数

有力氏族名	大使(唐代)	割合※(唐代)	大使(全体)	割合※(全体)	派遣学生	割合※
大氏	34名	57.6%	41名	60.3%	—	—
高氏	4名	6.8%	4名	5.9%	1名	14.3%
李氏	1名	1.7%	1名	1.5%	1名	14.3%
王氏	—	—	—	—	—	—
烏氏	3名	5.1%	3名	4.4%	1名	14.3%
楊氏	3名	5.1%	3名	4.4%	—	—
賀氏	1名	1.7%	1名	1.7%	—	—

※割合は大使(唐代)の総数59名、大使(全体)の総数68名、派遣学生総数7名に対する各氏族所属者数の割合

第6表　渤海の対中国王朝遣使における有力氏族の時期別大使数※

氏族名等	705~749	750~799	800~849	850~899	900~926
総数	28名	7名	24名	2名※※	9名
大氏	14名	5名	16名	1名	7名
高氏	—	—	4名	—	—
李氏		—	1名	—	—
王氏	—	—	—	—	—
烏氏	2名	—	—	1名	—
楊氏	—	2名	1名	—	—
賀氏	1名	—	—	—	—
その他	11名	—	2名	—	2名

※　本表はどの氏族が大使になっているかを確認するものなので、延べ人数で示している。
※※　(59)は時期が不明確なため「898~901年」として第4表に載せた。本表では2つの時期にまたがるので、仮に前者で数えることにした。

王族大氏以外の有力氏族がほとんど登場せず、その他の氏族の者が大使となっている例が非常に多いからであり、また王族大氏も半分でしかなく、他の時期のような圧倒的な割合ではないからである。

さらにこの時期の人名をよく見てみると、大氏や烏氏を含めて、唐風ではない姓名の人物が非常に多いことに気が付く。列挙すると、(4)味勃計・(6)烏借芝蒙・(7)謁徳・(8)大昌勃価・(9)大都利行・(12)菸夫須計・(16)知蒙・(17)烏那達利・(18)取珍・(21)多蒙固・(22)木智蒙・(23)公伯計・(25)受福子・(26)失阿利で、14名もいる。これらは固有音の人名に漢字の音を当てて表記したものと思われるが、こうした表記は七四〇年代までそれ以降には登場し

ない[13]。このことは日本に送られた渤海使とも呼応しており、唐風ではない姓名の人物が登場するのは天平十一年(七三九)の第2次渤海使までである(第1表参照)。

このように見てくると、七四〇年代頃までの対唐遣使は、大氏と唐風姓名ではない人々によって担われたと言ってよい[14]。では、この唐風姓名ではない人々とは何なのか。これについては濱田耕策氏に靺鞨族だとする見解がある[濱田二〇〇〇：八二〜八三頁]。確かにその通りのようにも思えるが、十分な論証が行われているわけではない。そこで、この指摘の妥当性についていま少し考えてみたい。

この問題は、唐側が高句麗滅亡後の高句麗遺民の姓名をどのようなものと見ていたかということと関係するように思われる。そこでまず、高句麗滅亡前までの高句麗人の姓名を確認すると、唐風姓名を持つ者もいれば、そうではない者もいたことがわかる。たとえば、最後の王である宝蔵王は高蔵という唐風の姓名を持っていた。しかし、彼を擁立した宰相の淵(泉)蓋蘇文は、姓は唐風だが、名は固有音であった。新羅に亡命した安勝は、淵蓋蘇文の弟の淵浄土の子と見られるが、唐側史料では高句麗王高蔵の「外孫安舜」とのみ記され、唐風の姓を持っていたとは認識されていなかったようである。また、天智天皇五年(六六六)に来日した高句麗の使節は『日本書紀』に「大使臣乙相奄鄒・副使達相遁・二位玄武若光等」(巻27・天智天皇五年十月己未条)と記されており、このうちの大使の名前は固有音であって唐風ではない。実際に唐風の姓名の者とそうでない者が混在し、唐側もその前提で記述をしていたと考えてよい。

ところが、高句麗滅亡後の高句麗人についての唐側の記録では、唐風の姓名を持つ者しか出てこない。第3表の高句麗人名はすべて唐風だが、そのもととなった植田氏の在唐高句麗人の整理でも、唐風姓名を持った者しか出てこない。また、あくまでも管見の限りではあるが、『旧唐書』『新唐書』『冊府元亀』の高句麗滅亡以降の記事からは、唐風姓名以外の高句麗系の人物を見つけることはできなかった。特に注目されるのは、開元三年(七一五)に突厥から唐に降った諸部族についての『新唐書』巻二一五上・突厥伝上の記事で、これには降った各部族の族長名が書かれている。このうち高句麗人と目される高文簡・高拱毅は唐風姓名だが、それ以外は「跌跌都督思太、吐谷渾大酋慕容道奴、郁射施大酋鶻屈頡斤・苾悉頡力」と、すべての部族長名に固有音の部分があった。

これらのことから、八世紀の唐においては、高句麗人は唐風姓名を名乗る者であるという認識ができていたと考えられる。そしてそうだとすると、唐風姓名ではない者は高句麗人以外、つまり靺鞨系ということになり、濱田氏の見解は妥当で、七四〇年代までの渤海の対唐遣使は王族大氏と靺鞨系氏族が中心であったということになる。また、王族大氏にも固有名を名乗る者がいるから、実際がどうであるかは別にして、唐側では王族大氏を、この時期には高句麗人ではなく靺鞨系と見ていたと考えてもよいであろう。

七四〇年代以降は固有名の人物は登場しなくなるが、それ以降は大氏が中心で、他の有力氏族の者で対中国王朝遣使の大使になった者は少数である。他の有力氏族筆頭の高氏であっても、九世紀前半になって対唐外交にやっと登場するが、わずか4例しかなく、九世紀前半も王族大氏が中心となっていることは揺るがない。この高氏と大氏の状況は、対日遣使である渤海使の状況と完全に真逆である。では、なぜこのような対照的な現象が起こるのであろうか。

このことについて、韓国の朴真淑氏は「特定姓氏が一方に偏る傾向がみられるのは、渤海社会には、唐や日本との交流で活躍した集団がおり、彼らが持続的に両国間の外交に関与していたことを意味する」［東北亜歴史財団 二〇〇九：一九四〜一九五頁］と述べている。この理解は、この現象を氏族集団の役割の問題として捉えているということであろう。しかし、七四〇年代までの対唐外交を担ったのは大氏と靺鞨系であり、大氏はこの時期には靺鞨系として唐側から見られていたから、この時期の外交は靺鞨系が担っていたと言ってよい。これに対し対日外交では、高句麗系の高氏に次いで李氏・王氏が数多く登場する。李氏・王氏とも高句麗滅亡後の在唐高句麗人にその姓があるので(15)、高句麗系の可能性が高く、対日外交は高句麗系有力氏族が中心だったといえる。一方、李氏・王氏で対唐遣使の大使になったのは、八一八年の(47)李継常だけで、王氏に至っては誰も大使になっていない。高氏に李氏・王氏を含めた高句麗系有力氏族が対唐外交に関わった例は八世紀前半にしか見えず、それもわずか5名で、その中心となることはなかった。このように考えてくると、この偏りは、氏族集団の問題として理解するより、種族の問題として考えた方がよいように思われる。そしてそのような視点でこの問題を整理し直すと、この偏りが渤海国の外交戦略によるものである可能性が浮かび上がってくる。

唐は七四一年まで、渤海を「渤海靺鞨」と呼んで靺鞨族の一種として位置付けていた［古畑 二〇二〇］。このことは、この時期の渤海の対唐遣使が大氏を含めて靺鞨系であったことと呼応する。また、唐は大氏を冊封しているが、論理的には本来、冊封された国王は皇帝と君臣関係にあるため、自ら唐の朝廷に赴いて元会儀礼に参列して朝貢すべきなのであり、使者はあくまでその代理である。そのため、王の代理として朝貢する使者には王族が最もふさわしく、事実、冊封された国の使者には王族が多い。「渤海靺鞨」と唐が呼ばなくなった七四〇年代以降、靺鞨系氏族のほとんどが対唐遣使の大使から消えて大氏だけが残ってその中心になるのは、おそらくこのことと関係しており、渤海は対唐関係良好化のため王族を大使とする対唐外交をその後も維持し続けたと考えられるのである。

一方、渤海はその通交の最初より日本に対して高句麗後継を主張し、日本側も高句麗後継の朝貢国として位置付けて、渤海にそのようにふるまうことを要求した。このことは、渤海使の大使が高氏を筆頭に高句麗系有力氏族が中心になっていることと呼応する。ただ、日本側は渤海側を朝貢国と見なしたが、渤海は自らを日本の朝貢国とは位置付けていなかったし、位置付けられたくもなかったと考えられ、それ故にしばしば外交儀礼をめぐるトラブルが発生した。だとすれば、渤海側に国王の代理である使者として王族を送る理由はなく、むしろ送ってしまえば朝貢国であることを受け入れたと、日本側にも国内にも捉えられかねない。一方、朝貢国ではないという点を強く主張すれば日本との良好な関係にひびが入る。そこで、渤海使の大使に高句麗系有力氏族の者、とりわけ高句麗王家と同姓の高氏を選び、国内には朝貢国ではないことを示しつつ、かつての朝貢国高句麗の再興として位置付ける日本側をも満足させて良好な関係を維持しようとしたと考えられるのである。

このように渤海に対してまったく異なる認識で臨んでくる唐と日本に対する渤海の外交戦略として理解するのが、対唐外交と対日外交における大使人選の対照的なあり方の理解としては、最も妥当なのではないだろうか。

おわりに

本稿では、渤海使の構成員を見ると、渤海国の高氏が大使となる例が突出して多く、かつ使節の各階層に広範に存在することを出発点に、渤海国の高氏をめぐる諸問題を検討してきた。そこでの考察を整理すると、次の二点に集約されよう。

①渤海国の高氏は渤海時代の有力氏族であり、王族大氏に次ぐその筆頭であるとする従来の説を再確認したうえで、渤海国の高氏が高句麗王家に連なることを示す史料はなく、高句麗の地方豪族にルーツを持つ複数の一族を中心に高句麗遺民の多様な階層が高氏を称していたことを明らかにした。このことは、高氏が有力氏族の筆頭なのは高句麗王族だったことによるとする金毓黻氏の見解を否定するものである。

②そのうえで、渤海国の対中国王朝遣使記事に登場する大使の傾向に着目し、これが当初、王族大氏と靺鞨系氏族によって占められ、その後も大氏が大半を占めて高句麗系氏族は九世紀前半にわずかしか登場しないことを明らかにし、それが対日外交とは対照的であることを指摘した。そして、対照的となった理由を、渤海国を靺鞨の一種と位置付けて冊封した唐と、高句麗後継の朝貢国と見なした日本の両方に対応した外交を展開するための渤海国の外交戦略にあると結論付けた。

以上の二点からはさらにいくつかの問題が派生するが、すでに筆者に与えられた紙数は尽きた。そこで最後に論じ残していた疑問、なぜ高氏が渤海有力氏族の筆頭なのかという疑問についての見解を示し、本稿を締めくくりたい。渤海国の高氏が単一の氏族ではなく、複数存在し、かつ階層的にも多様であったことはすでに論じたとおりである。したがって、有力氏族とされる高氏は、多数ある高句麗系の高氏の一部であることは疑い得ない。また、渤海国は高句麗系と靺鞨系による多種族国家だが、その内訳を考えると、多様な種族に分かれる靺鞨系に対し、かつて国家を形成し文化的なまとまりを持った高句麗系が最多数派のエスニック集団であったことも、まずは疑い得ない。とすれば、国家・社会がそれを代表する氏族を重視するのは当然のことであろう。特に対日外交において高氏は極めて重要な存在であったから、渤海の社会において、渤海使の大使を出す一部の高氏が王族大氏に次ぐ有力氏族の筆頭と見なされたのだと考えられるのである。

註

（1）第1表の1には大陳潤の名前があるが、これは遣唐使節で渡日を目的としていないので、カウントしていない。

（2）これらを総計すると29名になるが、高応順が訳語(第24次)と判官(第25次)で二度登場するため、渡日した高氏の総数とは1名のずれが生じている。

（3）これらを総計すると14名になるが、李能本が判官(第5次)と副使(第6次)で二度登場するため、渡日した李氏の総数とは1名のずれが生じている。

（4）本稿では、「渤海の高氏」とはいわず「渤海国の高氏」とする。これは、渤海郡蓨県(現・河北省衡水市景県)を本貫とする漢族の「渤海高氏」が存在するためである。「渤海高氏」は北魏の頃から名族として登場し、北斉の創設者・高歓はこの一族を名乗った。ただし、高歓は実際には鮮卑系で、「渤海高氏」の系図に付会したと考えられている。「渤海高氏」を名乗る一族のなかには高句麗系の高氏もいると見られる。［尾崎 一九六三、浜口 一九三八］参照。

（5）『松漠紀聞』は、一一二九年に南宋から金に通問使として出使したまま、金に一五年間抑留されて一一四三年に帰国した洪皓(一〇八八～一一五五)が、帰国後に記した金朝における見聞録である。抑留先で見聞したことを記録していたが、帰国時に金人に知られるのを恐れて燃やしてしまい、帰国後に記憶をもとに再度著述したものという。ただ、秦檜(一〇九一～一一五五)が実施した「私史の禁」にあって世に出ないまま洪皓は没し、その長子洪适(一一一七～一一八四)が校勘をして表題を付けて刊行した。

(6) この見解は『渤海国志長編』巻16族俗考に見えるもので、実際に渤海国人と見られる竇姓の人物は確認できていないため、竇を賀の誤写とする金氏の指摘は定説となっている。

(7) この高仁は、正しくは第1次渤海使の大使だった高仁義。金毓黻氏は、『渤海国志長編』巻2総略下で『続日本紀』を引用して「高仁義」としておきながら、「應に日本全史に從ひて高仁に作るべし(應從日本全史作高仁)」と注記して、高仁が正しいと見なしている。彼が依拠した『日本全史』は、『渤海国志長編』附録巻2徴引書録に記載があり、著者は「日本岡谷繁實」、刊行は「明治四十四年」とある。岡谷繁實(一八三五～一九二〇)は、幕末の館林藩士で勤王家。戦国時代から江戸時代の武将のエピソードを集めた『名将言行録』の著者として知られる。『日本全史』は明治四十四年(一九一一)に文成社から刊行された。金氏は、日本史料についての考察のかなりの部分を本書に依拠しており、その誤謬の原因が本書にある場合が時折見られる。

(8) 櫻井氏は「姓氏」という用語を用い、「氏族」という用語は使用しない。おそらく、「氏族」という語は、基本的に共通の先祖を持った血縁集団を意味する用語であるが、渤海の場合は、同姓だから同族であるという断定は容易にできない。そのため、厳密を期して「姓氏」としたものと思われる。本稿では、他の論述との関係もあるので、櫻井氏の使用する「姓氏」を「氏族」に置き換えて記述するが、高氏を有力氏族と呼んだからと言って、高氏がすべて先祖を同じくする血縁集団だと主張しているものではなく、櫻井氏の「姓氏」と同義で使用している。

(9) 高句麗王家とのつながりを主張するのであれば、日本の高麗朝臣が広開土王の子孫を称したように、どの王の子孫なのかを称するのが一般的なあり方である。

(10) 渤海国の高氏が高句麗王の一族ではないということは、渤海は建国に当たって高句麗王家をその国内に取り込まなかったということでもある。これは渤海国の領域支配の正当性とも関連する非常に重要な問題なので、本稿では扱わず、別稿を予定している。

(11) 第4表には唐代59回、後梁代4回、後唐代5回の遣使記事が掲載されているが、(20)(48)(49)には大使が2名いる一方、(34)は官名のみで氏名がない。したがって、名前のわかる大使は唐代が延べ61名、第4表全体で延べ70名となる。しかし、大蕃は(20)(27)、大明俊は(51)(54)と2回大使として登場しているため、唐代の実数は59名、表全体の実数は68名となった。

(12) 第4表の付記にある「渤海賓貢高元固」も渤海からの派遣学生と考えてよいが、いつ派遣されたのかが不明であったため、第4表には入れなかった。高元固を入れると8名中2名となり、記録に残っているうちの25％が高氏となる。

(13) 濱田氏は、この人名の唐風化を渤海国の唐的な制度整備及び七六二年の唐による渤海国王冊封と関連付けて論じている［濱田 二〇〇〇：八二～八三頁］。唐的な制度整備と関連付ける点は理解できるが、渤海国王冊封とは時期的なずれがあり、これと関連付けることには賛成しかねる。

(14) 八世紀前半において、大氏以外で唐風姓名を持った人物は(5)賀祚慶・(19)馬文軌しかいない。

(15) 在唐高句麗遺民の経歴を整理した植田氏は、李氏として李他仁・李仁徳・李隠之・李懐・李正己の名前を挙げ、王氏として王景曜・王毛仲・王思礼の名前を挙げている［植田 二〇二二：一五〇～一六一頁］。

参考文献

赤羽目匡由　二〇一一『渤海王国の政治と社会』吉川弘文館
石井正敏　二〇〇一『日本渤海関係史の研究』吉川弘文館
植田喜兵成智　二〇二二『新羅・唐関係と百済・高句麗遺民：古代東アジア国際関係の変化と再編』山川出版社
尾崎康　一九六三「北魏における渤海高氏」『斯道文庫論集』二
金毓黻　一九三四『渤海国志長編』千華山館
櫻井俊郎　一九九五「渤海の有力姓氏と中央官制」『歴史研究』三三
孫玉良　一九九一『渤海史料全編』吉林文史出版社
東北亜歴史財団編(濱田耕策監訳)二〇〇九『渤海の歴史と文化』明石書店
外山軍治　一九六三『金朝史研究』東洋史研究会
浜口重国　一九六六『秦漢隋唐史の研究』下　東京大学出版会
濱田耕策　二〇〇〇『渤海国興亡史』吉川弘文館

古畑徹　二〇一八『渤海国とは何か』吉川弘文館
古畑徹　二〇二〇「靺鞨・渤海はなぜ「北狄」なのか」『東方学』一四〇
古畑徹　二〇二一『渤海国と東アジア』汲古書院

高麗郡と契丹による渤海攻略とのはざま
――渤海滅亡と東丹国成立の記事をてがかりにして――

澤本 光弘

はじめに

いまでは神田明神の三之宮でしられる平将門は、平安期の承平年間、高麗郡をふくむ武蔵国を一時的に勢力下におさめる。真福寺本『将門記』によれば、将門は決起の際、渤海滅亡と東丹国の話をもちだし、既存の王朝であろうと力あるものが滅ぼしてもいいのだと豪語したという。高句麗にゆかりをもつ高麗郡の人々にとって、高句麗の遺民につらなる渤海の滅亡は、それなりの動揺をもちうる情報であるが、仔細は伝わらぬ。ただ、高麗郡にある日和田山中腹に鎮座する金比羅神社は、一説に、平将門に勝利し武蔵の国司を兼任した藤原秀郷が建立したという〔山村民俗の会 一九五〇：四四〜四六頁、韮塚 一九五五：一八七頁、神山 一九八二：九二〜九六頁、根津 一九八二：一四二頁〕。藤原秀郷は、瀬田の唐橋の大百足退治などの説話が多く、このあたり、実際のことは史料で確認できない。

ここには伝承の話が入り交じる。平将門が実際に渤海滅亡に言及したかどうかは、創作性の介入する説話物ゆえ、脚色性も考慮したく鵜呑みは躊躇する。日和田山にある金比羅神社の由来も、史料をもって裏付けをとるのは難しい。ただしである。少なくとも『将門記』の成立にかかわった者は、渤海の滅亡を把握しており、それをふまえて将門の発言を書き記したことは顧慮したい。こうしたことを念頭におきつつ、ここでは渤海の滅亡について概観する。

『将門記』の渤海滅亡については、つとに古代国家の転換点の表象として着目されており〔石母田 一九五〇・一九六四：五一〜五二頁〕、武士の発生の見地からの言及〔大村 一九六五：六〇頁〕や、十世紀の変動からの着眼〔石井 一九九二：三五二頁〕、契丹の勃興期への分析〔杉山 二〇〇五：九六頁〕から考究されている。こうした先学の見地を踏まえつつ、近年の見地を加味して、渤海の滅亡にいたる情勢を追跡してみたい。

1　滅亡前史の再構築

まず、渤海と契丹の衝突は、唐代からみられることに留意したい（関連地図は94頁参照）。

扶餘《ふよ》の故地を扶餘府と為《な》し、常《つね》に勁兵《けいへい》を屯《とん》し契丹を扞《ふせ》ぐ。（『新唐書』巻二一九、列伝一四四、北狄、渤海伝）

渤海の扶餘府は、後に契丹の黄龍府となり、若干の移動はあるものの、おおむね現在の長春市北西の農安附近に比定される〔張修桂・賴青寿編著 二〇〇一：一一八頁〕。ここから、渤海が契丹を警戒し防御を固めていたことがわかる。このことは、十世紀に契丹の耶律阿保機が台頭して、東方進出をうかがうようになったことと結びつけられることが多い。たとえば、太祖三年（九〇九）のこととして、次のような記事がある。

三年春正月、遼東に幸す。（『遼史』巻一、太祖本紀一、太祖三年〔九〇九〕条）

『新唐書』の記述と『遼史』の記述を結びつけると、契丹が永続的に渤海攻略をうかがっていたかのようにみえてしまう。ただし、近年の研究成果を付与すると、異なる見方もみえてくる。

第一に、念頭におくべきは、契丹は季節移動する遊牧民であり、厳寒期は渤海に近接した地域で過ごしていたと見られる点である。『遼史』営衛志をみれば、春夏秋冬ごとに行営（捺鉢）を移動させており、正月上旬からの春捺鉢は、鴨子河濼とされ、「長春州の東北三十五里」であったという。これは、渤海の扶餘府と近接している。『遼史』によれば、契丹は年によって厳寒期の滞在地を変えているが、おおむね現在の吉林省南西部から遼寧省北部である。実際に契丹の春捺鉢とみられる遺構が吉林省松原市乾安県の花敖泡東南岸・査干湖正西南岸で確認されており[吉林大学辺疆考古研究中心 二〇一七、森部 二〇一八]、遼寧省康平県岔海撓村の臥龍湖一帯も候補地とみなされている。『遼史』の成立は元代であって[尾崎 一九八五]、『遼史』営衛志に記された記述は、聖宗代以降の記述とみられる[苗 二〇二〇]。そのため即座に営衛志の記述を唐代や契丹建国期にあてはめることには、一定の留保を忘れてはならない。とはいえ、四季の変化にともなう生活形態は、それなりに永続的に培われて来たとみることが許されるのであれば、唐代にも契丹は季節移動していたと想定することはできよう。つまり、『新唐書』にみられる扶餘府における契丹と渤海の緊張関係は、契丹の侵略というよりは、厳寒期による渤海領域への近接を摩擦をおこす一因として考慮しても良かろう。このあたりはそもそも史料がないため鉄案とはならぬ。ただ傍証として、耶律阿保機が渤海の近辺に進出したり、渤海を攻撃したのは、おおむね十二月末～一月のことであり、厳寒期の習慣と合致することを指摘しておきたい。

第二に、契丹と奚の動向を加味して考えたい。従来、渤海と契丹の間には、奚の勢力圏があり、渤海と契丹の間の緩衝地帯となりうる地勢にあった。ところが、太祖五年(九一一)春正月、契丹によって奚が併合される。

(正月)丙申《11日》、上 西部奚を親征す。奚 阻険《そけん》もて、叛服 常ならず、數《しば》しば招諭するも聽かず。是《こ》の役の向かう所は輒《すなわ》ち下し、遂に兵を分かちて東部奚を討ち、亦《ま》た之《こ》れを平らぐ。是《ここ》に於いて盡《ことごと》く奚・霫の地を有す。東は海に際し、南は白檀に暨《およ》び、西は松漠を踰《こ》え、北は潢水に抵し、凡そ五部、咸《み》な版籍に入る。

(『遼史』巻一、太祖本紀一、太祖五年(九一一)春正月条)

奚は契丹と同族とみられ、『新唐書』などに列伝がみられる。この時期の奚は、西部と東部の二つに分裂していたが、契丹は、そのどちらをも接収する[島田 一九七九：八二頁]。奚の領域が契丹に接収されたことで、契丹と渤海との境界がより広範にわたり近接するようになった。この背景には、契丹内部における、耶律阿保機と親族との内紛が関係する。この時期、耶律阿保機は、三年ごとの首長交代の慣習を破棄して永年的に皇帝位を確立しようとしており、それを阻止せんとする弟らと抗争を重ねていた。この内紛に奚もまきこまれたのである。後述するとおり、渤海は内紛が原因で滅亡するといわれるが、内紛が頻発していたのは、むしろ契丹であった。

　契丹の内紛は、たとえば次のように記される。

　五月、皇弟の剌葛、迭剌、寅底石、安端 謀反す。安端の妻 粘睦姑之《こ》れを知り、告を以て、実《じつ》を得《う》。上 誅を加うるに忍ばざれば、乃ち諸弟と山に登りて牲《いけにえ》を刑《さ》げ、天地に告げて誓《ちかい》と為して其の罪を赦《ゆる》す。剌葛を出だして迭剌部夷離菫と為し、粘睦姑を封じて晉国夫人と為す。

（『遼史』巻一、太祖本紀一、太祖五年〔九一一〕五月条）

弟らの反乱は最終的には沈静化するが、それはまだ先のことであり、しばらく鎮圧と再燃がくりかえされる。

　第三に、契丹や渤海にとっての南側一帯の情勢を把握しておきたい。現在のペキンにあたる幽州地域や、現在の天津の北部にあたる薊州は、唐末から河朔三鎮のひとつ盧龍節度使が勢力をほこっていた。盧龍節度使については、唐末からの半独立的勢力としての特質などから注目され［渡辺 一九九四］、仏教の庇護をになう面などからの考究［松浦 二〇一〇］や、沙陀や契丹との分析［新見 二〇二〇、再掲 二〇二二］などが提示されている。

　そもそも渤海と契丹の対立が先鋭化するより前から、契丹が進出を図っていたのは、幽州や薊州であった。

（五年）三月、灤河《らんが》に次《いた》り、石に刻みて功を紀す。復た薊州を略地す。

（『遼史』巻一、太祖本紀一、太祖五年〔九一一〕条）

　こうして幽州や薊州に押し寄せては、民をつれかえり、勢力の拡充を図っていた。その背景には、河東の李克用、幽州の劉仁恭・劉守光父子、汴州の朱全忠の三者鼎立の緊張状態があり、その背後をついて契丹が進出できたとみられる［森安 一九八二：八三頁］とする。ただし、前述したとおりの弟らの内紛により、契丹の南下はたびたび中断する。そんな折、劉守光が父の劉仁恭を幽閉し、兄の劉守友を殺害し、「燕」を建国する。

八月甲子《13日》、劉守光 幽州に僭號《せんごう》し、燕と稱す。
（『遼史』巻一、太祖本紀一、太祖五年〔九一一〕条）

これに対して、契丹は劉守光の討伐をめざして、長期にわたり劉守光の拠点の幽州へ進軍する。

（六年）二月戊午《9日》、劉守光を親征す。
（『遼史』巻一、太祖本紀一、太祖六年〔九一二〕条）

（六年）三月、幽州より至る。
（『遼史』巻一、太祖本紀一、太祖六年〔九一二〕条）

契丹の遼東進出は、渤海からするとみずからへの攻撃と警戒すべきものである。しかし契丹からみると、遼東進出や奚の接収は、渤海への牽制というより、劉守光への牽制という面がある。

この時期においても耶律阿保機は契丹内部の弟らの叛乱に苦しめられる。

冬十月戊寅《4日》、剌葛 平州を破り、還りて、復《ま》た迭剌、寅底石、安端等と反《そむ》く。甲申《10日》、人を遣《つか》わして梁に使いし祭を致さしむ。壬辰《18日》、還りて北阿魯山に次《いた》り、諸弟の兵を以て道を阻《はば》むを聞くや、軍を引きて南のかた十七濼に趨《おもむ》く。是の日 柴《しば》を燔《や》く。翼日《よくじつ》、七渡河に次《いた》れば、諸弟 各《おの》おの人を遣わして罪を謝す。上 猶《な》お矜憐《きょうれん》すれば、許すに自新するを以てす。
（『遼史』巻一、太祖本紀一、太祖六年〔九一二〕十月条）

こうした叛乱により、契丹の幽州地域への勢力拡張は足踏みすることが多かったが、それを見透かすように、幽州地域をねらう別勢力が動き出す。現在の太原一帯を本拠としていた李克用の後をついだ子の李存勗である。

七年春正月甲辰朔《1日》、兵を用うるを以て朝を免ず。晉王 李存勗 幽州を抜《ぬ》き、劉守光を擒《とら》う。甲寅《11日》、王師 赤水城に次るや、弟剌葛等 降を乞う。上 素服《そふく》もて、赭白《しゃはく》の馬に乗り、將軍 耶律樂姑、轄剌僅阿鉢を以て御と為し、兵器を解き、侍衛に肅《しゅく》せしめて以て之《こ》れを受け、因りて慰諭を加う。剌葛等 引退し、上 復《ま》た數《しば》しば使を遣わして撫慰す。
（『遼史』巻一、太祖本紀一、太祖七年〔九一三〕条）

耶律阿保機が正月の朝賀をやめてまで弟の叛乱鎮圧をめざしたとき、李存勗は燕を滅ぼし、劉仁恭・劉守光父子を捕縛する。これに対し耶律阿保機は、李存勗をねらうようになり、そのために背後の渤海への警戒を強めていく。

2　契丹と渤海の確執

次に、契丹と渤海の直接的な武力衝突についてみていく。

耶律阿保機は、神冊三年（九一八）ごろから、あからさまに遼東地域への布石を進める。

冬十二月庚子《1日》朔（一日）、遼陽故城に幸す。

（『遼史』巻一、太祖本紀上、神冊三年〔九一八〕条）

ここから、遼陽へ耶律阿保機が直接視察していることがわかる。既述のとおり、契丹は突如として東部に進出したのではない。四季毎に移動をくりかえす契丹にとって、これら東部地域は、厳寒期の投住地であった。元来はより北部であったが、奚の接収により、南部の遼陽地域へも進出しやすくなったと推察すると理解しやすい。『遼史』巻二、太祖本紀下、神冊四年（九一九）条にはつぎのようにみえる。

二月丙寅《28日》、遼陽故城を修め、漢民・渤海戸を以て之《こ》れを實《み》たし、改めて東平郡と為《な》し、防禦使を置く。

（『遼史』巻二、太祖本紀下、神冊四年〔九一九〕条）

ここで「渤海戸」を接収したことがわかる。これが渤海との緊張を生んだことはつとに指摘されている〔鳥山 一九四九：九八頁〕。ときに、後梁が滅び李存勗が後唐を建国する事態がおこり、南側から攻撃される危険が弱まると、天贊三年（九二四）五月に契丹と渤海との衝突の導火線となるつぎの事件がおこった。

是の月、薊州の民を徙して遼州の地を實たす。渤海 其の刺史 張秀實を殺して其の民を掠む。

（『遼史』巻二、太祖本紀下、天贊三年〔九二四〕条）

薊州は、契丹が長城を越えて平野部にでたときに最初に目に留まる城市のひとつで、現在の天津北部の薊県にある。遼州は、『遼史』地理志で遼浜縣を管轄していることがわかることから、現在の遼寧省新民市遼浜鎮とみられる。

遼浜縣は現在でも遼浜塔とよばれる遼塔がのこる［張修桂・頼青寿編著 二〇〇一：一〇七〜一〇九頁］。遼陽北西の遼河と秀水河の合流点付近に面した位置にある。

これを受けて、契丹と渤海の対立が激化する。このころ後唐に幽州からつぎの報告が入っている。

幽州 奏すらく、契丹の阿保機、東のかた渤海へ攻む。（『旧五代史』巻三二、唐荘宗本紀六、同光二年〔九二四〕条）

契丹も渤海へ攻撃し、報復が連鎖している。これが渤海の滅亡につながっていくのである。東の渤海を攻略するにあたり、契丹はまず西の諸部族を征伐し、後方の憂いを除いている。それから、次のように東へ進軍する。

『遼史』巻二、太祖本紀、天顕元年（九二六）条

正月庚申《3日》、扶餘城を抜《ぬ》き、其《そ》の守将を誅《ちゅう》す。

丙寅《9日》、惕隠の安端・前北府宰相の蕭阿古只等に命じ萬騎を将《ひき》い先鋒と為《な》さしむるに、諲譔の老相の兵と遇い、之《こ》れを破る。皇太子・大元帥の堯骨・南府宰相の蘇、北院夷離菫の斜涅赤、南院夷離菫の迭里、是の夜 忽汗城《こつかんじょう》を圍む。

己巳《12日》、諲譔 降を請《こ》う。

庚午《13日》、忽汗城の南に駐軍す。

辛未《14日》、諲譔 素服、稿索《わらなわ》もて羊《ひつじ》を牽《ひ》き、僚属三百餘人を率いて出降す。上優禮して之《こ》れを釈《ゆる》す。

（『遼史』巻二、太祖本紀、天顕元年〔九二六〕条）

扶餘城の陥落（一月三日）から、数日で忽汗城を囲み（一月九日）、渤海第十五代王 大諲譔の降伏（一月九日）へといたる［趙評春 一九八六］。契丹の進軍は、吉林の龍潭山から蛟河市を抜けて牡丹江流域へぬけるルートが推定されており［朱国忱・魏国忠 一九九六：二〇五頁］、駅路としての便のよさが指摘されている［馬徳謙 一九九〇］。

3　渤海の内紛はあったのか

渤海滅亡については、すでに多くの先行研究がある。そのうち滅亡の原因について、契丹の攻撃前に渤海内部に反乱があり、それによって侵略をゆるしたとする見解がある。「内部の争乱に因由したりと思はる」〔池内 一九一六、一九四三再録〕、「内紛の事実を裏書き」〔三上 一九五二〕、「王位をめぐる内紛が相次いでいた」〔石井 一九九二：三五一頁〕などとする研究がそれである。こうした先行研究は、国際情勢の俯瞰において手堅い分析がなされており、いまでも敬服すべきところは多いのではあるが、内乱があったとする箇所については、「内部から崩壊したのではなかった」〔浜田 二〇〇〇：二〇九頁〕とする見解があるなど、すこしく気になるところがある。そこであらためて史料にあたりなおしてみたい。関係するのは『遼史』耶律《やりつ》羽之伝の次の記述である。

先帝《せんてい》、彼《か》の離心《りしん》により釁《きん》に乗《じょう》じて動《うご》く、故《ゆえ》に戦《たたか》わずして克《か》つ。　（『遼史』巻一百一、列傳第三十一、蕭陶蘇斡伝）

ここでの「先帝」とは、契丹〈遼〉の太祖・耶律阿保機である。すなわち、耶律阿保機が、「彼の離心」により、「釁」（隙《すき》）をついて兵を動かしたため、戦わずして渤海を攻略したことを示す記事である。ここで肝要となるのは「彼の離心」とは何か、ということである。従来、「彼の離心」について、「渤海内の反乱」「猛烈な内紛」とみなすことで渤海において叛乱が発生していたと推察されてきた。これが渤海で内乱が頻発していたとされる論拠となっている。はたしてこの見解で適切なのであろうか。この点については、推定として提唱された案が定説化しているのであって、鉄案ではないことを踏まえるべきであろう。

まず、だれに対するだれの「離心」かを考えたい。てがかりとして、『遼史』において「離心」の語句がどのように使用されているかを検討したほうがよかろう。『遼史』では、ここ以外で次の場合に「離心」と記される。

「群下離心」　皇帝（天祚帝）に対して群臣が「離心」した　（『遼史』巻三十、本紀第三十、天祚皇帝四）
「諸部離心」　皇帝に対して諸部が「離心」した　（『遼史』巻一百一、列伝第三十一、蕭陶蘇斡伝）
「一軍離心」　皇帝に対して一軍が「離心」した　（『遼史』巻百十四、列伝第四四、逆臣下、奚回離保伝）
「億兆離心」　皇帝に対して億兆（の人々）が「離心」した　（『遼史』巻百十四、列伝第四十四、逆臣下、蕭特烈伝）
「上下離心」　皇帝に対して上下（の人々）が「離心」した　（『遼史』修三史詔、進遼史表）

これらの用例をみると、いずれの「離心」も、そのときどきの皇帝にたいする離反や心離れの不服従を示している。ここで気づくことは、臣従勢力にとどまらず敵対勢力であっても不服従の態度を「離心」と表現しうる点である。こうした表現は、『書経』泰誓中にて億兆の夷人が「離心離徳」と表現していることと通底する。『遼史』と同時期に成立した『金史』においても「遼主 徳を失い、中外 離心す」（『金史』巻七四、列伝十二、宗翰伝）のような用例がみられる。こうした用例をふまえると、耶律羽之伝にみられる「彼の離心」とは、渤海内部でおこった「離心」というよりは、皇帝（太祖・耶律阿保機）に対する渤海の「離心」と読んでおきたいのである。

このように「離心」を解すると渤海の内乱は想定できなくなる。つづく「釁《きん》」についても、契丹が朝賀の予定される正月に攻撃したことを指すと理解すれば、内乱を想定せずとも『遼史』の記述内で理解できる。

そもそも契丹の渤海攻撃も、当初は短期決戦を予定していたものではない。

天顕元年、渤海を征するに従う。扶餘城を抜き、上戸口を括らんと欲するや、倍 諫めて曰く
「今 始めて地を得て民を料するに、民 必ず安らかならず。若し破竹の勢に乗じ、徑《みち》を忽汗城に造らば、之れに克つこと必たり。」
と。太祖 之れに従う。倍 大元帥 徳光と與《とも》に前鋒と為り、夜 忽汗城を圍《かこ》めば、大諲譔 窮蹙《きゅうしゅく》して、降を請う。
（『遼史』巻七十二、列傳第二、宗室、義宗倍伝）

当初、耶律阿保機は、扶餘城の陥落と民の接収で事を収めるつもりであったところ、耶率倍(義宗倍、人皇王、のちの東丹王)の進言によって方針を変え、忽汗城まで攻撃したことがわかる。つまり契丹にとっても予定外の急襲であったのであって、渤海としても隙をつかれ、まさに「釁《きん》」によって攻略されたのである。

こうした理解が通るのであれば、少なくとも耶律羽之伝から渤海の内乱の兆候は看取できない。もちろん内紛がおこった可能性を全否定するものではない。史料にみられぬ反乱はあったかもしれないが、すくなくとも『遼史』耶律羽之伝で内乱を積極的に裏付けることはできず、耶律羽之伝から内乱の可能性を導き出すのはなかなか困難である。史料にみえない渤海の反乱は念頭においてもよいであろう。しかし、そうした想定をせずとも、既存の史料内に渤海と契丹の対立の原因はみてとれるといえる。

4　渤海の滅亡の伝わりかた　高麗への場合

耶律羽之伝とあわせて、もうひとつ、渤海の内乱を説き起こすときに挙げられる史料がある。『高麗史』太祖世家である。滅亡前から渤海人が高麗へ来投している記事がみられることから、原因として、たとえば「内部の争乱に因由したりと思はる」〔池内 一九一六、一九四三年再録〕などのように説明されてきた。つまり渤海で内乱が発生し、抗争に敗れた側が高麗に来投したとみるのである。『高麗史』の高麗太祖八年(九二五)条をみると次のとおりである。

秋九月丙申、渤海の将軍 申徳等 五百人 来投す

庚子、渤海の礼部卿 大和鈞・均老司政 大元鈞・工部卿 大福・左右衛将軍 大審理等、率民一百戸 来附す。

十二月戊子、渤海の左首衛小将 冒豆于・検校開国男朴漁等、民一千を率いて来附す。

(『高麗史』巻一、世家一、太祖一)

このような滅亡前から渤海人が高麗へ逃れてきている記事をみると、なるほど内乱を予想したとしてもたしかに道理が通る。しかしながら、それは先述の耶律羽之伝から内乱が読み取れた場合の言説である。その前提がくずれたいま、内乱を想定せずとも理解できる方法を考えておきたい。このことを念頭において『高麗史』を読み直すと、渤海について説明した、つぎのような沿革記事があることに気づかされる。

[1]渤海は本《も》と粟末靺鞨《ぞくまつまつかつ》なり。唐《とう》の武后《ぶこう》の時、高勾麗人《こうくりじん》の大祚榮《だいそえい》走りて遼東に保《たも》つ。睿宗《いそう》、封じて渤海郡王と為《な》す。因《よ》りて自《みずか》ら渤海国と稱《しょう》す。并《あわ》せて扶餘・肅愼等十餘国有《あ》り。文字・禮樂・官府制度・五京十五府六十二州・地方五千餘里・衆は數十萬なり。

[2]我境に隣して世〻讎《よよしゅう》たり。

[3]是《ここ》に至《いた》り契丹主、左右に謂《い》いて曰《いわ》く

「世〻讎《よよしゅう》未《いま》だ雪《そそ》がず、豈《あ》に宜しく安處すべけんや」

と。乃ち大擧して渤海大諲譔を攻め忽汗城を圍《かこ》む。大諲譔戰い敗《やぶ》れて降《こう》を乞《こ》い遂《つい》に渤海滅ぶ。

[4]是《ここ》に於《お》いて其の国の人の來奔《らいほん》せし者相い繼《つ》ぐ。

（『高麗史』巻一、世家一、太祖一）

[1]『新唐書』渤海伝にもとづく渤海の沿革、[2]高麗と渤海の隣接を示す記事、[3]『遼史』太祖本紀にもとづく滅亡の経緯、[4]渤海人の来投がきた理由、という構成からなる。渤海の内乱による亡命とされていた際は、これを『新唐書』『遼史』を引き写したもので「無識見を物語る」と断ずる見解もあった。たしかに[1]は『新唐書』、[3]は『遼史』からの引き写しではあるが、よくみると、[2]や[4]は『高麗史』の独自の見解であって、すくなくとも『高麗史』の編者は、滅亡によって亡命が増えたとみなしていることがわかる。契丹の攻撃の影響とするこの箇所は看過しがたく、滅亡前から亡命がおこっていたとみなす従来の見解には躊躇する。同様のことは、『高麗史』の翌年に成立した『高麗史節要』によっても指摘できる。

■1十二月、契丹、渤海を滅ぼす。渤海は本《も》と粟末靺鞨《ぞくまつまっかつ》なり。唐《とう》の武后《ぶこう》の時、高勾麗人の大祚栄《だいそえい》走りて遼東に保《たも》つ。睿宗、封じて渤海郡王と為《な》す。因《よ》りて自《みずか》ら渤海国と稱《しょう》す。併《あわ》せて扶餘・肅愼等十餘国有《あ》り。文字・禮樂・官府制度有《あ》り。五京十五府六十二州、地方五千餘里、衆は數十萬《すうじゅうまん》。
■2我《わ》が境に隣して契丹と世々《よよ》讎《しゅう》たり。
■3契丹主、大擧して渤海を攻め、忽汗城を圍《かこ》み、之《こ》れを滅ぼし、改めて東丹国と為す。
■4其の世子大光顕及び将軍申徳、礼部卿大和鈞・均老司政大元鈞・工部卿 大福謩・左右衛将軍大審理、小将冒豆干・檢校開国男朴漁等、民一千を率いて来附す。皆《みな》 爵を賜う。大諲譔《だいいんせん》 戦い敗《やぶ》れて降《こう》を乞《こ》い遂《つい》に渤海滅《ほろ》ぶ。是《ここ》に於《お》いて其の国の人の來奔《らいほん》せし者 相《あ》い継《つ》ぐ。
（『高麗史節要』巻一、太祖八年条）

前掲の『高麗史』と類似するが、相違もある。■1は『高麗史』と同様に、『新唐書』渤海伝をふまえた渤海の沿革を述べている。■2は『高麗史』と似ているが、高麗と渤海の隣接を示す記事のあと、「契丹と世々《よよ》讎《しゅう》」としているのは『遼史』の引用とみられる。■3は『高麗史』にない東丹国の成立に言及し、『高麗史』と大きく異なる滅亡の描写をする。■4は、『高麗史』で渤海滅亡前としていた記事を、渤海滅亡に関係することとして、まとめて記述している（筆頭の「其の世子大光顕」は『高麗史』では、高麗太祖八年〔九二五〕条ではなく、太祖十七年〔九三四〕条秋七月条に掲げられる）。『高麗史』も『高麗史節要』も、契丹の攻撃で史料が散失したとされる顕宗より前の記述は簡略であり〔稲葉一九二七〕、ここの記事も後代の補筆とみることもできることは考慮せねばならない。ただすくなくとも『高麗史』編者も『高麗史節要』編者も、契丹の侵攻と渤海の滅亡の余波で、渤海からの来投者が増えていると認識している。このことを踏まえると『高麗史』『高麗史節要』でも渤海の内乱を積極的に裏づけられるとはいえない。

当時の高麗は、渤海の滅亡を把握したとみられる。『遼史』太祖本紀の天顕元年〔九二六〕条には、

二月、…丁未《20日》、高麗、濊貊、鐵驪、靺鞨 来貢す。
（『遼史』巻二、太祖本紀、天顕元年〔九二六〕条）

とあり、高麗も諸勢力と前後して、契丹へ使節を派遣したとみられる。

5　渤海の滅亡の伝わりかた　後唐への場合

後唐へは、渤海の滅亡はどのように伝達されたのであろうか。まず、『五代会要』渤海伝をみたい。

是《こ》の歳《とし》(九二六年)、(契丹耶律阿保機)諸番[蕃]部落を率いて、渤海国の扶餘城を攻めこれを降す。扶餘城を改めて東丹府と為《な》し、その子 突欲に命じて兵を留めてこれを鎮《しず》めしむ。未《いま》だ幾《いく》ばくあらずして阿保機 死す。渤海王、その弟に命じて兵を率いて扶餘城を攻めしむ。克《か》つあたわずして衆を保《たも》ちて退《しりぞ》く。（『五代会要』巻三十、渤海）

ここには三カ所に「扶餘城」が登場する。そのうち、すくなくとも二つ目の「扶餘城」は「忽汗城」と読み替えたほうが理解しやすい。『遼史』によれば、渤海の王城は「忽汗城」であって、「忽汗城」にて東丹国がつくられたとされるからである。こうした齟齬は、次の『資治通鑑』『宋史』にも継承されている。

契丹主、勃海《ぼっかい》を攻め、其《そ》の夫餘城を抜く。更《あらた》めて命《なず》けて東丹国と曰《い》う。（『資治通鑑』第二七五、後唐紀四、天成元年〔九二六〕条）

後唐天成初(九二六年)、契丹の耶律阿保機、扶餘城を攻め之《こ》れを下すところと為す。扶餘《ふよ》を改めて東丹府と為し、其《そ》の子 突欲に命じて兵を留めて之《こ》れを鎮めしむ。阿保機 死す。渤海王 復《ま》た扶餘を攻むも、克《か》つ能《あた》わず。（『宋史』渤海伝）

こうした齟齬を編纂上の誤りとして正す場合もあるが、これはむしろ、当時の伝えられた情報が誤解されやすい伝達のされかたをしていたとおもわれる史料がある。『舊五代史』本紀のつぎの記事である。

十一月、青州奏す、登州の状申を得るに、契丹、先に渤海国を攻逼《こうひょく》し、阿保機 身死するも、すでに抽退《ちゅうたい》することかたし、なお兵馬を留めて渤海の扶餘城にあり、渤海王弟、兵馬を領して扶餘城を攻圍し内の契丹を次ぐ。
（『舊五代史』巻三七、唐書十三、明宗本紀三、天成元年〔九二六〕条）

登州が出した状申を青州が受け取って、それを中央へ奏したことがわかる。ここでわかることは、①扶餘城の陥落、②忽汗城の陥落、③耶律阿保機の急逝、④渤海遺民による扶餘城の奪還失敗、という異なる時期の情報が、同時に伝達されていたということである。つまり伝達された時点で、内容そのものが、集約的であったといえる。異なる時期の情報が一度にもたらされたため、混乱して残されているとみれば、当時の記録としてもそれなりに道理のとおる齟齬である。またもうひとつ、つぎのような別の経路で渤海滅亡の情報は後唐へ伝えられている。

二月、…壬辰（5日）…天顕と改元す。渤海を平げしを以て使を遣わして唐〔後唐〕に報ず。…丙午（19日）、渤海国を改めて東丹と為し、忽汗城もて天福と為す。皇太子倍を冊して人皇王と為し以て之れを主らしむ。
（『遼史』巻二、太祖本紀、天顕元年〔九二六〕条）

二月に、契丹は後唐へ渤海を併合したことを通告する使節を派遣している。『舊五代史』にはここまでの情報を記しており、その後の東丹への改称について記さない。

なお、扶餘城に駐留中の契丹を攻撃したという渤海の「王弟」などの動向については確定的なことはいえない。この時期、一度は降伏した渤海各地の叛乱があいついでいることから、「王弟」が独立勢力として以降も勢力を保っていたとみる余地はあるが、大規模な勢力は想定しがたい。なぜなら、一見たしかに渤海人の抵抗がつづいているようにみえるが、ひとつひとつ叛乱を追跡すると、いずれも平定されているからである。

【攻撃】三月、戊午《ぼご》、夷離畢の康默記、左僕射の韓延徽を遣《つか》わし長嶺府を攻む。
　　【鎮圧】八月、辛卯、康默記等 攻めて長嶺府を下す。
【叛乱】（三月）…己巳、安邊、鄚頡、定理の三府 叛《そむ》き、安端を遣わして之《こ》れを討たしむ。

【鎮圧】丁丑、三府平《たい》らぐ。
【叛乱】五月、辛酉、南海、定理の二府復《ま》た叛《そむ》き、大元帥 堯骨 之《こ》れを討《う》つ。
【鎮圧】六月、丁酉、二府平《たい》らぐ。

（『遼史』巻二、太祖本紀、天顕元年〔九二六〕条）

耶律阿保機の急逝後、まず反旗をひるがえした安邊府・鄚頡府・定理府は耶律阿保機の弟 安端に鎮圧される。南海府と、再び叛いた定理府は耶律阿保機の次子 耶律堯骨（のちの太宗）が平定する。その後、攻めあぐねていた長嶺府は康默記が八月に鎮圧する。『遼史』は、叛乱がすべて収束したように書いているのである。記されない叛乱はあったかもしれないが、継続的に結集する動向は伝わっていない。

こうした旧渤海領の動乱が、後唐に伝わっていたかどうかは判断できないが、同時期の後唐でも皇帝が交代する動乱が発生しており、顧慮するゆとりはなかったであろう。

四月、是月、唐 養子李嗣源 反す、…嗣源 即位す。
六月、…丙午、慎州に次《いた》り、唐 姚坤を遣わし国哀を以て來告す。（『遼史』巻二、太祖本紀、天顕元年〔九二六〕条）

渤海が滅ぼされた同年、後唐では酒に耽溺していた李存勗（荘宗）を見限る動きがおこる。そして叛乱追討中の李嗣源が推戴されて皇帝に推されると、李存勗は禁軍によって弑せられ、皇帝の交代が実現する。このことは六月に契丹にも経緯をつげる使節が派遣されている。これにより、契丹と後唐の間で情報を蒐集しえたとみられる。また、この出来事ののち、契丹のもとに投降していた盧龍軍節度使の盧国用が後唐に遁走している。

冬十月、盧龍軍節度使 盧国用 叛《そむ》き、唐に奔《はし》る。

（『遼史』巻二、太祖本紀、天顕元年〔九二六〕条）

こうした情勢からも、後唐は契丹の動向を把握していたとみても勇み足ではなかろう。

6　渤海の滅亡の伝わりかた　日本への場合

武蔵国に激震を誘導した、渤海滅亡の情報は、どのように日本へ伝えられたのであろうか。直接関係はしないが、渤海滅亡に先立つ天賛四年(九二五)冬十月庚辰のこととして、次の記事がある。

　日本国、来貢す。　(『遼史』巻二、太祖本紀、天賛四年(九二五)冬十月庚辰)

この「日本国」について、いかなる使節かは不明である。ただし、すでに概説ながらも史料をふまえた考察がなされており[杉山 二〇〇五：八五～八七頁]、翌年の寛建法師の入唐事例に着目し、同様の人的移動によるものと指摘されている。

　興福寺の僧 寛建法師を、修明門外に於いて召す。奏すらく唐商人船に就き、入唐求法、及び五臺山を巡礼せんことを請う。之れを許す。　(『扶桑略記』巻二四、醍醐天皇下・延長四年(九二六)五月廿一日条)

　僧 寛建等、大宰府の牒を賜い、大宋〔閩〕国の福州府に赴かんと欲す。五臺山に巡礼を為さんとするなり。　(『日本紀略』醍醐天皇 延長五年(九二七)正月廿三日条)

このうち『日本紀略』で「宋」とある箇所について、いわゆる趙匡胤の宋は建国前であることから、当時の福州を治めていた閩を指すとみられる。このあたり、必ずしも明瞭な情報をもとに記されているわけではないが、少なくとも当時、巡礼を目的として日本から渡航者がいたことをうかがわせる。こうした人的移動が契丹に及び『遼史』に記録されたとみることは、たしかに頷首できるであろう。

また、間接的な伝聞の可能性として、後百済使の情報提供を示唆する[杉山 二〇〇五：七八～八〇頁]。すなわち、延喜二十二年(九二二)『扶桑略記』延長七年(九二九)五月十七日条にみえる後百済 甄萱の派遣した使節の来日時に、渤海の滅亡も把握しえたとみる着眼があり、注目される。

現存史料で渤海の滅亡の情報が確実に伝えられたのは、『日本紀略』醍醐天皇延長七年（九三〇）十二月廿四日条にみえる、つぎの記事である。渤海が滅亡してから三年程度たってのことである。

渤海国入朝使 英諸大夫 裴璆《はいきゅう》、丹後国 竹野郡 大津濱に著《つ》く。

（『日本紀略』醍醐天皇延長七年十二月廿四日条）

渤海国（実質は東丹国）の使者が来着したことを伝える記事である。丹後国 竹野郡 大津濱については、帯金具の発見された横枕遺跡との関連が指摘されている［松尾 一九九八、伊野 二〇一〇］。

十二月のこの使者については、ただちに都に伝えられる。『扶桑略記』巻二十四裏書・醍醐天皇下には、

正月三日、戊辰、丹後国 渤海客の到来の由を言上す、左大臣 参じ、召否の由を定め被る。件《くだん》の客、九十三人、去年十二月廿三日、丹後国竹野郡に著《つ》く。

（『扶桑略記』巻二十四裏書・醍醐天皇下）

とある。ここにみえる。「左大臣」は藤原忠平である。この時期に東丹国の使が来日したのであろうか。二代皇帝 耶律堯骨（太宗、耶律阿保機の次子）と東丹国王 人皇王 耶律倍（耶律突欲、耶律阿保機の長子）の確執に手がかりを見いだす見解もある［篠崎 二〇一〇、再掲 二〇二三］。史料がないので因果関係は説明できないのであるが、鉄案ではないことを自覚しつつ、耶律堯骨と耶律突欲との確執に関する推定に乗っかるのならば、相関関係として提示できる出来事は、東丹国の南遷であろう。

天顯四年（九二九）の慕を以て、人皇王、乃ち詔を下して曰く、

「朕は孝を以て天下を理《おさ》め、遠きを慮ることにして、盤庚に效わんと欲す。卿は宜しく表を進ずべし」

と。公、即《すなわ》ち陳ぶ、

「遼の地は形便なり。邦家を建つべし」

と。是《ここ》に於《おい》て允《まこと》に帝心に協《かな》い、爰に基構を興す。公、夙夜勤恪たりて、食に退きても公に在り。民は既に子

来に楽しみ、國も亦た朞季にして成る。

（『耶律羽之墓誌』）

人皇王（耶律突欲、耶律倍）が耶律羽之の進言をもとに、東丹国を忽汗城から南の遼陽へ遷都する。このことに何らかの相関関係をもつものとして来日が実現したのかもしれない。しかし、日本側の対応は事務的であり、東丹使が契丹王への悪態をついたことを見とがめて怠状を書かせて帰国させてしまった。

三月二日、渤海存問使 裴璆 怠状《たいじょう》を進む

（『日本紀略』醍醐天皇、延長八年三月二日）

とある。このことについては、『扶桑略記』二十四、醍醐天皇下、四月朔日条に次のようにある。

唐客《からきゃく》 東丹国使と称《しょう》して丹後国《たんごのくに》に著《つ》く、子細《しさい》を問わ令むるに、件《くだん》の使《つかい》の答状、前後相違し、重ねて覆問せ令《し》めれば東丹使人等、本《もと》と渤海人と雖《いえど》も、今《い》ま降《くだ》りて東丹之臣《とうたんのしん》と為る。而れども対答中、多く契丹王の罪悪 云々《うんぬん》を称す。一日《いちじつ》として人臣と為りし者は、豈《あ》に其れ此くの如かん乎、須らく此の旨を擧げ、先《ま》ず責問せ令《し》め、今 須らく過状を進め令め、仰せ下されて丹後国 已了、東丹国 禮義《れいぎ》を失《しっ》せり。

（『扶桑略記』二十四、醍醐天皇下、四月朔日条）

これ以降、東丹国の使節が来日することはなくなる。

おわりに

従来、渤海末期には内紛が頻発していたと推測されてきた。ところが、根拠とされる『遼史』耶律羽之伝を見直すと、「彼の離心」に「渤海の内紛」という意味はなく、「渤海の離反」という意味によみとれることが、「離心」の用例からみえてきた。これにより、渤海の内紛を想定することが難しくなった。少なくとも耶律羽之伝に内紛を示唆する箇所はないといえる。

渤海の内乱を想定せずに、渤海と契丹の対立をとらえなおしてみると、契丹が季節移動により、厳寒期に渤海領域に近接して越冬することが、渤海との摩擦となりうることを指摘した。

こうして振り返ってきた、渤海滅亡までの流れを踏まえ、最後に、冒頭で言及した『将門記』はどう読めるかを考えて、まとめとしたい。『将門記』で渤海滅亡について言及しているのは次の箇所である。

> 時に新皇 勅して云《い》えらく
>
> 今の世の人、必ず撃ちて勝てるを以て君と為す。縦《たと》い我が朝に非《あら》ずとも、僉《み》な人の国に在り。去《い》んぬる延長年中の大赦契王の如きは、正月一日を以《もっ》て、渤海国を討ち取りて東丹国と改めて領掌《りょうしょう》せるなり。盍《な》んぞ力を以て虜領《りょりょう》せざらんや。
>
> （『将門記』真福寺宝蔵院本）

第一に、「延長年中」について、渤海の滅亡した契丹 太祖 天顕元年は、醍醐天皇 延長四年にあたり適切といえる。渤海滅亡の情報を伝えた裴璆の来日も「延長年中」の延長八年であり、正確に情報が伝えられていることがわかる。

第二に、「大赦契王」について、「赦契」は「契赧」であって「契赧＝契丹」とみる向きもある［杉山 二〇〇五：七六頁］。「赧」といえば悪王の代表格である周の最後の赧王《たんおう》（姫延）にも用いられる表記であり、恥じて赤面する意味をもつ字句である。誤写というよりは、意図的に貶めた表記を選んで記されたとみることもでき、充分頷首できる。ただし、裏づけられないため、ここでは真福寺本の表記にしたがう。

第三に、「正月一日」としている点は『遼史』と合致しない。九日（丙寅）に忽汗城《こつかんじょう》を包囲し、十二日（己巳）に渤海国王 大諲譔が降伏を表明し、十四日（辛未）に降伏儀礼が行われたとするのが『遼史』である。しかも、東丹国と改めたのは正月一日ではなく二月のことである。ここから、『遼史』から引用したとは考えにくい。また、『日本紀略』『扶桑略記』の現存個所でも裏付けがとれない。裴璆がもたらした情報とみなす余地はあるであろう。

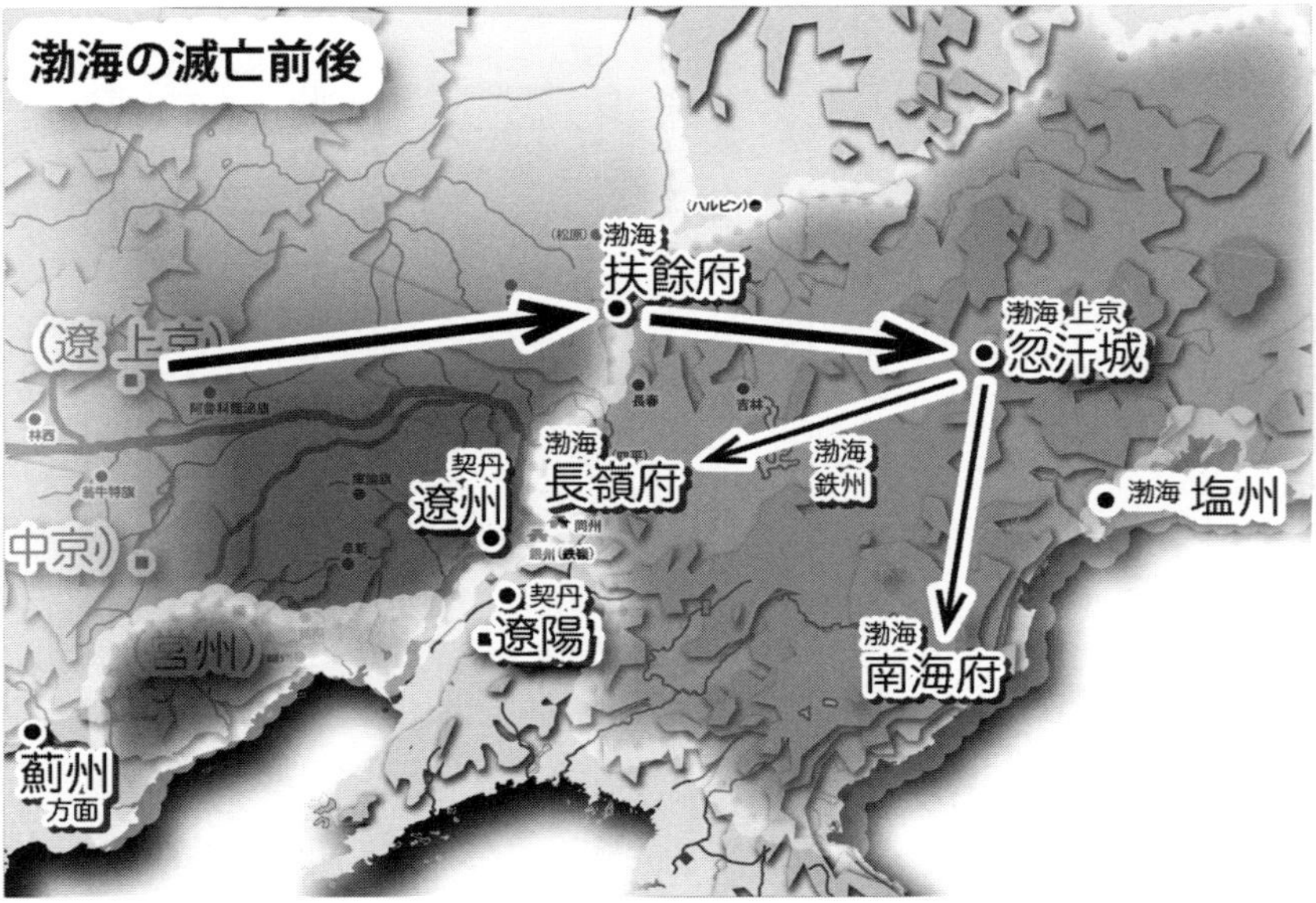
渤海の滅亡前後
(ハルビン)
渤海
扶餘府
(遼 上京)
渤海 上京
忽汗城
渤海
長嶺府
渤海
鉄州
契丹
遼州
渤海 塩州
中京)
契丹
遼陽
(営州)
渤海
南海府
薊州
方面

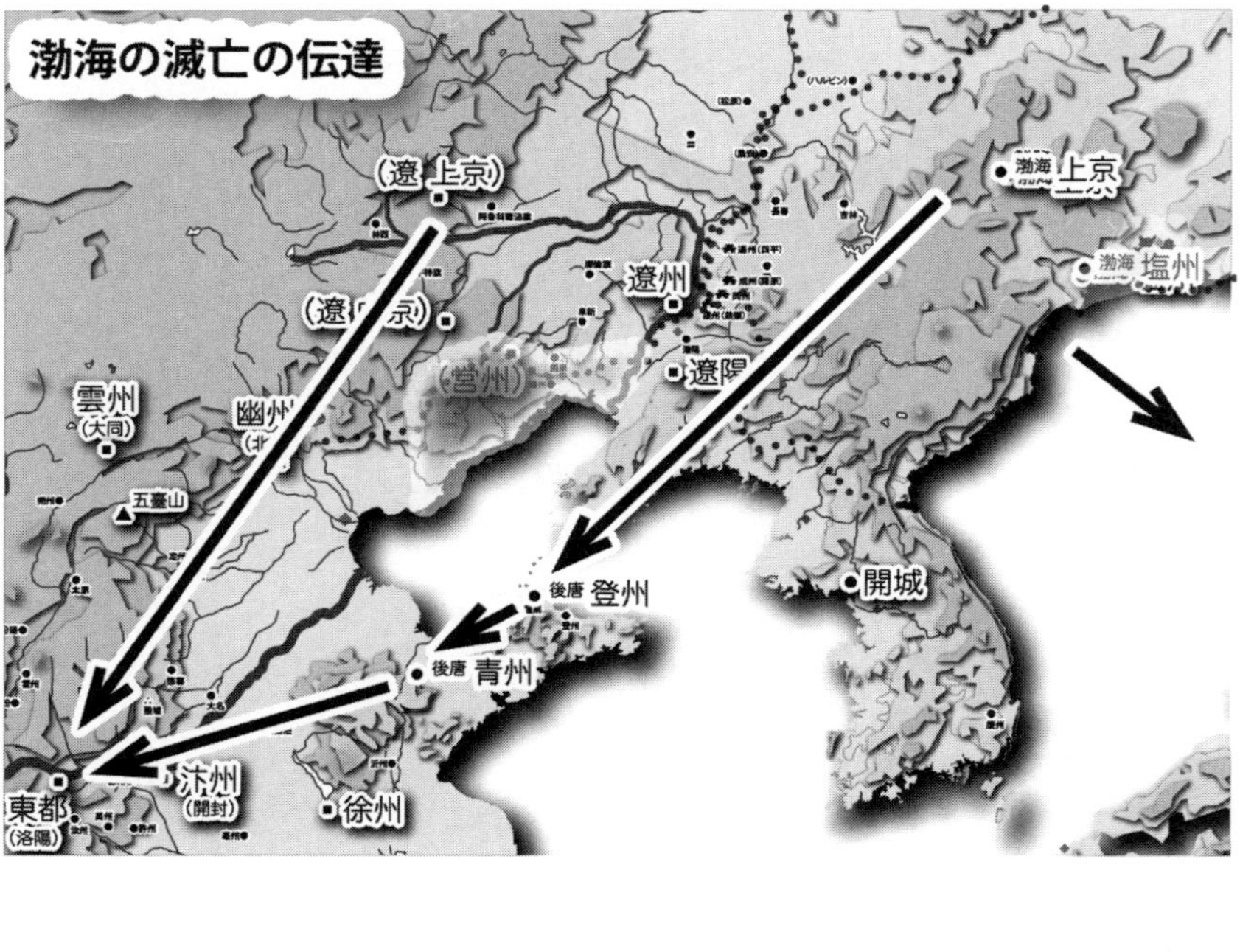
渤海の滅亡の伝達
(ハルビン)
(遼 上京)
渤海 上京
渤海 塩州
遼州
(営州)
雲州
(大同)
五臺山
後唐 登州
後唐 青州
開城
汴州
(開封)
東都
(洛陽)
徐州

参考文献　初出年と再掲年がある場合、「（初出年／再掲年）」と表す。

愛媛県歴史文化博物館　一九九八『純友と将門―東西の兵乱―』平成十年度企画展

石母田正　一九五〇「古代末期の政治過程と政治形態 上」『社会構成史体系 六』渡部義通ほか編、日本評論社／再掲一九六四『古代末期政治史序説』未来社：四〇～五三頁、第一章第一節「古代末期の叛乱」

池内　宏　一九一六「渤海国の滅亡と其の遺民」（「鉄利考」第三章一節）『満鮮地理歴史研究報告』第三冊／再掲『満鮮史研究』中世・第一冊・一九四三年

石井正敏　一九九二／二〇一七「十世紀の国際変動と日宋貿易」『新版 古代の日本　第二巻　アジアからみた古代日本』角川書店／再掲『石井正敏著作集　三　高麗・宋元と日本』勉誠出版

糸川道行　二〇二三「平将門の乱と交通・物流」（『古代 Jounal of the Archeological Society of Waseda University』）一五〇：九一～一一四頁

稲葉岩吉　一九二七「高麗史節要の由来」『藝文』昭和二年四・五月号

伊野近富　二〇一〇「丹後の迎賓館」『京都府埋蔵文化財論集』第六集―創立三十周年記念誌―

大村　進　一九六五「武士の発生と平将門の乱」『法制史学』十七：五二～六二頁

尾崎　康　一九八五「元刊宋史・遼史・金史について」慶應義塾大学東洋史研究室編『西と東と　前嶋信次先生追悼論文集』汲古書院

大日方克己　二〇二二「東アジアのなかの山陰地域」『古代山陰と東アジア』同成社古代史選書 四二

確定史料保存会編　一九七五『古代争乱 資料大成　平将門記』日本シェル出版

神山　弘　一九八二『ものがたり奥武蔵』岳書房「平将門」（九二～九六頁）

川尻秋生　二〇〇七『平将門の乱』戦争の日本史4　吉川弘文館

久保田和男　二〇二三『宋都開封の研究』汲古書院

小嶋芳孝　二〇二三『古代環日本海地域の交流史』同成社古代史選書 四四

後藤昭雄　二〇二一「『扶桑集』の詩人（五）」「藤原雅量」『成城文藝』二五七号

酒寄雅志　一九七九／二〇〇一「渤海国家の史的展開と国際関係」『渤海と古代の日本』校倉書房

佐藤信編　二〇〇三『日本と渤海の古代史』山川出版社

澤本光弘　二〇〇八「契丹の旧渤海領統治と東丹国の構造―「耶律羽之墓誌」をてがかりに―」『史学雑誌』一一七（六）

澤本光弘　二〇〇八「契丹（遼）における渤海人と東丹国―「遣使記事」の検討を通じて―」『遼金西夏研究の現在』一

澤本光弘　二〇一一「燕雲地域の漢人と滅亡以降の渤海人―〈陳万墓誌〉〈耶律宗福墓誌〉〈高為裘墓誌〉などをてがかりに―」『渤海の古

城と国際交流』勉誠出版
山村民俗の会　一九五〇『あしなか』一六（「平将門」四四〜四六頁）
篠崎敦史　二〇一〇「東丹国使について―「来朝理由を中心に―」『続日本紀研究』三八四／再掲二〇二三年『平安時代の日本外交と東アジア』吉川弘文館
島田正郎　一九五二『遼代社会史研究』三和書房／復刊一九七八年、巌南堂書店（第三部第一章「漢人遷徙と州縣制の成立」）
島田正郎　一九七九『遼朝史研究』創文社（第四章「遼代における奚」）
朱栄憲　一九七九『渤海文化』在日本朝鮮人科学者協会 歴史部会訳、考古学選書一六、雄山閣
朱国忱・魏国忠　一九九六『渤海史』佐伯有清監訳・浜田耕策訳、東方書店
杉山正明　二〇〇五『疾駆する草原の征服者　遼 西夏 金 元』中国の歴史八　講談社
鈴木靖民・清水清行編　二〇二一『渤海の古城と国際交流』勉誠社
高村圭子　二〇一四「『平家物語』における「天」の思想」『日本文学』六三（六）
田村實造　一九六四／一九八五『中国征服王朝の研究』上／下　東洋史研究叢刊之一二之一　東洋史研究会
中條順子　一九八一「『扶桑集』伝本考」『中古文学』二八
津田左右吉　一九一六「遼の遼東経略」『満鮮地理歴史研究報告』三
外山軍治　一九六七「東丹王について」『橋本博士喜寿記念 東洋文化論叢』立命館大学人文学会
鳥山喜一　一九一五『渤海史考』（第四章「衰滅時代」）
鳥山喜一　一九四九『失なはれたる王国―渤海国小史―』翰林出版
鳥山喜一　一九六八『渤海史上の諸問題』船木勝馬編　風間書房
新見まどか　二〇二二／二〇二〇「燕の興亡と沙陀・契丹の擡頭」『唐帝国の滅亡と東部ユーラシア―藩鎮体制の通史的研究』七章、思文閣出版／初出「唐末五代変革期の幽州盧龍軍節度使―沙陀・契丹との関係から―」『東洋史研究』第七九巻第三号
西村陽子　二〇一八『唐代沙陀突厥史の研究』汲古書院
韮塚一三郎　一九五五『埼玉の伝説』関東図書「将門の死」（一八五〜一八八頁）
根津富夫　一九八二『山里の詩・奥武蔵』さきたま双書　さきたま出版会「高麗びとのシンボル・日和田」
浜田久美子　二〇一一『日本古代の外交儀礼と渤海』同成社古代史選書八
浜田久美子　二〇二二『日本古代の外交と礼制』吉川弘文館
濱田耕策　二〇〇〇『渤海国興亡史』吉川弘文館

日高市史編集委員会　一九九七『日高市史　原始・古代資料編』日高市史編集委員会　日高市
日野開三郎　一九八〇『日野開三郎東洋史学論集(二)五代史の基調』三一書房
平島貴義　一九五二「契丹の勃興期に於ける中国との関係―漢域を中心として」『史淵』五二・五三
古畑　徹　二〇二一『渤海国と東アジア』汲古書院
古畑徹編　二〇二三『高句麗・渤海史の射程　古代東北アジア史研究の新動向』汲古書院
堀　敏一　一九五七「黄巣の叛乱　唐末変革期の一考察」『東洋文化研究所紀要』一三／再掲二〇〇二年『唐末五代変革期の政治と経済』汲古書院
増田忠信　二〇一四「『今昔物語集』と『将門記』に見える兵像について」『人間文化研究』(一)　桃山学院大学：九七～一二五頁
松井　等　一九一六「五代の世における契丹」『満鮮地理歴史研究報告』三
松浦典弘　二〇一〇「唐代河北地域の藩鎮と仏教―幽州(盧龍軍)節度使の事例から―」『大手前大学論集』一〇
松尾史子　一九九八「横枕遺跡第2次発掘調査概報」『京都府遺跡調査概報』第八二冊
三上次男　一九五一「渤海国の滅亡事情に関する一考察」『和田博士還暦記念 東洋史論叢』講談社／再録復刊二〇一八年『高句麗と渤海』吉川弘文館
村上春樹　二〇〇七『平将門―調査と研究―』汲古書院
森部　豊　二〇一六「唐代奚・契丹史研究と石刻史料」『関西大学東西学術研究所紀要』四九
森部　豊　二〇一八「黒竜江省・吉林省における契丹(遼)・金時代遺跡の現状と調査：遼・金時代史研究の新しい潮流をめぐって」『関西大学東西学術研究所紀要』五一
森部豊・石見清裕　二〇〇三「突厥沙陀「李克用墓誌」訳註・考察」『内陸アジア言語の研究』四九
森安孝夫　一九八二「渤海から契丹へ―征服王朝の成立―」『東アジア世界における日本古代史講座　七　東アジア世界の変貌と日本律令国家』学生社
山崎覚士　二〇一〇『中国五代国家論』思文閣出版
渡辺　孝　一九九四「唐藩鎮十将攷」『東方学』八七

中国語・韓国語(順不同)
閻鳳梧主編　二〇〇二『全遼金文』山西古籍出版社
王晶辰主編　二〇〇二『遼寧碑誌』遼寧人民出版社

王綿厚・王海萍主編　二〇〇〇『遼寧省博物館墓誌精粋』中教出版
蓋之庸　二〇〇二『内蒙古遼代石刻文研究』内蒙古大学出版社
韓圭哲　一九九四『渤海の対外関係史』図書出版新書苑
吉林大学辺疆考古研究中心　二〇一七「吉林乾安県遼金春捺鉢遺址群後鳴字区遺址的調査与発掘」『考古』二〇一七年六期
金渭顕　一九八五『遼金史研究』裕豊出版社
向南編　一九九五『遼代石刻文編』河北教育出版社
孫進己・馮永謙・蘇天鈞主編　一九九七『中国考古集成　東北巻　遼』北京出版社
張修桂・頼青寿編著　二〇〇一『遼史地理志匯釈』安徽教育出版社
趙評春　一九八六「遼太祖攻滅渤海時程考」『学習与探索』一九八六年六期／再掲『高句麗渤海研究論集』三一三〜三一四頁
馬徳謙　一九九〇「渤海契丹道吉林市以東」『博物館研究』三一
苗潤博　二〇二〇『《遼史》探源』(第四章「営衛志」)、二十四志校訂研究叢刊、中華書局
馮永謙・馮季昌・郭建文滙編　一九八七『東北歴史地理論著滙編　第三冊　遼金元』北方史地資料編委会

史料・工具書など

韓国古代社会研究所編『訳註 韓国古代金石文三、新羅2・渤海巻』駕洛国史蹟開発研究院
向南・張国慶・李宇峰編　二〇一〇『遼代石刻文続編』
中華書局標点本『新唐書』
中華書局修訂本『遼史』『旧五代史』
陳述　一九八二『全遼文』中華書局
劉鳳翥・唐彩蘭・青格勒編著　二〇〇九『遼上京地區出土的碑刻彙輯』社会科学文献出版社
延世大学校東方学研編　一九七二『高麗史』(李氏朝鮮文宗元年(一四五一)八月成立)景仁文化社
朝鮮総督府朝鮮史編集会　一九三二『高麗史節要』「解説」朝鮮史料叢刊第一　旧奎章閣本
学習院大学東洋文化研究所　一九六〇『高麗史節要』(李氏朝鮮文宗二年(一四五二年)二月成立。蓬左文庫所蔵三五巻三五冊完本の景印)
学東叢書本(三)
森部豊ほか編　二〇二一／二〇二二／二〇二四『『遼史』訳注稿1・2・3』遼史を読む会編

第2部　古代日本と渤海

渤海からの到着地と京への道

――列島交通体系のなかで――

大日方克己

はじめに

表1は史料上確認される渤海使(東丹国使も含む)の来着地、遣渤海使の帰着地を示したものである。渤海からの到着地の変化が見てとれる。

八世紀は東北地方日本海側から北陸(能登・加賀・越前)までの地域に集中する。「蝦夷境」「蝦夷地」もあることからすれば、出羽国の場合もかなり北方のエミシの世界との境界領域周辺が想定される。ところが延暦十七年(七九八)、遣渤海使の帰国に同船して隠岐国智夫郡に来着した大昌泰以降、九～十世紀には山陰地域が多くなる。それと入れ替わりに越後以北への来着はなくなる。この変化は、八世紀末に日本政府が「北路」来航禁止を通告したこともあるが、意図的な航路の変更によるところが大きいと考えられている。九世紀には、新羅との関係から日本海西部海域または半島沿岸を南下するルートに取ったため、山陰地域への来着が多くなったとされる(1)。

さらに九世紀末以降には、加賀、出雲への来着がなくなり、伯耆から若狭・敦賀、丹後(東丹国使)へと、次第に京に近い地域へと移っているようにみえる。九二七年に渤海が滅亡し、九二九年には後継の東丹国使裴璆が拒絶されて以降、日本海を挟んだ公使の来航が途絶えてしまうことからの結果論にすぎないかもしれない。しかしこのことが示

表 1　渤海からの来着地一覧

来着・帰着または報告年月日	使者名	来着地・帰着地	安置供給地	入京
神亀 4(727).9.21	渤海使 高仁義 ×	蝦夷境・出羽国		○
天平 2(730).8.29	遣渤海使 引田虫麻呂	越前国加賀郡		○
天平 11(739).9.13	渤海使 胥要徳 ×	出羽国		○
天平 12(740).10.5	遣渤海使 大伴犬養			○
天平 18(746)	渤海・鉄利人	出羽国		
天平勝宝 4(752).9.24	渤海使 慕施蒙	越後国佐渡島		○
天平宝字 2(758).9.18	遣渤海使 小野田守 渤海使 楊承慶	越前国	越前国	○ ○
天平宝字 3(759).10.18	遣渤海使 内蔵全成 渤海使 高南申	対馬島		○ ○
天平宝字 4(760).11 以前	遣渤海使 陽侯玲璆			○
天平宝字 6(762).10.1	遣渤海使 高麗大山 渤海使 王新福	越前国佐利翼津	越前国加賀郡	○ ○
天平宝字 7(763).8.12	船師 板振鎌束	隠岐国		○
宝亀 2(771).6.10	渤海使 壱万福	出羽国野代湊	常陸国	○
宝亀 4(773).6.12	渤海使 烏須弗	能登国		×
宝亀 4(773).10.13	遣渤海使 武生鳥守			○
宝亀 7(776).12.22	渤海使 史都蒙	越前国加賀・江沼郡	越前国加賀郡	○
宝亀 9(778).9.21	遣渤海使 高麗殿嗣 渤海使 張仙寿	越前国三国湊		○ ○
宝亀 10(779).9.14	渤海使 高洋弼	出羽国	出羽国	×
延暦 5(786).9.18	渤海使 李元泰	出羽国	越後国？	×?
延暦 14(795).11.3	渤海使 呂定琳	蝦夷地志理波村	越後国	○
延暦 15(796). 秋か	遣渤海使 御長広岳			○
延暦 17(798). 秋か	遣渤海使 内蔵賀茂麻呂 渤海使 大昌泰	隠岐国智夫郡		○ ○
延暦 18(799).9.2	遣渤海使 滋野船白			○
大同 4(809).10.1	渤海使 高南容			○
弘仁元 (810).9.27	渤海使 高南容			○
弘仁 5(814).9.30	渤海使 王孝廉	出雲国		○
弘仁 9(818)	渤海使 慕感徳			×?
弘仁 10(819).11.20	渤海使 李承英			○
弘仁 12(821).11.13	渤海使 王文矩			○
弘仁 14(823).11.22	渤海使 高貞泰	加賀国	越前国？	×
天長 2(825).12.3	渤海使 高承祖	隠岐国	出雲国	○
天長 4(827).12.29	渤海使 王文矩	但馬国	但馬国	×
承和 8(841).12.22	渤海使 賀福延	長門国		○
嘉祥元 (848).12.30	渤海使 王文矩	能登国		○
貞観元 (859). 正 .22	渤海使 烏孝慎	能登国珠洲郡	加賀国	×
貞観 3(861). 正 .20	渤海使 李居正	隠岐国→出雲国島根郡	出雲国	×

来着・帰着または報告年月日	使者名	来着地・帰着地	安置供給地	入京
貞観 13(871).12.11	渤海使 楊成規	加賀国		○
貞観 18(876).12.26	渤海使 楊中遠	出雲国	出雲国島根郡	×
元慶 6(882).11.14	渤海使 裴　頲	加賀国	加賀国	○
寛平 4(892). 正 .8	渤海使 王亀謀	出雲国		×
寛平 6(894).12.29	渤海使 裴　頲	伯耆国		○
延喜 8(908). 正 .8	渤海使 裴　璆	伯耆国		○
延喜 19(919).11.18	渤海使 裴　璆	若狭国→越前国	越前国松原駅館	○
延長 7(929).12.23	東丹国使 裴　璆	丹後国竹野郡		×

・便宜的に和暦を西暦に換算したため、12 月がユリウス暦年とずれている場合もある。
・アミ掛は遣渤海使の帰着
・渤海使名の後の × は着岸前に遭難死

す歴史的意味を検討してみる必要はあると思われる。

渤海使一行はまず来着地かその近隣国に安置される。政府から存問使が派遣され、国書等の写が進上される。入京が認められれば、領客使とともに入京する。鴻臚館に滞在し、天皇に国書・方物を奉呈するとともに、各種儀礼に参列する。天皇から詔書を受け出京する。入京するのは使節団一行のなかの一部、大使以下十数名程度であり、多くは安置地で待機する。大使一行は出京後、安置地にもどり、待機していたメンバーと合流して、時に数か月の風待ちの後、出航していった。入京が認められなければ、来着地から帰国した(放還)。

迎接儀礼、外交と政治的状況、使節団一行と日本側文人との漢詩の交歓については、これまでも詳細な研究が積み重ねられている。郊労以外では史料的制約もあって検討が遅れていた入京時の交通の問題についても、近年、検討が進んでいる(2)。それらをふまえながら、渤海使の来着地と交通の関係を考えてみたい。

1　加賀国の来着地・安置地と入京ルート

(1) 来着地と安置の場

宝亀七年(七七六)十二月に来着した史都蒙一行は、船が破損して越前国加賀郡に漂着したが(『続日本紀』同年十二月乙巳〔二十二日〕条)、一行一八七人中生存者は四六人、溺死者は加賀・江沼郡に打ち上げられたという（『続日本紀』同年十二月乙巳〔二十二日〕条・同九年四月丙午〔三十日〕条）。

史都蒙らは加賀郡に安置されたが、それ以前の天平宝字六年（七六二）に遣渤海使高麗大山に伴われて越前国佐利翼津に来着した王新福も加賀郡に安置されている（『続日本紀』同年十月丙午朔条）。佐利翼津も加賀郡かその近郡だと考えられる。また天平宝字二年（七五八）九月に遣渤海使小野田守の帰国に同船して来着した渤海使楊承慶らも越前国に安置されている（『続日本紀』同年九月丁亥〔十八日〕条）。彼らの帰着地、来着地は能登国か越前国と推測され(3)、安置の場も加賀郡の可能性があるだろう。

このように弘仁十四年（八二三）に越前国から加賀・江沼郡を割いて加賀国が成立する以前の越前国来着の事例は、三国湊と明記される宝亀九年（七七八）九月来着の渤海使張仙寿・遣渤海使高麗殿嗣ら（『続日本紀』同年九月癸亥〔二十一日〕条）をのぞいて、いずれも加賀国相当地域への来着とみてよいだろう。

渤海から加賀に到着した初見は、天平二年（七三〇）八月の遣渤海使引田虫麻呂が越前国加賀郡に帰着した事例である。引田虫麻呂は神亀四年（七二七）九月に初めて来着した渤海使一行を帰国させるために派遣されていた。天平二年度「越前国正税帳」の加賀郡断簡に「送渤海郡使人使等食料」として糒五十斛の支出が記載されていることから(4)、加賀郡への帰着だったことがわかる。金沢市の犀川河口付近の畝田・寺中遺跡の八世紀前半の遺構からは、「天平二年」「津司」などの墨書土器が出土しており、彼らを受け入れた主要施設で、周辺が加賀郡津だったのではないか。これを前提に犀川・大野川河口地域が渤海使の来着地点だったのではないかと推測されている(5)。

その次に渤海から加賀に到着したのが、天平宝字二年（七五八）の遣渤海使小野田守の帰国で、渤海使楊承慶を同船させていた。ついで天平宝字六年（七六二）の遣渤海使高麗大山の帰国で渤海使王新福を同船させていた。その後は宝亀四年（七七三）の烏須弗、宝亀七年（七七六）の史都蒙と続き、渤海使単独で加賀あるいは能登国に来着するようになった。

烏須弗は来着地（能登国）から放還されるが、今後「筑紫道」より来朝すべきことを日本側から通告された（『続日本紀』宝亀四年六月丙辰〔十二日〕条・戊辰〔二十四日〕条）。史都蒙は、それを受けて南海府吐号浦を出航して対馬、竹室之津（筑紫の津）を目指したが漂流してしまったと、越前国に来着した事情を述べている（『続日本紀』宝亀八年正月癸酉〔二十日〕条）。南海府は渤海の五京の一つ南京南海府で、北朝鮮・咸鏡南道の青海土城か城上里土城がその候補とされる。吐号浦はその近辺の港湾となる。日本海西部海域を南下するルートを取る場合には、ポシェット湾から吐号浦を経由して日本に向けて出航したと考えられている⑹。

史都蒙が述べたことは言訳の可能性は高い。当初「蝦夷境」や出羽国、佐渡などに来着していた渤海使が、日本側使節の帰国船に同船して加賀などに来着した経験から、単独の航海でも能登・越前国（加賀）に来着するようになったとみられる。

⑵ 入京ルート

弘仁十四年（八二三）十二月に高貞泰が加賀国に来着した（『類聚国史』巻一九四 同年十一月壬申〔二十二日〕条）。雪が深く往来が困難なため存問使が派遣されず、守紀末成・掾秦島主が存問した。結局、近年の不作や疫病により京への往来が百姓の負担になるという理由で放還されるとともに、今後の一紀一貢の来航期限が通告された（『類聚国史』巻一九五 天長元年二月壬午〔三日〕条）。彼らが帰国するのは天長元年（八二四）五月のことだが（『類聚国史』巻一九四 同年五月戊辰〔二十日〕条）、その間、越前国から進上された渤海国信物、高貞泰別貢物、契丹大狗などを天皇が覧じている（『類聚国史』巻一九四 同年四月丙申〔十七日〕条）。高貞泰が来着する直前に越前国から加賀国が分離、成立しており、加賀守は越前守紀末成が兼任していた。高貞泰一行は加賀国内に安置はされたが、加賀・越前両国の財政支出で賄われて

おり、信物等も越前国からの進上とされたのであろう。(7)

貞観十三年(八七一)十二月に加賀国に来着した楊成規一行は(『日本三代実録』同年十二月十一日条)、翌十四年五月十五日に山科で郊労を受け、郊労使右近衛少将藤原山蔭、領客使大春日安守に率いられて鴻臚館に入った(『日本三代実録』同日条)。この間正月から京では咳逆病が大流行し、渤海客が「異土毒気」を持ち込んだためだと人々は噂したという(『日本三代実録』正月二十日条)。「不祥之徴」があるという前年の陰陽寮の占もあり(『日本三代実録』五月十九日条)、天皇の引見もなく五月二十五日には出京して帰国の途に就いた(『日本三代実録』同日条)。京の東の入口である山科で郊労を受けており、北陸道から入京したことになる。

元慶六年(八八二)十一月十四日に来着した裴頲一行(『日本三代実録』同年十一月二十七日条)が、加賀国に来着した最後となった。加賀国内の便処に安置・供給されたが、翌七年正月には山城・近江・越前・加賀国に対して、渤海使の入京に備えて官舎道橋を修理し、路辺の死骸を埋葬することが命じられた(『日本三代実録』同年正月二十六日条)。四月二十八日には山科で郊労を受け、領客使大蔵善行に率いられて鴻臚館に入った(『日本三代実録』同日条)。彼らは、一連の行事に参加した後、五月十二日に領客使に率いられて出京し帰国の途についた(『日本三代実録』同日条)。

このように渤海使は北陸道を京に向い、山科で郊労の迎接儀礼を受けて入京するルートが慣例となっていた。陸路での通行に備えて北陸道の道路、橋などの交通施設のほか、立ち寄り、目にするであろう駅家、国府、郡家などの官舎の整備が実施された。

『延喜式』玄蕃寮92(8)には、外国使節の入京に関する規定がある。

凡諸蕃使人、将二国信物一応二入京一者、待二領客使一到、其所レ須駄夫者、領客使委二路次国郡一、量二献物多少及客随身衣物一、准給逓送、仍令下国別国司一人部二領人夫一防中援過上レ境、其在レ路不レ得二与レ客交雑一、亦不レ得レ令二客与レ人言語一、所レ経国郡官人、若無レ事亦不レ須二与レ客相見一、停宿之処、勿レ聴二客浪出入一、自余雑物不レ須二入京一者、

> 便留二当処庫一、還日出与、其往還在路所レ須駄夫等、不レ得レ令レ致二非理労苦一、

外国使節(「諸蕃使人」)の入京は領客使の到着を待ってすること、路次の国郡が駄夫をつけて逓送すること、路次の国ごとに国司の一人が人夫を部領し、防援して隣国へ送ることなど、陸路での路次国郡の逓送による京への交通が規定されている。渤海使の北陸道の移動は、この延喜式規定に対応するものだった。

一方で『延喜式』玄蕃寮93には次のような規定もある。

> 凡蕃客往還、若有二水陸二路一者、領客使与二国郡一相知、逐レ便預定二一路一、明注二所レ須船駄人夫等数、及客到時日一、逓二牒前所一、(下略)

入京にあたっては水路と陸路のどちらのルートを取るかは領客使が国郡とともに選択できることになっている。『延喜式』主税寮上116は、諸国から京への輸送功賃を規定するが、北陸道諸国は陸路のほかに、敦賀までの海路での輸送も規定している。同様のことが渤海使の交通にも想定され、陸路を原則としながらも敦賀への海路移動の場合もあったと考えられよう。

そこで問題になるのが、敦賀の「松原客館」である。『延喜式』雑式21に

> 凡越前国松原客館、令二気比神宮司検校一、

と規定される。一方で延喜十九年(九一九)十一月に来着した渤海使裴璆は、若狭国丹生浦から越前国敦賀へ誘導されて、「松原駅館」に安置された(9)。田島公は、「松原駅館」と「松原客館」は同一だとし、渤海使が北陸道に来航することが増え、帰国する際には能登国の福良津から渡航することが定例化する九世紀後半には松原客館が機能していた可能性が高いとした。さらに北陸道諸国に来航した渤海使は陸路よりは海路で「松原客館」に至ったと推測している(10)。

しかし松原客館は『延喜式』にしかみえず、松原駅館も延喜十九年の利用にあたって、門戸を閉じ、人もいない、薪炭の儲備もない状態だったため、越前国に対応を指示している(『扶桑略記』同年十二月二十四日条)。鈴木靖民は、

本来、駅の施設のなかに駅館があり、延喜十九年の裴璆らはこの駅館に安置され、それを契機に松原駅のなかのこの駅館を整備し松原客館としたとする。(11)それ以前から能登・加賀に来着し安置された渤海使が入京にあたって、この松原駅の駅館に宿泊、滞在することも多く、またそのために駅館が整備されていたと考えることはできる。しかし、元慶六年(八八二)以降能登・加賀・越前国への来着がなく、入京に北陸道を利用することもなかったため、駅館の儲備に不備が生じていたとみるべきであろう。

2　瀬戸内海航路からの入京

天平宝字三年(七五九)十月、渤海から帰着した内蔵全成は対馬に漂着したが、渤海使高南申を伴ってきた。全成は、帰国できず唐に留まっていた遣唐大使藤原清河を迎えるために派遣された遣唐使の判官だった。大使の高元度ら一一人は渤海の使節とともに唐に渡ったが、全成らは渤海から帰国した(『続日本紀』同年十月辛亥〔十八日〕条)。『続日本紀』によると、高南申らは十月二十三日に大宰府、十二月十九日に難波江口に到着、二十四日には入京した。対馬から大宰府を経由して瀬戸内海航路で難波に入り、入京したことになる。

高南申らは翌天平宝字四年(七六〇)二月二十日に出京して帰国の途についた。彼らは内蔵全成の帰国船に便乗して来日したので、送使陽侯玲璆の日本船に乗船して帰国した(『続日本紀』同年二月辛亥〔二十日〕条・十一月丙午〔十一日〕条)。出航地は不明であるが、日本の遣渤海使が北陸、能登から出航している例があるので、能登国で造船して出航した可能性が高い。

宝亀二年(七七一)六月に出羽国野代湊に来着した壱万福一行に対して「北路来朝禁止」が通告される。対蝦夷問題が緊張を増していたこの時期の蝦夷地域への来着が、蝦夷との紛糾を生じ叛乱の導火線になることを恐れたため、(12)高句麗の旧例によったためなどとされているが、内蔵全成・高南申の事例によって、現実に大宰府への来航が可能だったと日本側が認識したことも前提となっていたであろう。[13]

同様に瀬戸内海航路で入京したとみられるのが、承和八年(八四一)十二月に長門国に来着した賀福延一行(『続日本後紀』同年十二月丁亥(二十三日)条)である。『続日本後紀』により経過をたどると、十二月二十五日に存問使として式部大丞小野恒柯・少外記山代氏益が任じられた。翌九年二月二十日に入京が認められ、三月六日には存問使から王啓・中台省牒の写が送られ上奏された。三月二十七日に河陽で郊労を受けて入京、鴻臚館に入った。河陽は山崎駅館・河陽離宮が置かれ、山陽道・南海道の京への入口にあたる。長門国に安置され、瀬戸内海から難波を経由し、山陽道の山崎から入京したと考えられている。[14]

賀福延一行は、承和九年(八四二)五月十二日に出京している。領客使(帰郷領客使)に勘解由判官藤原粟作、文章生大中臣清世が任じられている。出航地は不明だが、上田雄は、陸路北陸に向い、回航されてきていた船に乗船して出航したと推測している。特に根拠は示されていない。[15]

3　山陰地域への渤海使の来着・安置と入京ルート

(1) 隠岐・出雲国への来着と安置

山陰地域に来着した渤海使の史料上の初見は、延暦十七年(七九八)の大昌泰である。遣渤海使内蔵賀茂麻呂の帰国船に便乗して隠岐国智夫郡に漂着した(『類聚国史』巻一九三 延暦十八年五月丙辰(十三日)条)。後述するようにこの後隠岐国に来着した渤海使は出雲国に安置されていること、隠岐国から出雲国へ渡るのが山陰道のルートであることから、彼らは出雲国に移動し、入京したと考えられる。入京は十二月二十七日(『類聚国史』巻一九三 同日条)、翌延暦十八年四月十五日、日本の送使滋野船白に送られて帰国の途についた（『類聚国史』巻一九三同日条）。

渤海使単独で出雲国に来着した史料上の初見は弘仁五年（八一四）の王孝廉一行である。出雲国に九月三十日に来着し、安置された彼らは年末までに入京し、元日朝賀、正月七日節、正月十六日節などの一連の正月行事に参列した。正月二十日の朝集堂での饗の後、二十二日に嵯峨天皇の詔書を得て出京した。次の詩Ａは、王孝廉が出雲国で春に作っているので、出京した一行は出雲国にもどり、そこから出航して帰国の途についたとみてよい。

Ａ『文華秀麗集』贈答41

従二出雲州一書レ情、寄二両箇勅使一

南風海路速二帰思一、北雁長天引二旅情一、頼有二鏘鏘双鳳伴一、莫レ愁多日住二辺亭一

しかし渡航に失敗して、船が大破してしまったため、越前国に船を建造させ再度帰国を目ざしたが、六月に王孝廉が疱瘡で死去し、続いて判官王昇基、録事釈仁貞らも次々と死去してしまった。翌弘仁七年五月に残された副使高英善らが改めて嵯峨天皇の詔を得て帰国していった(16)。

天長二年（八二五）十二月三日に隠岐国から来着が報告された高承祖一行は出雲国に安置されて、翌天長三年五月八日に入京した(17)。五月十四日には加賀国に帰ったとされている（『類聚国史』巻一九三同日条）。

貞観三年（八六一）正月に隠岐国に来着した李居正一行は出雲国島根郡に安置されたが、入京を認められず出雲国から帰国した。このとき領客使に任命された藤原春景に但馬権介、葛井善宗に因幡権掾を仮称させた。山陰道から入京することを想定していたためだとみられる(18)。

貞観十八年（八七六）十二月に出雲国に来着した楊中遠一行は出雲国島根郡に安置されたが、入京を認められず出雲国から出航、帰国した(19)。

このように隠岐・出雲国に来着した渤海使は出雲国島根郡に安置されたと記される例が多い。隠岐国は下国で財政

規模も小さく、数か月間の安置供給の費用負担には耐えられないこと、陸路で入京することになれば、再度船で出雲国に移動しなければならないことが、その理由であろう。

山陰道の出雲国と隠岐国を結ぶルートは隠岐道とも呼ばれ、『出雲国風土記』によれば、出雲国府北の十字街で山陰道から北に分岐し、朝酌渡で中海・宍道湖間の水域(現大橋川)を渡り北上し、島根郡家を経て島根半島北岸の千酌駅に至る。千酌駅から海路で隠岐につながっていた。朝酌渡の北側、千酌駅を含む島根半島東部が島根郡になる。こうした出雲国府に隣接し、隠岐国との交通の要衝となっていることが、島根郡に安置された理由であろう。また島根半島日本海沿岸は冬季には北西の風によって船の航行が難しいが、千酌は北西の風をよけることができる地形であり、渤海使の冬季の着岸地として適当だとされている。[20]

前述の渤海使大昌泰を伴った遣渤海使内蔵賀茂麻呂は、遠くに見えた火光を頼りに隠岐国智夫郡に帰着したとしている(『類聚国史』巻一九三 延暦十八年〔七九九〕五月丙辰〔十三日〕条)。これを先例に山陰に来着する渤海使は、朝鮮半島東海域・日本海西部海域を南下し、鬱陵島近海から隠岐諸島をめざすルートをとるようになったのであろう。隠岐国に来着したと記されていない渤海使も、隠岐や近海を経由し千酌駅家に入り、島根郡に安置されたとみられる。また王孝廉の場合、来着した弘仁五年(八一四)の初めに移配エミシ(俘囚)の反乱が起り、意宇・出雲・神門三郡の正倉が焼失して大きな被害を受けていることも考慮すべきであろう。[21]

(2) 島根郡の安置の場

島根郡のどこに安置されたのだろうか。隠岐国と出雲国を結ぶルートを考えれば千酌駅、または島根郡内の便処として島根郡家が想定される。酒寄雅志は、島根郡家は内陸部になり安置の場としてはふさわしくないとして千酌駅を想定した。[22]『文華秀麗集』の王孝廉らの詩を分析した加畠吉晴も千酌駅家としている。[23]これに対して浜田久美子は、百人以上の渤海使一行が宿泊するには千酌駅は狭く、より広い島根郡家や周辺の方がふさわしい、あるいは千酌駅と郡家に分散滞在した可能性も指摘している(24)。

安置場所を考える際の参考になるのは、『文華秀麗集』に収録されている次の三詩である。

B『文華秀麗集』贈答39

在二辺亭一賦二得山花一、戯寄二両箇領客使并滋三一。一首。王孝廉

芳樹春色色甚明、初開似レ咲聴無レ声、主人毎日専攀尽、残片何時贈二客情一

C『文華秀麗集』宴集18

春日対レ雨、探得情字。一首。王孝廉

主人開レ宴在二辺庁一、客酔如レ泥等二上京一、疑是雨師知二聖意一、甘滋芳潤灑羈情

D『文華秀麗集』贈答36

和二渤海大使見レ寄之作一。一首。坂今継

賓亭寂莫対二青渓一、処処登臨旅念棲、万里雲辺辞レ国遠、三春煙裡望郷迷、

長天去鴈催二帰思一、幽谷来鶯助二客啼一、一面相逢如二旧識一、交情自与二古人一斉、

B「春色」、C「春日」、D「三春」など春を明示する語が使われており、いずれも出京後、出雲を出航するまでの間の作で、帰郷領客使坂上今継らと王孝廉の間で応酬されたものとみてよい。

王孝廉は、Cで「辺庁」において開催された宴を詠んでいる。先に掲げたAとBでは滞在している場所を「辺亭」とする。Dでは坂上今継が王孝廉の滞在している場所を指して「賓亭」と記している。「辺亭」と「賓亭」は同じ場を指し、それとは別の「辺庁」で宴が開かれていたことになる。

この「辺庁」の宴は、国司か領客使が国庁で開いた公宴だと考えられている(25)。そこで注目されるのが、出雲国府

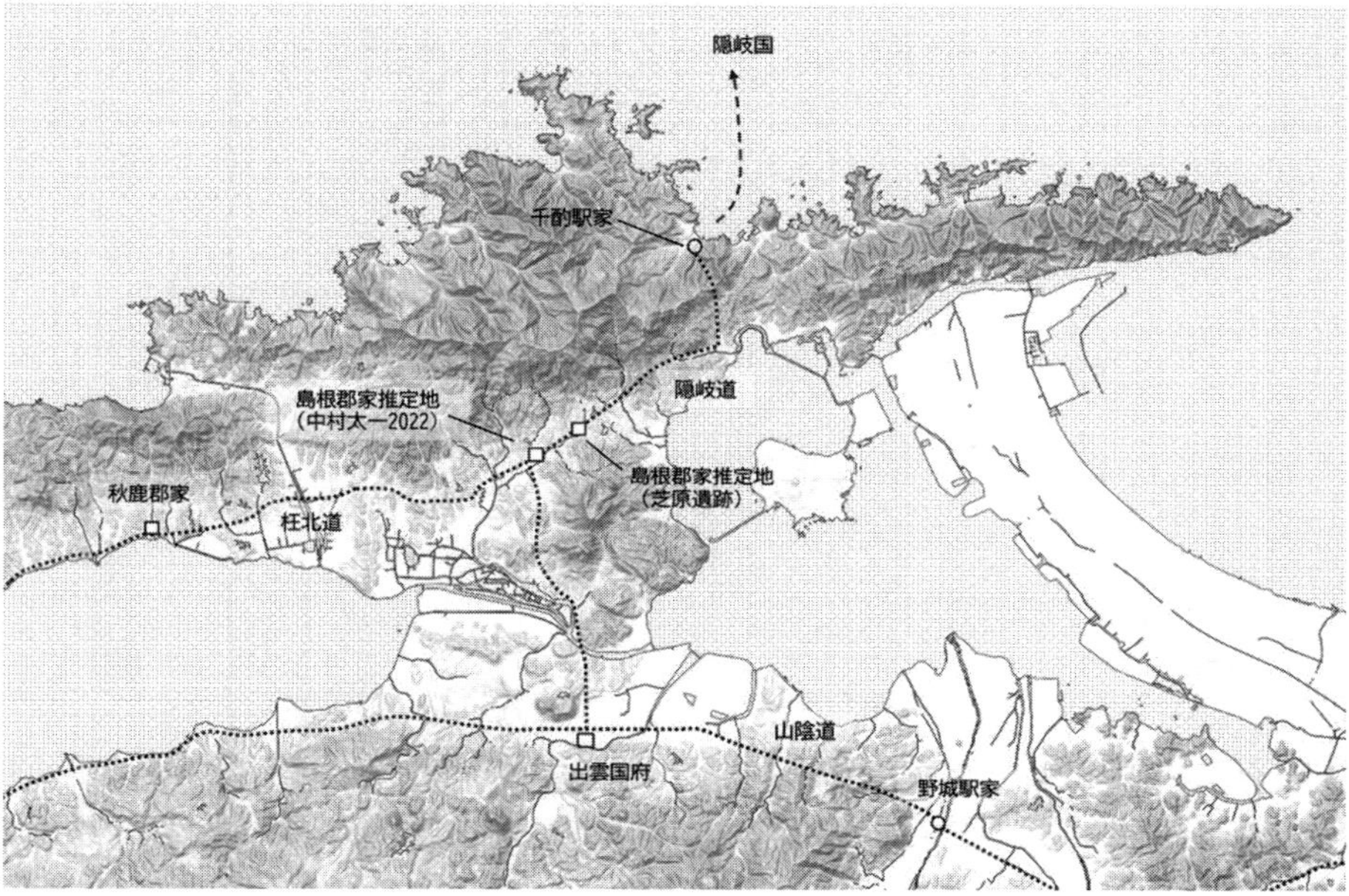

図１　出雲国府・島根郡家・千酌駅と交通路
地理院地図より作図。中村太一「『出雲国風土記』通道推定復原図」（『島根県古代文化センター研究論集27 山陰における古代交通の研究』）参照

跡政庁域の北、大舎原地区で検出された「国司館」とされる遺構である。「介」の墨書土器などが出土していることから介の館と推測されている。方形区画のなかに「東殿」「西殿」とされる東西二棟の大型建物とその南に儀礼空間として用いられたと推測される広場が存在する。大型建物は、九世紀前葉にかかるⅢ―２期に瓦葺の礎石建物へ建て替えられている(26)。渤海使を意識した荘厳化であり、「辺庁」の宴の場でもあった可能性もあるのではないだろうか。九世紀中葉～十世紀前半の第Ⅳ期でも引き続き礎石建物が整備されていたようだが、十世紀中葉以降は遺構がみられなくなる。国府全体としても遺構・遺物が激減する変化の一部ではあるが、渤海使の来日がなくなることとも軌を一にしているようにもみえる。

「辺亭」＝王孝廉らの滞在場所については、前述のように千酌駅と島根郡家の二説が提起されている。参考になるのが、坂上今継のＣである。「賓亭寂莫対二青渓一」「処処登臨旅念棲」という表現からは、王孝廉らの滞在場所は谷を望み、周囲に見通しのきく高所のある景観が想定される。

島根郡家の有力候補地は松江市福原町の芝原遺跡とされている。(27) 島根郡家は『出雲国風土記』によると、隠岐道と宍道湖北岸を西に向かう枉北道の分岐点ともされる。最近、中村太一は芝原遺跡より２キロほど南西の松江市坂本町附近が分岐点にふさわしいとしてそこに島根郡家を推定している。(28) いずれにしても、宍道湖と中海の間の東西方向の谷状平地にあり、南と北に山が連なっている地形である。南の嵩山は『出雲国風土記』の布自枳美山にあたり、烽が設置されていた。北は東西方向に日本海側を隔てる山地になっており、いずれも登れば眺望がきく。Ｃの情景に矛盾はしない。

千酌駅は松江市美保関町千酌の修理田遺跡周辺に推定されている。(29) 島根郡家からは北東にある標高三〇〇メートル弱の忠山(『出雲国風土記』の墓野山)西の鞍部を越えて谷を下り日本海側に出るルートが推定されている。(30) その谷の出口にあたるのが修理田遺跡で、海岸線から約八〇〇メートルほど奥まったところになる。ここも高所や谷に近接するという詩の表現とは矛盾はしない。

以上、安置、滞在の場として千酌駅家、島根郡家について検討してみた。

(3) 山陰と京を結ぶルート

渤海使の出雲・伯耆国からの具体的な入京ルートは必ずしも明らかではない。その手掛かりとなる状況について検討しておきたい。まず前提として、山陰地域、特に隠岐・出雲・伯耆・因幡と京を結ぶ交通路が問題になる。山陰道だけではないからである。

天平九年(七三七)度「但馬国正税帳」には、但馬国を通過して赴任する因幡守多治比家主や出雲掾県犬甘黒麻呂に

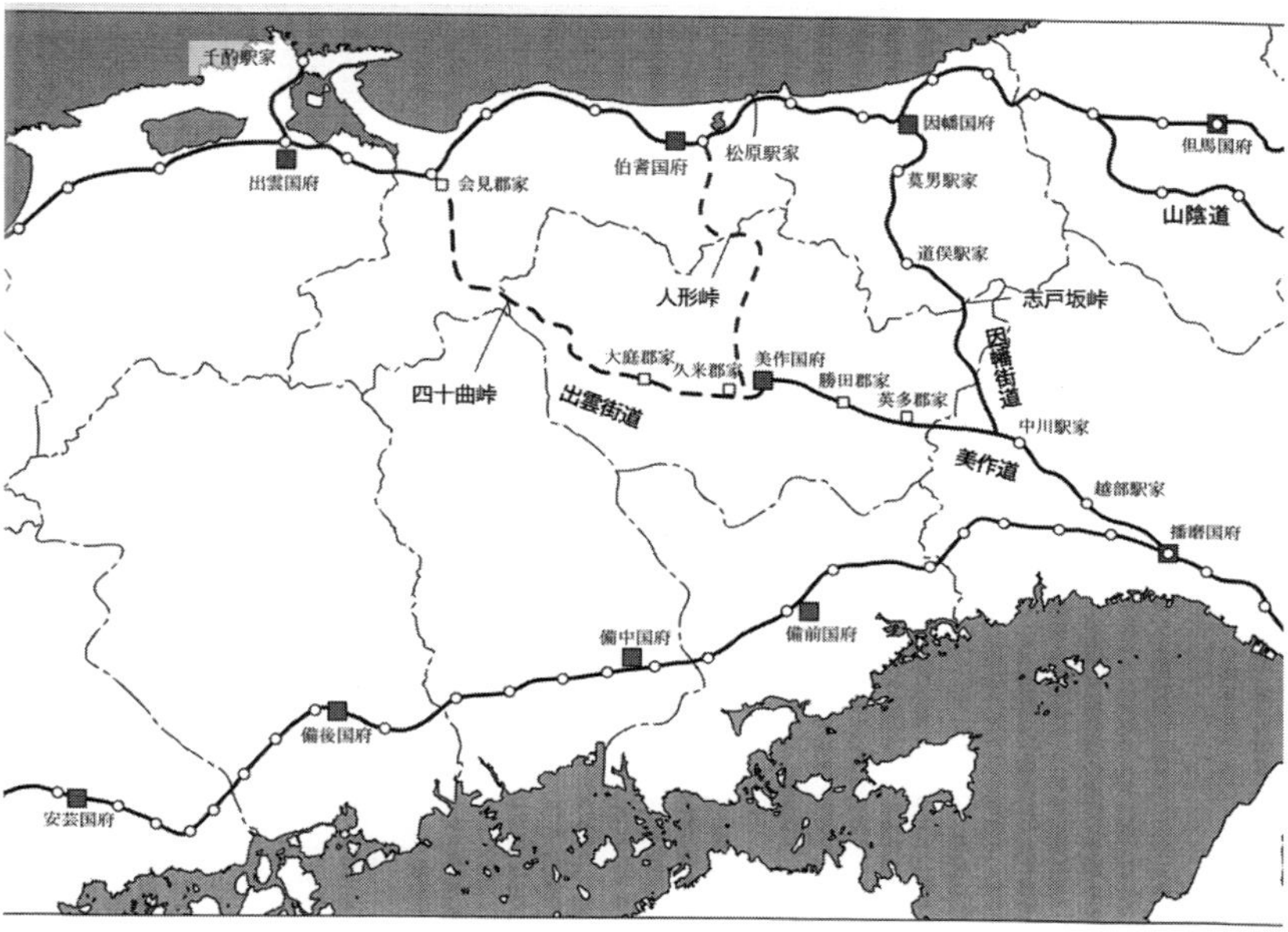

図２　山陰道と山陽道を結ぶ道
中村太一「「出雲」をめぐる陸上交通路とその多様性」（島根県古代文化センター『古代出雲の多面的交流の研究』、2011）図１（p.131）を改変

対する供給の支出が記載されている。山陰道が国司赴任ルートとして使われていたことは確かである。また丹後・但馬・因幡のルートで公文書が逓送されていたことも記載からわかる(31)。

しかし天平九年の因幡以西の新任国司がこの二人だけだったとは考えにくく、他のルートを利用して赴任していた可能性がある(32)。時期は下るが、康和元年（一〇九九）の因幡守平時範は山陽道を用い、播磨国府近辺から美作道に入り、美作国東部から志戸坂峠を越えて因幡国府に赴任した。帰京もほぼ同じルートである(33)。このルートは近世には因幡街道とも呼ばれ鳥取藩の参勤交代ルートだった。『延喜式』では、美作道に美作国府までつながる駅家が規定されていたが、それはさらに伯耆・出雲ともつながる道だった(34)。美作国府のある津山から勝山、新庄を経て四十曲峠を越えて伯耆国西部に入り日野川流域を北上して山陰道に合流し出雲国に入るルートだった。近世には出雲街道とも呼ばれ、松江藩の参勤交代ルートだった。

この中国山地越えの播磨・山陽道経由で畿内とを結ぶルートは八世紀やそれ以前にさかのぼる。『播磨国風土記』には出雲、伯耆、因幡など山陰地域の人々が播磨を通り畿内と往来していたことにまつわる話がいくつも記されている。山陰道と異なるもう一つの山陰(因幡・伯耆・出雲)と京・畿内を結ぶ道だった。(35)

この中国山地越えルートは山陰道よりも比較的通行が容易だった。山陰道は、とくに因幡から但馬にかけては、山越えが連続して起伏がはげしく、冬の積雪区間も長い。中国山地越えは、山を越えた後は大きな起伏もない比較的平坦なルートである。こうした状況から、人の往来や物資輸送に中国山地越えの山陽道ルートが使われることも多かった。(36)

もう一つ注意すべき点が海上交通である。十一世紀前半の事例であるが、伯耆守藤原資頼は万寿元年(一〇二四)には若狭経由の海上輸送で米などを京に送っている(『小右記』同年十月二十七日条)。一方陸路でも「調庸雑物」を輸送しようとしたが、雪のため山中で引き返し、暖かくなってから輸送することにしたという(『小右記』治安三年〔一〇二三〕十二月十九日条)。平時範も自身の帰京は前述のように陸路だったが、物資は千代川河口の賀露から若狭経由の海路で送っている。(37)また長元四年(一〇三一)に伊勢斎王託宣事件で隠岐に配流となった藤原小忌古曾は、若狭から海路で隠岐に向っている。(38)

人、物資などの交通の性格、季節・気象の状況により、山陰道の陸路、海路、中国山地越え山陽道経由が使い分けられていた点を、山陰地域と京を結ぶ交通の特徴として確認しておきたい。

(3) 陸路(駅路)の整備と渤海使

『延暦交替式』延暦十九年(八〇〇)九月二日太政官符は、蕃客への備えとして国司の責任で常に駅家の修理をすることを命じている。

太政官符、応下修二理駅家一常全固、交替国司分明付領上事、被二右大臣宣一偁、如レ聞、諸国駅家、例多二破壊一、国郡怠慢、曽不二修理一、若有二蕃客一、便損二国威一、既乖公平、豈合二吏道一、自今以後、国司存レ心、常加二修理一、勿レ致二損壊一、交替之日如有二損失一、前人造畢、然後放還、事縁二勅語一、不レ得二懈怠一者、諸国承知、依レ宣行レ之。

延暦十九年九月二日

これは延暦十七年(七九八)に遣渤海使内蔵賀茂麻呂の帰国船に便乗して渤海使大昌泰が隠岐に来着したことがきっかけだった。[39] 彼らは隠岐国智夫郡から出雲国に遷り山陰道から入京したと思われる。天平宝字七年(七六三)八月に渤海使王新福を送り帰国した板振鎌束らの船が隠岐に漂着した前例があり、[40] 渤海からの船が隠岐や山陰に到着する可能性は認識されていただろう。とはいえ初めて渤海使が来着し、冬の山陰道[41]を通行する現実になって、駅家や交通路の不備が問題になったのであろう。この事態をうけて、山陰道も含めた広範囲に蕃客に備えた駅家の整備を命じたものとみられる。

この蕃客を意識した駅家整備は、その六年後の大同元年(八〇六)五月の山陽道諸国のうち備後・安芸・周防・長門国に対する「瓦葺粉壁」を備えることを命じる勅につながる(『日本後紀』同年五月丁丑〔十四日〕条)。播磨・備前・備中国がみえないのは、すでに整備されていたからだとされている。[42] この山陽道諸国の駅家整備は、渤海使の山陽道経由の通行も想定していた可能性はあるだろう。山陽道以外ではなかなか整備も進まなかったようで、前述のように元慶六年(八八二)十一月に来着した裴頲一行の入京に際して、北陸道の路次諸国に官舎、道橋等の整備が命じられたのである。

(4) 出雲国からの入京ルート

出雲国からの入京ルートについて、いくつかの手掛かりとなる状況を検討しておきたい。

表2　文人・外交経験のある因幡国司(9世紀)

		補任	離任	文人・学者としての経歴官職、特記事項
介	上毛野穎人	弘仁 3(812). 正 .12	弘仁 7(816). 正 .10	文章生、延暦度遣唐録事、大内記、大外記、東宮学士
介	朝野鹿取	弘仁 7(816).11.1	弘仁 8(817).	文章生、延暦度遣唐准録事、左大史、文華秀麗集に詩、日本後紀・内裏式編纂
介	滋野貞主	弘仁 11(820). 正 .11	弘仁 14(823).4.28	文章生、内記、東宮学士、文華秀麗集・経国集編纂
介	滋野貞主	天長元 (824).9		
介	春道永蔵	仁寿 3(853). 正 .16		承和度遣唐知乗船事
守	南淵永河	仁寿 3(853).10.16	斉衡 2(855). 正 .15 ?	春宮侍読、少外記
権守	南淵永河	天安元 (857).2.16	天安 1(857).10.12	
権掾(仮)	葛井善宗	貞観 3(861). 正 .28		渤海領客使
権介	島田忠臣	貞観 11(869).2.16	貞観 11(869).9.7	文章生、渤海使対応加賀権掾、少外記
守	藤原敏行	元慶 2(878). 正 .11	元慶 3(879).8.	少内記、大内記
権守	伴須賀雄	元慶 2(878). 正 .11		承和度遣唐請益生
権大掾	藤原菅根	元慶 8(884).5.28		文章生、少内記、文章博士
権介	小野千里	仁和 3(887).3.8		内記
掾	藤原菅根	寛平 2(890). 正	寛平 3(891).3.9	

まず結局は入京を認められなかったが、貞観三年(八六一)正月に隠岐国に来着し出雲国島根郡に安置された李居正一行に対して、領客使の藤原春景に但馬権介、葛井善宗に因幡権掾を仮称させている。山陰道からの入京を想定した措置だったとみられる。

次に王孝廉一行以後、渤海使たちと日本側文人たちの間で展開した漢詩文の交歓の問題がある。そのため文章生、明経生出身者、内記などが、存問使、領客使、掌客使として、渤海使の対応にあたった。同様に来着・安置地や入京路次諸国国司にも対応が求められ、文人の任用が広がった。たとえば貞観元年(八五九)正月に能登国に来着、加賀国に安置された烏孝慎一行の副使周元伯は文章に優れており、唱和するために越前権掾の島田忠臣を仮の加賀権掾として派遣している。このときの加賀守は、烏孝慎一行の来着が正式に報告される直前の正月十三日に任命された源啓である(『日本三代実録』同日条)。嵯峨天皇の子である源啓は、卒伝によると、大学生の才学ある者を招き師として書を読み、文章を好んだとされる(『日本三代実録』貞観十一年(八六九)八月二十七日条)。越中守から「俄而遷㆓加賀守㆒」とあることからも、渤海使対応のための遷任だったとみられる。

王孝廉以降、渤海使来着時の出雲、伯耆の国司はいずれも不明

表3　文人・外交経験のある但馬国司(9世紀)

		補任	離任	文人・学者としての経歴官職、特記事項
守	菅野真道	延暦 22(803). 正	大同 1(806). 正 .28	内記、東宮学士、続日本紀編纂
守	藤原道雄	大同元 (806).5.24	大同 2(807).8.20	中内記、侍医
介	良岑安世	弘仁元 (810).9.16	弘仁 4(814). 正 .10	凌雲集、文華秀麗集、経国集、日本後紀・内裏式・経国集編纂
守	良岑安世	弘仁 4(813). 正 .10	弘仁 7(816). 正 .10	
介	坂田(南淵)永河	弘仁 4(813). 正 .10		春宮侍読、少外記
介	坂田(南淵)弘貞	弘仁 7(816). 正 .10	弘仁 9(818).4.23	文章生、少内記、大内記
守	藤原三守	弘仁 7(816). 正 .14	弘仁 8(817). 正 .10	弘仁格式編纂、詩人との交流
守	直世王	弘仁 9(818). 正 .4	弘仁 9(818).4.23	日本後紀編纂
守	坂田(南淵)弘貞	弘仁 9(818).4.23	弘仁 10(819).	
守	百済勝義	弘仁 13(821).3	天長 4(827) 正	文章道、大学少允
権守	菅原清公	承和 2(835).11.7	承和 3(836).2.7	文章得業生、大学少允、文章博士、遣唐判官
守	菅原清公	承和 3(836).2.7		
介	春澄善縄	承和 3(836).7._		文章生、文章得業生、東宮学士、文章博士、続日本後紀編纂
権掾	紀春主	承和 3(836). 閏 5.13		遣唐訳語
権守	滋野貞雄	仁寿元 (851). 正 .11		大学寮に学び詩賦に習熟
守	春澄善縄	仁寿 2(852). 正 .15		
守	藤原春津	天安元 (857). 正 .14	貞観元 (859). 正 .13	渤海使に勅・太政官牒を伝達(承和 9、嘉祥 2)
権介	藤原春景	貞観 3(861). 正 .28		文章生、渤海領客使
権守	良岑長松	貞観 9(867). 正 .12	貞観 11(869).2.16	承和度遣唐准判官、良岑安世の子
介	伴須賀雄	貞観 9(867). 正 .12	貞観 9(867).9.16	承和度遣唐請益生
守	伴須賀雄	貞観 9(867).9.16		
介	小野後生	貞観 9(867).9.16		大内記、小野篁の子
掾	忠宗是行		貞観 16(874). 正 .15	少外記
掾	良峯秀崇	元慶 7(883). 正 .11		文章生から但馬掾任官

だが、因幡国、但馬国の国司には延暦末年から弘仁年間にかけて文人や外交経験者が集中的に任命されている。

『国司補任』[43]によって九世紀の因幡、但馬国司のうち、文章生出身、内記・外記・東宮学士、外交経験者、漢詩文集・国史等の編纂者を抜き出したものが、表2、表3である。因幡国では、弘仁三年(八一二)正月任命の上毛野穎人を皮切りに天長元年(八二四)の滋野貞主までほぼ連続して文人系で介が占められている。但馬国ではやや早く延暦二十二年(八〇三)の菅野真道の守任命から始まり、延暦末年から弘仁年間にかけて文人がほぼ連続して守か介に任じられている。天長年間にはとだえるが、天長四年（八二七）末～五年に但馬国に来着した王文矩には国博士林遠雄が対応している（『類聚三代格』巻一八 天長五年正月二日太政官符）。そのためか、その後も菅原清公、春澄善縄、紀春主、滋野貞雄、藤原春景など、断続的に文人や外交経験者が任じられている。また『江家次第』巻四除目には、唐人・渤海人などの来着に備えて北陸・山陰・西海道諸国司（掾・目）に文章生から三人が任じられる慣例が示されている。

こうした因幡や但馬の国司任用は、それぞれの国への渤海使来着への備えだけでなく、隠岐・出雲国等に来着した渤海使の山陰道からの入京に路次諸国として備えるためでもあっただろう。天長年間に途絶えるのは、一紀一貢を要求する対渤海外交の変化とも関係すると考えられる。

山陰道からの入京が想定されていたとして、陸路であろうか。王孝廉は出雲国から出航しているので、往復共に陸路であろう。問題は天長二年（八二五）に隠岐国に来着した高承祖一行である。出雲国に安置され、入京したが、加賀国へ帰ったとされている。上田雄は、高承祖らの入京中に船を出雲国から加賀国に回漕したとするが、そう単純ではない。彼らの入京に対しては、右大臣藤原緒嗣らの強硬な反対があった。その背景には嵯峨・淳和とその周辺をめぐる政治状況もからんでいたが(44)、緒嗣の反対意見のなかには、渤海使の逓送、供給とそのための差役が負担になり人々を苦しめるという主張も含まれていた。それを押し切って入京させたことを考えると、反対に配慮し路次の負担を軽減するため、出雲から海路で移動した可能性も想定できよう。その場合は、若狭か敦賀あたりから入京し、出京後、若狭か敦賀にもどり、最終的には加賀国から出航したという想定を一案として示しておきたい。

(5) 伯耆国の来着地、安置の場、入京ルート

寛平六年（八九四）の裴頲、延喜八年（九〇八）の裴璆、いずれも伯耆国に来着し、入京している。

延喜八年正月八日、渤海大使裴璆一行の着岸を言上する伯耆国解が奏上された（『扶桑略記』）。このときの伯耆国司

は不明である。存問使として大内記藤原博文、直講で大学権允を仮授された秦惟興が伯耆国へ派遣された。[45] あわせて四月二日には掌客使として式部大丞紀淑光と散位菅原淳茂、領客使として兵部少丞小野葛根と文章生藤原守真が任じられ(『扶桑略記』)、京へ迎え入れる準備が進められた。

『日本紀略』によると四月二十一日に領客使により「今来河辺」で曲宴が設けられた。この「今来河辺」が、安置場所、入京ルートを考える手掛かりになりそうである。

濱田耕策は今の西宮あたりとし、[46] 朱国沈・魏国忠『渤海史』は兵庫県東部の猪名川の下流かとしているが、[47] いずれも根拠を示していない。山陽道経由での入京を想定し、「河辺」を摂津国河辺郡と解したものと推察される。その場合、『扶桑略記』によれば裴璆一行の入京は、入京用の騎馬を天皇が覧じた五月五日以降、おそらく五月七日で、一五日以上も京の手前で待機していたことになり、その意味が検討されなければならない。なお山陽道には備中国府近傍の高梁川右岸に河辺駅、美作道の美作国分寺近辺に勝田郡河辺郷があるなど、「河辺」は摂津国河辺郡に限定されない。

これに対し上田雄は文字通り川のほとりと解し、伯耆国府近辺の小鴨川の川辺とする。小鴨川は竹田川と合流して天神川となり日本海にそそぐ。その合流点付近に巌城(いわき)という地名があることを指摘し、「今来」との関係をうかがわせている。

その巌城は山陰道松原駅推定地の一つである。一方、小鴨川と国府川合流点北岸の倉吉市東和田町平ル林遺跡が松原駅の推定地として有力視されるほか、大御堂廃寺跡のある倉吉市駄経寺町、平ル林遺跡と伯耆国府の中間で八〜九世紀の大型建物群が検出されている不入岡遺跡周辺なども推定地とされ、確定していない。[48] いずれにせよ国府の近傍になる。国府川、小鴨川と合流する竹田川の上流は、人形峠から美作国へ通じる。天神川の下流は東郷湖からの水路と合流し日本海に注ぐが、その合流点付近の橋津は港である。そうした交通の結節点でもある松原駅か橋津近辺に安置され、その近辺の川辺で曲宴が設定された可能性も想定されうる。

また伯耆国西部、会見郡・汗入郡地域への来着の可能性も排除できない。たびたび渤海使が来着、安置されていた出雲国島根郡や国府のある意宇郡に近接する地域である。汗入郡の名和(御来屋)は日本海水運の港湾として発展し、南北朝期には名和氏の本拠で、隠岐を脱出した後醍醐の上陸地ともされる。近くには山陰道奈和駅[49]が比定され、水陸交通の結節点でもあった。また会見郡からは山陰道から分岐する中国山地越え陸路(出雲街道)もあり、淀江は中世には港湾機能があった[50]。

来着地、安置地をいずれとするにせよ、伯耆国からの入京ルートは三つある。①山陰道の陸路、②山陰道の海上ルート、③中国山地を越えて播磨・山陽道へ出るルート。

市大樹は③の山陽道経由の可能性を指摘している。延喜八年(九〇八)の場合、「渤海客入レ京時可レ騎馬、准寛平例、仰二公卿等一、令レ進二私馬一」(『扶桑略記』延喜八年四月二十六日条)と、入京する際の騎乗馬として「寛平例」に準じて公卿らに私馬を進上させており、迎馬による山崎における郊労が想定でき、山陽道からの入京ルートになる。

この「寛平例」に準ずるということは、その寛平七年(八九五)と延喜八年は同じルートで入京し、同じような騎馬を用いた郊労が行われたことを示している。堀井佳代子は、この形式の郊労は寛平七年から始まったのではないかとする[51]。

裴頲は寛平六年(八九四)に来着し、翌七年には入京しているが、この寛平七年から渤海使への対応が変わっている点も注意される。その前の元慶七年(八八三)には、四月二十八日に山科で郊労を受け入京し、五月五日節に参列した。それに対して寛平七年の場合は、入京が五月七日、郊労はその前日に行われたとみられ、五月五日節への参列からは排除されている[52]。一方で延喜八年の場合には、五月五日に渤海使入京用騎馬を天皇が覧じている。騎射・競馬など騎馬を中心とした五月五日節[53]に関連して実施された行事だとみなせる。五月五日節への参列を排除しつつも、五月五日に天皇が覧じた馬を用いる郊労の新しい形式が寛平七年から創出されたとみてよいのではないだろうか。その意味では、郊労の場がどこであれ、渤海使は五月五日節の行事からは完全に排除されてはいないことになる。

おわりに

延喜十九年(九一九)の裴璆二度めの来日は若狭への来着で、越前国敦賀に誘導され、松原駅館に安置されて、北陸道から入京した。渤海滅亡後に成立した東丹国使として、延長七年(九二九)三回目の来日をしたときには、丹後国竹野郡に来着したが、来着地から放還され入京することはなかった。

この九世紀後半から十世紀前半の最後の段階の来着地をみると、加賀国への来着は元慶六年(八八二)の裴頲が最後となり、出雲国への来着は寛平四年(八九二)の王亀謀が最後となる。以後は、それまで来着のなかった伯耆へ、そして若狭・丹後へと、東に移っていく。すぐに渤海が滅亡し、東丹国使拒絶以降は日本海沿海地域への国家的使節の来日がなくなるので、この傾向を偶然の結果とみるか、意図的なものとみるかは判断が難しい。

出雲・伯耆国来着の場合、山陰道陸路、中国山地越の山陽道経由、いずれをとるにせよ陸路の長距離移動となる。加賀国からの陸路移動も同様であろう。来着・安置地から海路で若狭や敦賀に移動する場合もあったとすれば、より京に近いそれらの地域への直接の来着をめざすようになったとみることもできるのではないだろうか。

十世紀後半以降、若狭・越前へ宋人が来航するようになることはよく知られている。たとえば、長徳元年(九九五)九月に宋人朱仁聡・林庭幹らが若狭国に来着し、越前国敦賀に遷り、交易も行っていた。(54) 十一世紀後半、康平三年(一〇六〇)ころには宋海商林養・俊政らが越前国敦賀に来着し、(55) 林養は但馬国に居住した。その子林皐は成尋が入宋する際の船の乗員でもあった(『参天台五台山記』延久四年〔一〇七二〕三月二十二日条)。但馬を拠点に敦賀をはじめ日本海沿岸から東シナ海まで活動する宋人の姿が見える。承暦四年(一〇八〇)には「明州牒状」を携え大宰府に来航した宋海商孫忠の部下の黄逢は、政府が対応に手間取っている間に、敦賀に移動して越前国に「明州牒」を進上し、越前国からその写が政府に進上されるという事態になっている。(56)若狭・敦賀へと宋人の来航が集中していくことは、北陸・山陰から京に向かう水運が敦賀・若狭に集約されていく海上交通の展開にも対応するものであろう。

こうした十世紀後半以降の状況を展望すると、九世紀末以降、渤海・東丹国からの来着地が徐々に若狭・敦賀寄りにシフトしはじめていくことは、東シナ海も視野に入れた日本海海上交通体系全体の変化に対応するものとして位置づけられていく必要があるだろう。

註

(1)　古畑徹「日本・渤海間の航路について」(『古代交通研究』四、一九九五年)、同『渤海国とは何か』(吉川弘文館、二〇一八年)、小嶋芳孝「日本海の島々と靺鞨・渤海の交流」(村井章介・佐藤信・吉田伸之編『境界の日本史』山川出版社、一九九七年)、同「渤海と日本列島の交流経路」(『歴史と地理』五七七、二〇〇四年)など。

(2)　市大樹「外国使節の来朝と駅家」(『日本古代の宮都と交通—日中比較研究の試み—』塙書房、二〇二四年、初出二〇二二年)。本稿では市大樹は本論文による。

(3)　田島公「渤海使の来航と若狭・越前国」(『福井県史 通史編一(原始・古代)』第四章第五節二、一九九三年)。

(4)　正倉院文書正集二七(『大日本古文書』一巻四三八頁)、林睦朗・鈴木靖民編『天平諸国正税帳』(現代思潮社、一九八五年)。

(5)　小嶋芳孝「古代大野湊の検討」「加賀における渤海使船来着地の検討」(『古代環日本海地域の交流史』同成社、二〇二三年)。

(6)　小嶋芳孝「渤海—日本航路の検討」、前掲註5書。

(7)　田島公、前掲註3論文。

(8)　本稿では、虎尾俊哉編『訳註日本史史料延喜式』上・中・下(集英社、二〇〇〇〜二〇一七年)の条文番号を使用した。

(9)『扶桑略記』延喜十九年十一月二十一日条、同十一月二十五日条、同十二月二十四日条。
(10)田島公、前掲註3論文。
(11)鈴木靖民「敦賀・松原客館と東アジア交流」(『古代日本の東アジア交流史』勉誠出版、二〇一六年、初出一九九四年)。
(12)石井正敏「大宰府の外交機能と外交文書」(『日本渤海関係史の研究』吉川弘文館、二〇〇一年、初出一九七〇年)。
(13)赤羽目匡由「渤海使の大宰府航路(朝鮮半島東岸航路)をめぐって」(『人文学報』五〇五、二〇一五年)。
(14)浜田久美子「『延喜式』にみえる外国使節迎接使」(『日本古代の外交儀礼と渤海』同成社、二〇一一年、初出二〇〇二年)。
(15)上田雄『渤海使の研究』(明石書店、二〇〇三年)。本稿では上田雄は同書による。
(16)大日方克己「渤海使王孝廉をめぐるネットワークと出雲」(『古代山陰と東アジア』同成社、二〇二二年)。
(17)大日方克己「渤海使高承祖・王文矩と東アジア」、前掲註16書。
(18)大日方克己「渤海使李居正と文徳・清和王権」、前掲註16書。
(19)大日方克己「渤海使楊中遠の向こうにみえる海域世界」、前掲註16書。
(20)服部旦「『出雲国風土記』島根郡千酌駅家浜「隠岐渡」の〝復原〟—古代千酌の一景観〝復原〟、および通道の〝復原〟による島根郡比定のための起点として—」(『古代文化研究』一、一九九三年)。
(21)弘仁五年の出雲国移配エミシの反乱については、武廣亮平「出雲国の移配エミシとその叛乱」(『古代出雲の氏族と社会』同成社、二〇二四年、初出一九九八年)、大日方克己「弘仁期の出雲とエミシ」、前掲註16書など。
(22)酒寄雅志「古代日本海の交流」(小林昌二監修、熊田亮介・坂井秀弥編『日本海域歴史大系二古代編Ⅱ』清文堂出版、二〇〇六年)。
(23)加畠吉晴「王孝廉「春日対雨、探得情字。一首」」(『アジア遊学』七一、二〇〇五年)。
(24)浜田久美子「渤海使の来着と出雲」(『出雲古代史研究』二三、二〇一三年)。
(25)加畠吉晴、前掲註23論文。
(26)島根県埋蔵文化財調査センター『史跡出雲国府跡—9総括編—』(島根県教育委員会、二〇一三年)。
(27)「芝原遺跡」(『松江市史史料編2考古資料編』松江市、二〇一二年、五二九〜五三一頁)。
(28)中村太一「『出雲国風土記』の通道記事とその路線復原—推定復原図作成に関する覚書—」(『山陰における古代交通

の研究』前掲註2書)。
(29)「修理田遺跡」(前掲註27書、五一〇~五一一頁)。
(30)服部旦「『出雲国風土記』島根郡家の比定—千酌駅家湊・千酌駅家の比定と通道の〝復元〟を通して—」(『山陰史談』二一、一九八五年)。
(31)正倉院文書正集二九(『大日本古文書』二巻六〇~六一頁)。
(32)榎英一「天平九年度但馬国正税帳—駅使と伝使への給粮—」(『律令交通の制度と実態』塙書房、二〇二〇年)。
(33)『時範記』康和元年二月九日~十五日条、三月二十七日~四月三日条。
(34)高橋美久二「美作道の駅と駅路」(『古代交通の考古地理』大明堂、一九九五年)。
(35)この中国山地越の播磨・山陽道ルートについての研究は少なくない。ここではさしあたってその状況を紹介した大日方克己「山陰地域古代交通研究の現状と課題」(『古代文化』七三—三、二〇二一年)を参照。
(36)錦織勤『古代中世の因伯の交通』(鳥取県史ブックレット12、鳥取県、二〇一三年)。
(37)錦織勤、前掲註36書。
(38)大日方克己、前掲註35論文。
(39)永田英明「律令国家と「ミチ」—古代陸上交通研究の成果と課題—」(『交通史研究』三五、一九九五年)、市大樹、前掲註2論文。
(40)大日方克己「日本・渤海関係のなかの音楽」前掲註16書。
(41)大昌泰らが入京した延暦十七年十二月二十七日はユリウス暦七九九年二月六日。
(42)高橋美久二「山陽道の瓦葺駅家」前掲註34書。
(43)宮崎康充編『国司補任』第二、第三(続群書類従完成会、一九八九年、一九九〇年)。
(44)大日方克己、前掲註17論文。
(45)『扶桑略記』延喜八年三月二十日条、『日本紀略』延喜八年四月八日条。
(46)濱田耕策『渤海国興亡史』(吉川弘文館、二〇〇〇年)。
(47)朱国沈・魏国忠『渤海史』(東方書院、一九九六年)。

(48) 錦織勤、前掲註36書。
(49) 延喜式は和奈駅とするが、奈和の誤記とされる。古代交通研究会編『古代交通事典』(八木書店、二〇〇四年)など。
(50) 錦織勤、前掲註36書。
(51) 堀井佳代子「外国使節入京儀礼について—郊労儀の再検討—」(『平安前期対外姿勢の研究』臨川書店、二〇一九年、初出二〇一〇年)。
(52) 五月五日節からの排除については、田島公「日本の律令国家の賓礼—外交儀礼より見た天皇と太政官」(『史林』六八—三、一九八五年)参照。
(53) 五月五日節については、大日方克己「五月五日節」(『古代国家と年中行事』講談社学術文庫、二〇〇八年。初版吉川弘文館、一九九三年)参照。
(54) 田島公「平安中・後期の対外交流」(『福井県史通史編一(原始・古代)』第六章第五節、福井県、一九九三年)。
(55) 『扶桑略記』寛平三年七月条、『百錬抄』寛平三年八月七日条。
(56) 田島公、前掲註54論文。

渤海使の入京路
――穴太遺跡・畝田ナベタ遺跡・鳥羽遺跡の帯金具に注目して――

浜田久美子

はじめに

二〇二二年十月、滋賀県大津市の穴太遺跡から金銅製帯金具の発見が報じられた。(1)帯金具は一点のみで、表面の忍冬唐草文は、韓国済州島の龍潭洞遺跡から出土した帯金具と酷似しており、このような花文の帯金具は渤海や契丹に多いという。

すでに、石川県金沢市の畝田ナベタ遺跡と群馬県前橋市の鳥羽《とりば》遺跡からも、銅製の花文帯金具が出土している。両者はともに青銅の地金に鍍金を施し、大きさ、形、文様なども類似点が多い。穴太遺跡や龍潭洞遺跡のものはこれらより少し大きく、漆の痕跡はみられない(表1)。小嶋芳孝氏は、北陸道沿いの畝田ナベタ遺跡と穴太遺跡の帯金具を九世紀から十世紀の渤海使来日に伴う遺物とみなしている。(2)

古代の日本は、九二六年に渤海を滅ぼした契丹とは国交を結ばなかったが、渤海との間には、七二七年以降使節が往来した。渤海からの使節(渤海使)は、八世紀には出羽や北陸に、九世紀には北陸から山陰にかけて来着するから(文末付表)、渤海の帯金具が北陸道沿いの遺跡から出土してもおかしくはない。

では、上野国府に近接する鳥羽遺跡出土の帯金具については、どう考えればよいであろうか。鳥羽遺跡の花文帯金具については、一九九〇年刊行の調査報告書があるが、出土地の具体的な情報はみられない（後述の田中広明論文では「遺構外の出土」とする）。遺跡からは大きさや形状の異なる五点の銅製の帯金具が出土しているが、当該遺物は「通例の小型巡方とはやや意匠を異にする」「律令期の銙帯の形式にはみられず、より古式の様相を呈しており、古墳時代の腰帯具と考えられる」とされ、(3) 渤海・契丹製との見解は示されていない。

この鳥羽遺跡の花文帯金具を、畝田ナベタ遺跡の帯金具に類似するものとして取り上げたのが田中広明氏である。(4) 氏は両者を共通の鋳型で製作された契丹や渤海製とみて、鳥羽遺跡のものは延暦十五年（七九六）の送渤海使で上野介であった御長広岳が持ち帰ったと推測する。これ以前、畝田ナベタ遺跡の帯金具に類似するものは国内で知られていなかったため、渤海と関連させて鳥羽遺跡の帯金具に光を当てた田中氏の功績は大きい。だが、渤海使と上野国との接点は、上野介御長広岳だけであろうか。

渤海使と東国との関係を考えるうえで重要なのが、出羽国に来着した事例である。本稿では渤海製とされる帯金具に注目して、渤海使の入京路について考察したい。

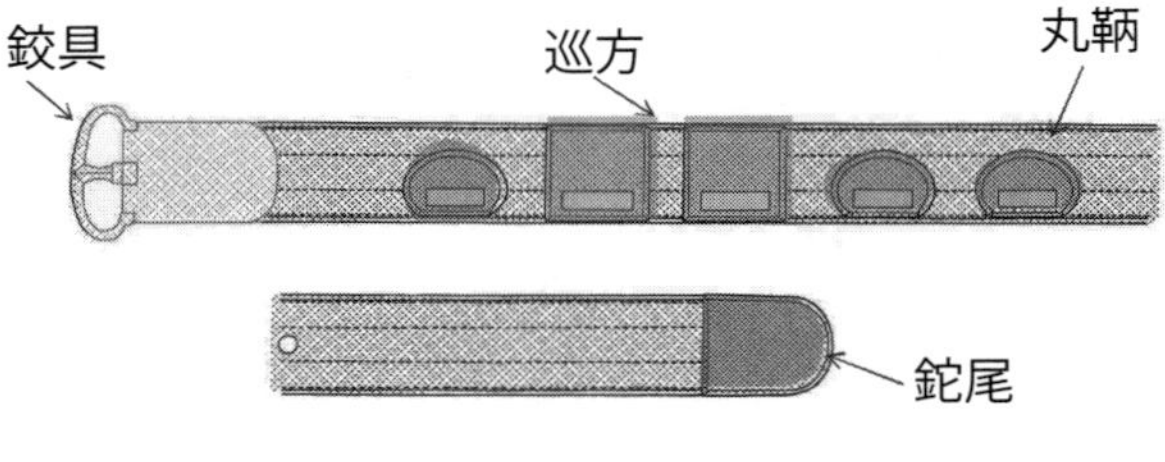

図　帯金具の概略図（かながわ考古学財団HPより）

1　帯金具と渤海使

帯金具は革製の腰帯《ようたい》に付けられた飾り金具で、留金具の「鉸具《かこ》」、表面を飾る「銙《か》」（半円形の「丸鞆」や方形の「巡方」などがある）、帯端に装着する「鉈尾《だび》」で構成される（図参照）。騎馬民族に起源をもつが、東アジアでも使用されてきた。

唐や新羅、渤海、日本で銅銙帯（銅製の銙の帯金具）を使用するのは下位の官人層で、無

表１　国内出土の銅製花文帯金具

	穴太遺跡（大津市）	畝田ナベタ遺跡（金沢市）	鳥羽遺跡（前橋市）
寸法（cm）	縦 2.7× 横 3.2× 厚 0.35	縦 1.725× 横 1.88+ α × 厚 0.21、重量 2.25g	縦 1.59× 横 1.93× 厚 0.2※
出土地	9 世紀後半～ 10 世紀代の流路跡	9 世紀中頃の大型掘立柱建物（SB18）の溝（B7 区 SD444 上層）	遺構外（H 区）※
形状	巡方	巡方	巡方
鋲	5 か所	4 か所	4 か所
鍍金	あり	あり	表面のみ※
漆	なし	黒漆（表面）	？（鍍金の一部に黒色の部分あり※）
写真	 大津市埋蔵文化財調査センター所蔵	 石川県埋蔵文化財センター保管資料	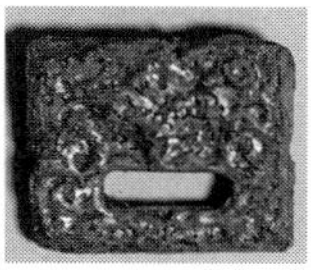 群馬県所蔵
出典	『穴太遺跡―北山田地区―』2024 年	『金沢市畝田東遺跡群Ⅵ』2006 年	『鳥羽遺跡 LMNO 区』1990 年 ※は田中広明「渤海からの帯金具」2016 年

【参考】龍潭洞遺跡
（韓国・済州島）

『済州市龍潭洞遺蹟』
済州大学校博物館調査報告 11、1993 年より

文(文様がないもの)が一般的であった。(5) しかし、唐の周辺地域では、八世紀末から九世紀前半に、有文で鍍金の帯金具が使用されるようになり、十世紀の契丹では、花文を施した鍍金の帯金具が多くみられる。小嶋芳孝氏は、唐の衰退と活発化した契丹人の交易活動により、契丹人と渤海人の交流が進み、九世紀代の渤海で契丹様式と唐様式が融合した花文帯金具が作り出されたとする。(6)

古代の日本では、『養老衣服令』朝服条や制服条から、五位以上が金銀装腰帯を六位以下が烏油《くろつくり》腰帯(黒漆塗の銅製銙帯)を着けていたとみられるが、(7)『日本後紀』延暦十五年(七九六)十二月辛酉(四日)条で、鋳銭の原料を確保する必要から銙帯の使用が禁止され、弘仁元年(八一〇)九月乙丑(二十八日)条で公卿の奏議を経て、大同二年(八〇七)に禁止されていた雑石の腰帯の使用が認められる。その一節に、

入手しやすい雑石は、造売する人も多く、着用しても壊れにくいが、銅銙帯は漆を塗ってあるので剥落してしまう。石帯と銙帯とでは製作の難易度が異なる(石帯が易しく、銙帯は難しい)のに、価値が同じなのが弊害である。

と記されており、これ以降、銙帯が使用されず石帯に代わったと考えられる。その時期の遺構から出土した銙帯が花文であれば渤海や契丹製とみられている。

では、渤海使は帯金具をどのような目的で持参したのであろうか。表2は渤海使が持参した物品を、渤海王から日

表2　渤海から日本にもたらされた物品（酒寄雅志『渤海と日本』吉川弘文館、二〇二四年をもとに、国信と私覿に分類）

国信物	貂皮・大虫皮（虎皮）・羆皮・豹皮・熊皮・人参・蜜
私覿	貂裘・帯裘・麝香・暗模靴・玳瑁酒杯・狗・猤・暦・仏書・金銅香鑪

本の天皇への献上品(国信物)、渤海使個人から天皇や大臣などへの贈り物(私覿)[8]に分類したものである。これによれば、渤海王からの信物に帯金具はない。一方私覿としての「帯裘」(帯と皮衣)は、延喜十九年(九一九)十一月に来日し、翌年五月に入京した渤海使裴璆《はいきゅう》が、次のとおり大江朝綱に贈ったものである。

〔史料1〕『扶桑略記』延喜二十年(九二〇)六月

十四日、文章得業生朝綱、就二蔵人所一、令レ奏二渤海大使裴璆書状并送物一、仰下遣レ書可レ返二送物一事上。廿二日、朝綱令レ奏下遣二渤海大使裴璆一書状上、客已帰レ郷。即進二所レ贈帯裘一。

すなわち、六月十四日に大江朝綱が、蔵人所に裴璆からの書状と贈物を奏上したところ、醍醐天皇は裴璆に返却すべきだと仰せになった。そこで、二十二日に、朝綱が裴璆に送る書状を作成して奏上したが、裴璆はすでに帰国していたので、贈物の帯裘を蔵人所に進上したという。

大江朝綱は、藤原季方とともに掌客使として京での渤海使の迎接を担当した。五月十五日には、季方が裴璆からの別貢物(私覿・内容は不明)を蔵人所に進上している(『扶桑略記』)。裴璆にとって帯裘は迎接官人への個人的なプレゼントであり、国家間の贈答品とは異なる位置づけであったといえよう。

しかし、掌客使の二人はそれらを蔵人所に進上した。天皇と渤海王との外交において、渤海王の使者からの贈物を個人が受納するわけにはいかないという配慮であろう。このように、銅製の帯金具は、渤海使が身に着けていたもの、あるいは迎接官人への贈物であり、裴璆以前の渤海使も持参していたと考えられる。

2　北陸道出土の花文帯金具

次に、北陸道に位置する二つの遺跡から出土した花文帯金具と渤海使との関係を検討したい。

(1) 畝田ナベタ遺跡

畝田ナベタ遺跡は、金沢市北部の大野川河口付近の沖積平野に位置する八世紀末から十世紀の遺跡で、大型の建物群が構成される九世紀前半頃に最盛期を迎える。帯金具は二〇〇一年度の調査でＢ７地区の大型建物跡の東を流れる溝(ＳＤ444)の上層から出土した。同じ溝からは他に須恵器小片も出土したが、詳細な時期は特定できず、九世紀前半から中頃のものとされる(9)。

金沢市の大野川河口と犀川河口に挟まれた一帯には、畝田ナベタ遺跡のほか、戸水Ｃ遺跡、戸水大西遺跡、畝田・寺中遺跡、金石本町遺跡などが存在する(本書小嶋芳孝「古代加賀の港湾遺跡」一五八頁、第１図参照)。戸水Ｃ遺跡は大野川河口に近接し、「津」や「官」と書かれた墨書土器や多くの緑釉陶器が出土するため港湾施設とみられ、弘仁十四年(八二三)に越前国から加賀国が分立すると、国津(国府津)の役割を果たすようになった(10)。その南にある戸水大西遺跡は、「宿家」「大市」などの墨書土器が出土し、畝田ナベタ遺跡とともに九世紀に渤海使を滞在させた加賀国の「便処」とみられている(11)。

「便処」は文字通り「都合のよいところ」、「適当なところ」であり、津に隣接するこれらの場所が、渤海使来着時に便宜的に滞在場所として利用されたのであろう。畝田ナベタ遺跡のＣ８地区から「蕃」の墨書土器が発見されていることも(12)、蕃客である渤海使の滞在が想定されよう。また、畝田ナベタ遺跡(戸水大西遺跡の西側)からは「東」字の墨書土器が、戸水大西遺跡(畝田ナベタ遺跡の東側)からは「西」字のそれが最も多く出土している点からも、両者の密接な関係が読み取れるのではないか。

畝田ナベタ遺跡の西側に近接する畝田・寺中遺跡は、八世紀代を中心とする遺構で、「語」「語―語」「天平二年」「津司」などの墨書土器が出土する。天平二年(七三〇)には、渤海より帰国した送渤海使が加賀郡で食料を供給されており(越前国正税帳『大日本古文書』一―四二八)、畝田・寺中遺跡は加賀郡の郡津に比定される。越前国府(福井県越前市武生)と離れた場所に渤海使の滞在地が設定されているため、渤海使は必ずしも国府に入る必要はなかったと考えられる。なお、加賀国府は『和名類聚抄』では能美郡(小松市古府に比定)にあったとされるが遺構は発見されていない。

以上のように、畝田ナベタ遺跡を含む一帯には、重層的に渤海使の滞在が確認できる。そのなかで、花文帯金具の出土が一点に留まることは、その用途を考える手掛かりとなろう。次の穴太遺跡とあわせて検討したい。

(2) 穴太遺跡

穴太遺跡は、琵琶湖の西側に位置する縄文時代からの複合遺跡で、オンドル状遺構の発見などから、渡来系の人々の居住が推測される。帯金具は、九世紀後半から十世紀代の平安時代の流路跡から出土したが、この場所からは土師器・須恵器・灰釉陶器・緑釉陶器、「急々如律令」と書かれた木簡など多様な遺物が見つかっている[13]。

穴太には駅家があり、五疋の駅馬の設置が知られる(『延喜兵部式』諸国駅伝馬条・東山道・近江国)。穴太駅家の利用がわかる唯一の記事が、次に挙げる渤海使来日時の史料である。

〔史料2〕『朝野群載』巻十一・廷尉・遣二検非違使於遠国一

　右弁官下二近江国一

　　右衛門府生正六位上国造恒世　従弐人

　　　看督長一人

　　　火長参人[1]

右為レ賜二渤海客冬時服[2]一、差二使者右史生依知秦興相[3]一、今日発二遣於越前国[4]一。中納言従三位兼行左衛門督藤原朝臣清貫宣旨、差二件等人[5]一、至二于穴太駅家[6]一、令レ勘[7]二護遂[8]一者。国宜承知、依レ宣行レ之。

延喜廿年三月廿二日　　大史紀[9]宿祢高行

(校異)
1人(葉・三・慶・東・徳・大)―空白(勘)　2冬(葉・三・東)―釜(慶・勘・徳)―舎(大)
3興(葉・三・慶・東・勘・徳)―與(大)　4遣(葉・三・東・大)―使(慶・勘・徳)
5等(葉・三・慶・東・大)―所(勘・徳)　6駅(葉・三・大)―空白(慶・東・勘・徳)
7勘(葉・三・慶・東・勘・徳)―勤(大)　8遂(葉・三・慶・東・勘・徳)―送(大)
9紀(葉・三・大)―空白(慶・東・勘・徳)

葉　宮内庁書陵部所蔵葉室家本　三　国文学研究資料館所蔵三条西家本
慶　国立公文書館所蔵内閣文庫旧蔵慶長写本　東　東山御文庫本
勘　東京大学史料編纂所所蔵勘解由小路家本　徳　東京大学史料編纂所所蔵徳大寺家本
大　新訂増補国史大系本

出典となる『朝野群載』のテキストとしては、新訂増補国史大系本が普及しているが、その校訂に疑問を持った高田義人氏により古写本に遡り得る写本が明らかにされた[14]。本稿でも高田氏が紹介する慶長写本、東山御文庫本、三条西本、葉室本に加え、史料編纂所の特殊蒐書である勘解由小路家本・徳大寺家本を用いて校訂したところ、校異に示したように「冬時服」の「冬」や「依知秦興相」の「興」、「勘護遂」の「勘」と「遂」のように、国史大系本の校訂を改めるべき箇所が複数判明した。

この史料は、越前国で入京を待つ渤海使に京から冬服を届ける使者(右弁官の史生である依知秦興相)が派遣されたのを受け[15]、彼らを護送する検非違使(右衛門府生正六位上国造恒世ら)がその任務を遂行できたかを、穴太駅家に到着したら調査させるよう右弁官が近江国に命じたものである。

この時の渤海使は、史料1でみた延喜十九年(九一九)の裴璆ら百五人である。若狭から越前国敦賀の松原駅館(松原客館)に移され、翌年五月に二十人が入京する。

入京を待つ渤海使への冬服賜与は、神亀四年(七二七)の第一回渤海使来日時に遡る。[16] また、『日本三代実録』元慶七年(八八三)二月二十五日条にも、

賜㆓渤海客徒冬時服㆒。遣㆓弁官史生一人㆒、押㆓送加賀国㆒。令㆘㆓領客使等㆒頒賜㆖焉。

とあり、加賀国滞在の渤海使裴頲《はいてい》(裴璆の父)らに冬時服を届けるため弁官史生が派遣されている。正月から三月は暦の上では春であるが、寒い時期であり冬服の賜与が恒例であったのだろう。

その時服使を京から穴太駅家まで護送したのが、検非違使の右衛門府生国造恒世である。[17] 寛平六年(八九四)十一月には、検非違使に毎旬大井・淀渡・山崎・大津などの非違を巡察させる宣旨が出されており、検非違使の活動範囲は近京の地にも広がっていた。[18] 国造恒世は、延喜十六年(九一六)七月三日付罪状や延喜十八年六月二十日牒状(延喜二十年十月二日条所引)の発給者「左衛門府生」「国恒世」[19]と同一人物であろう。

穴太駅家の場所は明らかでないが、広域な穴太遺跡に存在していてもおかしくはない。この史料から検非違使の護送が穴太駅家までと理解できるため、穴太の地が境界としての性格を有していたことがわかる。

(3) 帯金具の用途

史料2は渤海使の穴太駅家の利用を直接的に示すものではないが、渤海使が馬で入京したことは、平城京での出迎えに新羅王子金泰廉が馬上で答謝したのに対し、渤海使は下馬して再拝舞踏したという史料[20]や、延喜八年(九〇八)の渤海使入京に際して、寛平六年(八九四)の例に准じて公卿から私馬を献上させた史料[21]からも明らかである。寛平六年や延喜八年の渤海使は伯耆国(鳥取県の西側)から山陰道で入京したとみられるが、敦賀から入京するなら、穴太駅家を利用したであろう。

また、次の史料には、渤海使裴璆が敦賀から山科を経て馬で平安京に入る様子が記されている。

〔史料3〕『勧修寺縁起』[22]

（前略）この寺いまだ造はじめざりけるとき、渤海国の使裴裘といふ人、この国にわたれりけるが、越州つるがの津につきて、山科をめくりて羅城門へゆくとて、南山のかけ道を通りけるが、馬よりおりて、北にむかひて拝してとをりけるを、人その心をしらず、あやしびて問ければ、渤海客申けるは、「この所にちかく、伽藍出き侍べし、地形亀の甲のごとし。仏法の命長久にして、貴人たゆべからず。このゆへに拝する也」とぞ申ける。はたして寺となりて後、聖主御願堂をたてさせ給て、五大明王を安置せらる。是鎮護国家のため也（下略）。

すなわち、裴裘（裴璆）が越前敦賀津から山科を経て平安京羅城門に向かう途中で、「南山のかけ道」（険しい道）を通った際に下馬して北に向かって拝礼したので、その理由を尋ねたところ、「この付近に寺を建てるべきだ、地形は亀の甲羅のように盛り上がっているので、仏法が長らく栄え、貴人の訪れは絶えることがないだろう。だから拝礼したのである」と答えた。それが勧修寺であり、時の醍醐天皇は御願堂を建立して五大明王を安置したという。勧修寺は勧修寺流藤原氏の祖となる高藤を父に持つ胤子が、わが子醍醐天皇を誓護する寺として、外祖父山科国宇治郡大領宮道弥益の邸宅跡に建立した真言宗の寺院である。延喜五年（九〇五）九月に定額寺とされた。[23]

『勧修寺縁起』（『高藤公絵詞』とも）は、永正三年（一五〇六）、藤原宣秀書写の奥書が残されているが、著者や成立時期は不明である。[24] 勧修寺の創建説話に渤海使裴璆が登場する理由は定かでないが、裴璆が醍醐天皇の延喜年間に二度来日したためであろう。裴璆の一度目の来日にあたる延喜八年（九〇八）は、前述の通り伯耆国からの入京であるため、『勧修寺縁起』にみえる山科からの入京は、越前敦賀から北陸道を経て入京した延喜二十年（史料1・2と同時期）のことになる。

また、加賀国から渤海使が入京する際には、山科に郊労使が出迎えている。[25]『延喜大蔵式』蕃客来朝条には、

凡蕃客来朝者、官人史生各一人率二蔵部等一、向二郊労処一供二設幄幔一。

とあり、大蔵官人により「郊労処」が設置されており、裴璆たちも山科で郊労されたであろう。山科には山科駅があったが、延暦二十三年(八〇四)六月に廃止されている(『日本後紀』)。平安遷都に伴い、京に近い山科駅は不要となったとみられる。穴太から逢坂山を越えた先に広がる山科の地に駅家や郊労処が設置されたように、穴太↓逢坂山↓山科は畿内に入る境界地帯であった。[26] これを踏まえて、次に帯金具の用途を考えたい。

穴太遺跡からの帯金具発見の新聞報道で、小嶋芳孝氏は、

渤海使に伴って疫病が都に入るのを人々は恐れ、来着から都に入るまでの経路である穴太遺跡で疫神を祓う祭祀が行われたと推定できる。

とコメントしているように、穴太遺跡の帯金具が出土した流路跡からは、「急々如律令」と書かれた木簡が出土しており、境界祭祀に用いられた可能性は高い。そこで、『延喜式』にみえる境界祭祀の条文として次の二つを挙げたい。

〔史料4〕『延喜臨時祭式』畿内疫神祭条　〈 〉は割書。以下同

畿内堺十処疫神祭〈山城与近江堺一、山城与丹波堺二、山城与摂津堺三、山城与河内堺四、山城与大和堺五、山城与伊賀堺六、大和与伊賀堺七、大和与紀伊堺八、和泉与紀伊堺九、摂津与播磨堺十〉。

堺別五色薄絁各四尺、倭文四尺、木綿、麻各一斤二両、庸布二段、金・鉄人像各一枚、鍬四口、牛皮、熊皮、鹿皮、猪皮各一張、稲四束、米、酒各一斗、鰒、堅魚、海藻、滑海藻各四斤、雑海菜四斤、腊五升、塩五升、水盆一口、坏二口、匏一柄、槲四把、薦一枚、藁一圍、輿篭一脚、杓一枝、擔夫二人〈京職差レ揺充之〉。

〔史料5〕『延喜臨時祭式』蕃客送祭条

蕃客送堺神祭

五色薄絁各四尺、倭文二尺、木綿、麻各二斤、庸布四段、鍬四口、牛皮、熊皮、鹿皮、猪皮各二張、酒二斗、米

四升、鰒、堅魚各二斤、海藻四斤、腊八斤、塩四升、稲十二束、水盆二口、坏四口、匏二柄、薦二枚、藁四圍、槲八把〈已上祭料〉。木綿四両、麻一斤、酒六升、米四升、鰒、堅魚各一斤、雑海菜二斤、腊一斤、塩一升、水盆、坏各二口、匏一柄、食薦二枚、槲十把、葦篭一口、杒一枝、夫二人〈已上祓料〉。

右蕃客入朝、迎二畿内堺一、祭三却送神一。其客徒等、比レ至二京城一、給二祓麻一、令レ除乃入。

史料4は、畿内堺で疫神を祭却する(祭り退ける)祭祀であり、割書のとおり山城と近江の境界でも行われた。『類聚三代格』巻十九・禁制事・寛平七年十二月三日太政官符「応レ禁三止五位以上及孫王輙出二畿内一事」には、

(前略)但山城国内東至二会坂関一、南至二山埼・与渡・泉河等北涯一、西至二摂津・丹波等国堺一、北至二大兄山南面一、不レ在二制限一(下略)。

とあり、山城国の東の境界を逢坂関(逢坂山)としている。

史料5は、蕃客を畿内堺に迎えるにあたり、蕃客を送ってきた外来の神を祭却する祭祀である。これに続く障神祭条では、客の入京の二日前に京城四隅で障神祭を行うよう規定されている。いずれの料物にも帯金具はなく、銙帯が祭祀に使用された例は見当たらないが、史料4には「金・鉄人像各一枚」があり、銅製の人形は藤原京や平城京、明日香村の石神遺跡などからも出土している[27]。人形は一枚ずつで、表1の帯金具も一点のみの出土であることと共通する。そこで本稿では、これらの帯金具が境界祭祀の祭料として使用されたと想定し、今後の発掘調査に期待したい。

3　東国と渤海使

渤海使が鳥羽遺跡のある上野国を通過したという史料は確認できない。天平二年(七三〇)十月には、帰国した送渤海使引田虫麻呂らが献上した渤海王の信物が諸国名神社に奉納されているから(『続日本紀』)、上野国の神社にも渤海

国の信物が届いたかもしれない。しかし、帯金具が国信物でないことはすでにみたとおりである。そこで、以下では上野国に限定せず、渤海使の東国(東山道や東海道)往来の可能性を検討したい。

(1) 逓送される渤海使

『延喜玄蕃式』諸蕃使人条では、外国使節の入京について次のように規定する。

- 都から派遣された領客使が外国使節の荷物の量などをもとに、入京路次の国郡に駄馬や役夫を差配させて使節を逓送(順送り)する。
- 逓送にあたっては、国ごとに国司一人が責任者となり、外国使節が国境を超える際には人夫に護送させる。
- 道中や宿所での外国使節との不必要な接触は避ける。(28)
- 入京に必要ない「自余雑物」は外国使節の滞在地の倉庫に留め、帰国の際に与える。

領客使は「在路の雑事」を担当するため二名が任命され、「記録及公文事」を担当する随使一人が同行した(『延喜治部式』蕃客条)。領客使が来着国や路次国の国司(介や掾)を兼ねる事例がみられるのは、(29)国司となることで直接逓送を差配できるためであろう。

外国使節の逓送の類例として、天平十年「周防国正税帳」(『大日本古文書』二―一三三)に次のようにある。

廿一日向京〈耽羅嶋人廿一人、四日食稲卅三束六把、酒六斗七升二合、塩一升六合八勺〉
部領使〈長門国豊浦郡擬大領正八位下額田部直広麻呂、将従一人、合二人、往来八日、食稲五束六把、酒八升、塩三合二勺〉。

これによれば、天平十年(七三八)十月二十一日に耽羅島人二十一人が周防国を通過している。国史に耽羅使の来日記事はないため、森公章氏は長門国に漂着した耽羅嶋人が特別に入京を許されたのではないかとする。(30)部領使として長門国豊浦郡司が耽羅嶋人を引率しているが、外国使節の場合は領客使がこれに該当すると思われる。

また、『日本三代実録』元慶七年(八八三)正月二十六日癸巳条には、

令下二山城・近江・越前・加賀等国一、修二理官舎道橋一、埋中瘞路辺死骸上。以二渤海客可一レ入レ京也。下二知越前・能登・越中国一、送二酒宍魚鳥蒜等物於加賀国一、為レ労二饗渤海客一也。


とあり、前年十一月に来日した渤海使裴頲らの入京に際して、山城・近江・越前・加賀国には官舎・道橋の修理と路辺の死骸の埋葬を、越前・能登・越中国には酒や食料を加賀国に送るよう命じており、北陸道での陸路入京が明らかになる。また、加賀国滞在の渤海使を支援するのが越中以西の北陸道諸国で、越後国が含まれない点は注目される。

このように、加賀国に滞在する渤海使は、滞在中の食料などを近隣の越前・能登・越中より支給され、国郡の逓送により越前・近江を経て入京した。それでは、出羽国に来着した渤海使についてはどうであろうか。

(2) 出羽国来着の渤海使

出羽国への来着・安置が確認できる渤海使は、①神亀四年、②天平十一年、③天平十八年、④宝亀二年、⑤宝亀十年、⑥延暦五年、⑦延暦十四年である(文末付表)。ここでは、

(A)出羽国の東山道移管前後(①②)
(B)大規模使節団(③④⑤)
(C)越後国の支援(⑥⑦)

という三グループに分けて検討したい。

まず(A)についてみていきたい。出羽国は和銅五年(七一二)九月に越後国から分立した。『延喜式』では東山道に所属するが、八世紀前半に北陸道から東山道に移管されている。移管の時期を、出羽国が陸奥按察使の管下に置かれ、

陸奥・出羽の統一的な支配体制が図られた養老五年(七二一)後半頃とする説[31]もあれば、天平十年(七三八)頃から翌年五月二十五日の間とする説[32]もある。後者の根拠のひとつである天平四年(七三二)度「越前国郡稲帳」(『大日本古文書』一—四六一)には、出羽国から平城京に向かう貢馬が越前国で供給されている。したがって、これ以前の①神亀四年(七二七)の渤海使も同様に出羽国から北陸道で入京した可能性がある。

もとより、六世紀に到来した最初の高句麗使は、越国に来着し、琵琶湖北岸を経て山背相楽館に入っている[33]。相楽郡にある高麗寺は七世紀に創建され、この地に多く居住した高句麗系渡来人の拠点とされる[34]。渤海を高句麗の継承国とみなす日本が、国交開始当初から北陸道を渤海使の入京路と意識していてもおかしくはない。送渤海使の帰着地や渤海使の出航地は当初から北陸であり(文末付表)、ここでは、出羽国が東山道に移管された前後の①②の渤海使は北陸道での入京とみておきたい[35]。

次に(B)は大規模使節団である。③が一一〇〇人、④が三二五人、⑤が三五九人で、このような大規模使節の来着は出羽国のみにみられる。③⑤は渤海人と鉄利人で構成され、天皇の徳を慕って来日する「慕化来朝」として食料・衣服などを支給されて帰国した。⑤には数回入朝し、従五位下の位階をもつ渤海人通事高説昌が含まれているため、旧稿では、大人数の来着は公的使節と交易使節が一体化したもので、入京した④も同様の性格であるとした[36]。

加えて、北陸に滞在した渤海使も交易使節団と切り離された公的使節の可能性もあるだろう。秋田城跡からは、「客人」や「客厨」と書かれた九世紀前半のものとされる墨書土器が発見され、渤海使との関係も想定される[37]。すなわち、国史に記録される来着地以前の出羽国での北方交易の足跡も考慮すべきであろう。

(3) 常陸国への安置

④の宝亀二年(七七一)の渤海使壱万福ら三二五人は、六月に船十七隻で「出羽国賊地野代湊」に来着し、常陸国に

安置された。常陸国への安置は他に見えず、太平洋岸の国への安置も他にない。十月に壱万福ら四十人の入京が決まり、十二月に入京する(『続日本紀』)。ただし、宝亀八年(七七七)には、入京する三十人とは別に海岸に分留された十六人がいたから、[38]④でも、常陸国に向かったのは入京予定の四十人のみで、他は来着地付近に滞在するか、その場から帰国したのであろう。前述のように交易使節団と一体であれば、交易使節は常陸に入らなかったであろう。

常陸国への安置の理由について、先行研究は「賊地」への来着を踏まえて、渤海使が蝦夷と接触することを避けたためとする。[39]だがそれでは、なぜ常陸国であるのか明らかではない。これについては、常陸国が東山道に接しているため、[40]陸奥国桃生城、出羽国雄勝柵などの配置を軸に東北経営の前線が北進し、東国(東山道)と出羽国との交通路が整備されているためなどの言及がある。[41]しかし、延暦年間には出羽来着の渤海使が越後国に移動しているから(⑥⑦)、なぜ越後国ではなく常陸国であったのかを考える必要がある。

そこで、二年後の宝亀四年(七七三)六月に来日した渤海使烏須弗らへの対応をみておきたい。烏須弗らは、持参した表函が無礼であるとして来着地の能登国から帰国させられるが、その際には、

渤海使取㆓此道㆒来朝者、承前禁断。自㆑今以後、宜㆘依㆓旧例㆒、従㆓筑紫道㆒来朝㆖。

と、今後は「筑紫道」から来朝するよう伝えられる(『続日本紀』)。宝亀八年の渤海使史都蒙らは、これを守って対馬の竹室津を目指したが、漂着して越前国加賀郡に安置された。この時、「古例に依りて大宰府に向かうべし。北路を取りて来ること得ざれ」[42]と宝亀四年の太政官処分の内容が確認されているため、宝亀四年に示された「此道」は「北路」すなわち北陸に来着する航路となる。

これを踏まえれば、宝亀二年の常陸国安置も、渤海使の北陸道での入京を避けようとしたものと考えられる。旧稿ではその理由を、藤原良継が内臣に就任する宝亀二年三月から、良継死去の宝亀八年九月までの藤原式家体制(式家主導体制)における外交政策と考えた。[43]藤原仲麻呂政権が推進した北陸中心の渤海外交を改め、式家の祖藤原宇合に

縁のある常陸国と大宰府を重視して、外国使節の来着地を大宰府に一本化しようと試みたのである。

式家と大宰府の関係をみれば、藤原宇合が西海道節度使や大宰帥を歴任し、西海道を防備する警固式を作成している。宇合の長男で大宰少弐の広嗣は宇合没後に反乱を起こすが、広嗣軍は豊前国諸郡の兵が中心で、大隅国や薩摩国の兵士も加わっていた。木本好信氏は、宇合が大宰府官人や西海道諸国の国郡司、豪族らと信頼関係を築いてきたことが強く影響したとする。(44)

表3からも明らかなように、宇合の子のうち、宿奈麻呂（のちの良継）、百川、蔵下麻呂は宝亀年間の式家が台頭・主導する時期に大宰帥となる。また、宝亀初年に大宰帥であった石上宅嗣は藤原良継の弔使を務め、藤原式家と石上氏との政治協力も指摘される。(45) 藤原良継が藤原仲麻呂と対立していたことは良継の薨伝からも明らかで、(46) 渤海使の大宰府入航は、仲麻呂の渤海外交からの転換と考えたい。

表3　八世紀後半の大宰帥（網掛けは式家関係）

石川年足（天平勝宝5—天平宝字元）	石上宅嗣（宝亀元—2）
船王（天平宝字元—4）	藤原百川［式］（宝亀2）
藤原真楯［北］（天平宝字4—6）	藤原蔵下麻呂［式］（宝亀2—6）
藤原恵美真光［南］（天平宝字6—8）	藤原魚名［北］（宝亀8—10、天応元—延暦2）
藤原宿奈麻呂［式］（天平宝字8・宝亀元）	藤原浜成［京］（天応元）
石川豊成（天平神護元—?）	藤原継縄［南］（延暦4）
弓削浄人（神護景雲2—宝亀元）	佐伯今毛人（延暦5—9）

一方で、式家と常陸国の関係については、常陸守宇合が『常陸国風土記』の編者に比定されるものの、宇合の子で常陸国司に任じられた者は見当たらない。わずかに宇合の孫の菅継は、(47) 宝亀五年九月から宝亀八年正月まで常陸介を務めているものの、式家体制が常

陸国を重視した根拠としては十分でない。しかし、北陸道での入京を禁じたのであれば、出羽国から東山・東海道の入口となる常陸国が選ばれるのは妥当である。

⑤の宝亀十年(七七九)九月には、出羽国の渤海人と鉄利人に、常陸調絁・相模庸綿・陸奥税布の供給が命じられており(『続日本紀』)、出羽国滞在の一行の支援を東国が担っている。この背景には、東北経営における陸奥出羽と東国との交通路の整備があるだろう。

なお、常陸国からの入京路の特定は困難である。入京が決定する宝亀二年十月丙寅(十四日)の直後、十月己卯(二十七日)には、武蔵国の所属が東山道から東海道に変更された。そのため、東海道に所属する常陸国を出発した渤海使も、武蔵国を通過した可能性はある。

だが、古代の交通路には、目的地への最短ルートを採る「直行の道」と、巡察使の巡行や下達文書の諸国逓送などに利用される「巡行・逓送の道」があり、両者が使い分けられていた(48)。もし、最短ルートの「直行の道」を採れば、常陸国と下野国の連絡路を使用して(49)、常陸国→下野国→上野国と東山道を取るから、上野国の鳥羽遺跡を通過するが(50)、武蔵国は通過しない。

一方、『万葉集』巻二〇―四三七二番歌では、常陸国の防人が相模国足柄峠を通り、東山道美濃国の不破関を越えて筑紫に向かっている。川尻秋生氏は、文学作品を含む多くの事例から「武蔵→相模→駿河→遠江→三河→尾張→美濃→近江→都」というルートを「東日本の幹線路」と呼び、制度上の東山道・東海道とは異なる交通の実態を指摘する(51)。渤海使も国郡の逓送により入京するから、「東日本の幹線路」を使用した可能性もあり、そうであれば、上野国でなく武蔵国を通過したことになる。その場合は、高句麗系渡来人を集めて建郡した武蔵国高麗郡との関わりが課題となろう。

(4) 越後・信濃と渤海使

最後に(C)グループについて検討したい。⑥は越後国から船や漕ぎ手の提供を受け、⑦は越後国に安置されており[52]、越後国からの支援を受けている点で共通する。越後国は北陸道に所属するとはいえ、前述のとおり、加賀国の渤海使に食料などを支給する周辺国には含まれていなかった。すなわち、越後国からの入京路は北陸道に限定する必要はない。そこで、越後国に隣接する信濃国に注目したい。

長野県岡谷市のコウモリ塚古墳からは、馬具とともに銅製の帯金具が複数出土している。山本孝文氏は、これらの帯金具を馬具の飾金具とみるのではなく、その源流を渤海の花弁形装飾帯金具に見出そうとしている[53]。出土した帯金具は、表1に示した帯金具と共通する巡方・花文ではないが、もし、この古墳出土の帯金具が渤海製ならば、渤海使と信濃国との関係も検討しなければならない。

そこで、次の漢詩を取り上げたい。

〔史料6〕『凌雲集』左大史正六位上兼行伊勢権大掾坂上忌寸今継[54]

渉㆓信濃坂㆒
積石千重峻　危途九折分　人迷辺地雪　馬躡半天雲
岩冷花難㆑笑　渓深景易㆑曛　郷関何処在　客思転紛紛

この詩は作者の坂上今継が「信濃坂」を過ぎる思いを詠んだもので、険しく危険な山坂を雪のなか進む情景に、最後の二句で「故郷(「郷関」)はどこにあるのだろうか、旅愁(「客思」)がつのり心は乱れる」と結ぶ。

信濃坂は記紀のヤマトタケルの東征伝承にもみえ、東山道の難所で美濃国と信濃国の境にある神坂峠とされる。坂上今継は『日本後紀』の撰者のひとりで、弘仁七年(八一六)には少外記、弘仁十二年(八二一)からは大外記を務めた[55]。また、弘仁五年(八一四)九月に渤海使王孝廉らが出雲に来日した際の領客使でもあった[56]。

『凌雲集』には、延暦元年(七八二)から弘仁五年までの詩が収録されている。しかし、この詩が、弘仁五年の渤海使来日時のものでないのは、出雲に向かうのに信濃坂を通らないことからも明らかである。今継の国司の経歴は、史料６にある伊勢権大掾以外は不明だが、信濃国を通過するのは、ほとんどが公使で国司ではないため、(57)今継も公使として信濃坂を越えたと考えられる。

『日本後紀』の序文には「従五位下勲七等行大外記紀伝博士坂上忌寸今継」と記されるように、今継は勲位を有していた。また、『清水寺縁起』収録の弘仁二年十月十七日太政官符にも「右大史正六位上勲七等坂上忌寸今継」の署名がみえるから、(58)今継の勲位は弘仁二年十月に遡る。

渤海使の迎接で勲位を与えられた事例は明らかでなく、今継の勲位が渤海使の迎接に拠るとは断定できない。むしろ、同年(弘仁二年)五月に薨じた同族の田村麻呂との関連とみるべきなのかもしれない。しかし、もし渤海使を迎えるために信濃坂を越えたのであれば、北上して越後国に向かった可能性や、上野国を経て出羽国に向かった可能性がある。文末付表のとおり、大同四年(八〇九)や弘仁元年(八一〇)の来着地は明らかでなく、これら渤海使の迎接使(存問使や領客使、その隋使、史料２のような時服使)であったかもしれない。

また、田島公氏は『万葉集』に「科坂在(しなざかる)」の語が「越」にかかる枕詞として使用されていることから、(59)「しなざかる越」には「科野」より遠ざかって「越」(越後)に至るという意味と、越後に入るには「科坂」のあるルートを「越えた」という二重の意味があるとする。(60)今継の目的地が越後であれば、⑥⑦の渤海使への迎接のために派遣されたと想定できる。

さらに、十一世紀初めの越後守橘為仲の下向・上京ルートを分析した川尻秋生氏は、晩秋から晩春の間は、東山道の神坂越えよりも、陸路は雪が深く、海路は海が荒れる北陸道の方が困難であったと指摘する。(61)このように、越後国に滞在する渤海使に対しては、北陸道のほか東山道の使用も考えられよう。

おわりに

本稿では、北陸道に位置する大津市の穴太遺跡、金沢市の畝田ナベタ遺跡、東山道に位置する前橋市の鳥羽遺跡から渤海製とされる帯金具が出土したことに注目して、渤海使の入京路を検討した。そして、北陸道で発見された花文帯金具は、来日した渤海使が身に着けていたり、迎接官人に個人的に贈られたりしたものが境界祭祀の料物として使用されたと推測した。

一方、鳥羽遺跡のある上野国と渤海使との接点を求めて、出羽国来着の渤海使のうち、宝亀二年に常陸国に安置された事例を分析した。路次国郡の逓送により入京する渤海使が必ずしも「直行の道」を選択したとは断定できないが、常陸国↓下野国↓上野国という東山道で入京すれば、鳥羽遺跡を通過した可能性もある。ただし、「巡行・逓送の道」として、武蔵国や相模国などを通過し、美濃の不破関を経て入京する「東日本の幹線路」を使用したとも考えられる。

また、長野県岡谷市のコウモリ塚古墳出土の帯金具が渤海にルーツをもつとされるため、信濃国にも注目した。九世紀初めに坂上今継が信濃坂を渉る漢詩を詠んでいるが、『万葉集』の「科坂在(しなざかる)越」という表現からは、信濃の峠を越えて向かう先は越後国であり、今継が越後国に滞在する渤海使に派遣されたと考えることもできる。

このように、渤海使の出羽国来着事例がみえる八世紀だけでなく、『凌雲集』収録の詩が作られた弘仁五年(八一四)頃までは、渤海使をめぐる東国の往来があったという前提で議論するべきであろう。これらを裏付ける関連史料や遺物の発見に期待したい。

なお、九世紀に入ると自然災害が東国を襲う。延暦二十一年(八〇二)には富士山の噴火により足柄路が埋没し、代わりに箱根路が開通する。(62) また、弘仁九年(八一八)七月の地震は、相模・武蔵・下総・常陸・上野・下野の広域に甚大な被害を及ぼした(『類聚国史』巻一七一)。渤海使の北陸道での入京が定着する背景に、自然災害による東国交通網の被害がどの程度想定できるのかは課題である。

最後に、穴太遺跡のものと類似の帯金具が韓国・済州島から出土している点も無視できない。これについては、渤海使の耽羅来着の可能性よりも、渤海の交易活動の拡大と捉えるべきであり、別の機会に検討したい。

〔付記〕本研究はJSPS科研費JP23H00015の助成を受けたものである。

註

(1) 十月三十一日の主要新聞の滋賀県版などに記事がある。
(2) 小嶋氏は穴太遺跡の帯金具を渤海製とする(『横浜ユーラシア文化館紀要』十二、二〇二四年)。
(3) 綿貫邦男「まとめ」(『鳥羽遺跡L・M・N・O区』本文編、群馬県教育委員会、一九九〇年)。
(4) 田中広明「渤海からの帯金具」(須田勉編『日本古代考古学論集』同成社、二〇一六年)。
(5) 伊藤玄三「渤海時代の銙帯金具」(『法政大学文学部紀要』四二、一九九六年)、小嶋芳孝「契丹(遼)・渤海資料との比較検討」(『金沢市畝田東遺跡群Ⅵ』石川県教育委員会、二〇〇六年)。
(6) 小嶋芳孝前掲註(5)論文。
(7) 銙帯を律令位階制の視点から検討した諸論考は、『銙帯をめぐる諸問題』(奈良文化財研究所、二〇〇二年)に収録されている。
(8) 石見清裕「唐朝外交における私覿について」(鈴木靖民編『日本古代の王権と東アジア』吉川弘文館、二〇一二年)によれば、私覿とは使者が公的儀礼を離れ、個人的(非公式)に相手国の君主や臣下と面会・交誼したり、物品を贈ったりする行為であるという。
(9) 『金沢市畝田東遺跡群Ⅲ』(石川県教育委員会、二〇〇六年)。
(10) 松原弘宣「水陸両交通の構造—越前国を中心にして—」(『日本古代の交通と情報伝達』汲古書院、二〇〇九年、初出は二〇〇五年）、小嶋芳孝「加賀における渤海使船来着地の検討」（『古代環日本海地域の交流史』同成社、二〇二三年、初出は二〇〇八年）。

(11) 小嶋芳孝前掲註(10)論文。

(12) 『金沢市畝田東遺跡群Ⅵ』（石川県教育委員会、二〇〇六年）。

(13) 『企画展発掘された大津の歴史』（大津市歴史博物館、二〇二三年）。

(14) 高田義人「『朝野群載』写本系統についての試論—慶長写本・東山御文庫本・三条西本・葉室本を中心として—」（『書陵部紀要』五四、二〇〇二年）。

(15) 『扶桑略記』延喜二十年三月二十二日条に「遣二官使於越前国一、賜二渤海客時服一」とある。

(16) 『続日本紀』神亀四年九月庚寅（二十一日）条に「渤海郡使首領高斉徳等八人、来二着出羽国一。遣レ使存問、兼賜二時服一」とある。

(17) 検非違使が衛門府官人から補任されたことは、森田悌「検非違使について」（『日本古代官司制度史研究序説』現代創造社、一九六七年）、大饗亮「検非違使の成立」（『律令制下の司法と警察』大学教育社、一九七九年）、笹山晴生「検非違使の成立」（『平安初期の王権と文化』吉川弘文館、二〇一六年、初出は二〇〇四年）などに詳しい。

(18) 『政事要略』巻六十一・糺弾雑事（検非違使）、上横手雅敬「平安中期の警察制度」（竹内理三博士還暦記念会編『律令国家と貴族社会』吉川弘文館、一九六九年）。

(19) 『政事要略』巻八十一・糺弾雑事・断罪。

(20) 『続日本紀』宝亀十年四月辛卯（二十一日）条。

(21) 『扶桑略記』延喜八年四月二十六日条。

(22) 『勧修寺縁起』のテキストは、以下の諸本をもとに校訂した。

宮内庁書陵部蔵伏見宮家旧蔵写本「高藤公説話」・大日本仏教全書「勧修寺縁起」・国文東方仏教叢書「勧修寺縁起」・古典文庫中世神仏説話続「高藤公絵詞」・群書類従「勧修寺縁起」

(23) 『類聚三代格』巻二・年分度者事・延喜五年九月二十一日太政官符、「勧修寺旧記」（『続群書類従』巻二十七輯上）。

(24) 近藤喜博校『中世神仏説話 続』（古典文庫、一九五五年）、『大日本仏教全書』第九十九巻解題三（鈴木学術財団、一九七三年)、『群書解題』第七巻・釈家部(続群書類従完成会、一九八二年)。

(25)『日本三代実録』貞観十四年五月十五日、元慶七年四月二十八日条。酒寄雅志『渤海と日本』(吉川弘文館、二〇一四年、八六―八八頁)も参照のこと。

(26)逢坂山は、『日本書紀』大化二年(六四六)正月甲子朔条の改新詔にも「北自二近江狭々波合坂山一以来、為二畿内国一」とあり、古くから近江と畿内との境であった。「相坂剗」は延暦十四年(七九五)八月に廃止されたが(『日本紀略』)、天安元年(八五七)四月に近江の相坂・大石・龍花に関が置かれた(『日本文徳天皇実録』)。

(27)小池伸彦「銅人形の新例について」(『奈良文化財研究所紀要』二〇〇四年)。

(28)この部分は唐の主客式とほぼ同文である。唐制については、石見清裕「交雑の禁止―朝貢使節の入京途上規定―」(『唐の北方問題と国際秩序』汲古書院、一九九八年、初出は一九九六年)を参照のこと。

(29)天長二年には領客使布留高庭が出雲国介を仮授され(『類聚国史』巻一九四・天長二年十二月乙巳条)、貞観三年の領客使藤原春景は但馬権介を、葛井善宗は因幡権掾を仮授されている(『日本三代実録』貞観三年正月廿八日癸卯条)。

(30)森公章「耽羅方脯考―八世紀、日本と耽羅の「通交」―」(『古代日本の対外認識と通交』吉川弘文館、一九九八年)。

(31)永田英明「出羽国の東山道移管と陸奥按察使」(『日本歴史』八一一、二〇一五年)。

(32)中村太一「奥羽における駅路体系とその変遷」(『日本古代の都城と交通』八木書店、二〇二〇年、初出は二〇〇二年)。

(33)『日本書紀』欽明三十一年四月乙酉(二日)、五月、七月壬子朔条。

(34)中島正「高句麗遺民の痕跡」(『古代寺院造営の考古学』同成社、二〇一七年)。

(35)市大樹「外国使節の来朝と駅家」(『日本古代の宮都と交通』塙書房、二〇二四年、初出は二〇二二年)でも、出羽来着の渤海使の入京は北陸道を使うとしている。

(36)浜田久美子「渤海使と出羽国」(『日本古代の外交と礼制』吉川弘文館、二〇二二年、初出は二〇一七年)。

(37)酒寄雅志「渤海史研究の成果と課題」(『渤海と古代の日本』校倉書房、二〇〇一年)。

(38)『続日本紀』宝亀八年二月壬寅(二十日)条。

(39)沼田頼輔『日満の古代国交』(明治書院、一九三三年、七七頁)、鳥山喜一著・船木勝馬編『渤海史上の諸問題』(風間書房、一九六八年、二五三頁)、石井正敏「大宰府の外交機能と外交文書」(『日本渤海関係史の研究』吉川弘文館、二〇〇一年、

初出は一九七〇年)、上田雄『渤海使の研究―日本海を渡った使節たちの軌跡』(明石書店、二〇〇二年、三一九頁)。なお、新妻利久『渤海国史及び日本との国交史の研究』(東京電機大学出版局、一九六九年、一九六頁)は、蝦夷と渤海使が共謀して北方で事を起こすまでを想定するが、石井論文は疑問視する。

(40) 新日本古典文学大系『続日本紀』四(岩波書店、一九九五年、森田悌執筆の脚注)。

(41) 藤井一二『天平の渤海交流―もうひとつの遣唐使』(塙書房、二〇一〇年、一三〇―一三一頁)。

(42) 『続日本紀』宝亀八年正月癸酉(二十日)条。

(43) 浜田久美子「日本渤海関係史―宝亀年間の北路来朝問題への展望」(荒野泰典・川越泰博・鈴木靖民・村井章介編『前近代の日本と東アジア―石井正敏の歴史学―』アジア遊学二一四、二〇一七年)。

(44) 木本好信『藤原四子』(ミネルヴァ書房、二〇一三年、一九六頁)。

(45) 木本好信「藤原式家と石上氏」(『奈良時代の藤原氏と諸氏族―石川氏と石上氏―』おうふう、二〇〇四年)。

(46) 『続日本紀』宝亀八年九月丙寅(十八日)条。

(47) 『尊卑分脈』は菅継を綱手の子で母を秦朝元の女とする。綱手は広嗣の兄弟で広嗣と共に挙兵し、捕えられて殺された。

(48) 市大樹「律令制下の交通制度」(舘野和巳・出田和久編『日本古代の交通・交流・情報一―制度と実態』吉川弘文館、二〇一六年)。

(49) 『万葉集註釈』巻二所引「常陸国風土記」の逸文に「新治郡駅家、名曰大神」とあり、大神駅が常陸国と下野国を結ぶ駅路とされる。

(50) 上野国府想定地の前橋市元総社町から一直線に伸びる「国府ルート」として、鳥羽遺跡から高崎市寺ノ内遺跡に至る七キロの道路遺構が確認されている(池上悟「東国における古代道路―東山道を中心として―」『立正大学人文科学研究所年報』別冊十六、二〇〇六年)。

(51) 川尻秋生「古代東国における交通の特質―東海道・東山道利用の実態―」(『古代交通研究』一一、二〇〇二年)。

(52) 『続日本紀』延暦六年二月甲戌(十九日)、『類聚国史』巻一九三・延暦十四年十一月丙申(三日)条。

(53) 山本孝文「渤海の帯金具から見た信濃と大陸の交渉―岡谷市コウモリ塚古墳出土帯金具の来歴―」(『長野県考古学会誌』一五七、二〇一九年)。

(54) 凌雲集のテキストには、小島憲之『国風暗黒時代の文学』中(中)(塙書房、一九七九年)を使用した。
(55) 笠井純一「『日本後紀』の第一次撰者と大外記坂上今継」(『続日本紀研究』二七九、一九九二年)。
(56) 『文華秀麗集』巻上に渤海使王孝廉の「和二坂領客対レ月思レ郷見レ贈之作一」があり、今継の「和二渤海大使見レ寄之作一」もみえる。浜田久美子「弘仁六年の渤海使」(『日本古代の外交儀礼と渤海』同成社、二〇一一年、初出は二〇〇六年)。
(57) 川尻秋生前掲註(51)論文。
(58) 「清水寺縁起」は『続群書類従』二六輯下・釈家部や『大日本仏教全書』八三・寺誌部一に収録される。井上光貞「清水寺縁起」(『群書解題』七)では室町時代頃の成立とする。また、成簣堂文庫本「田邑伝記」(『青森県史』資料編・古代1、二〇〇一年)にも弘仁二年十月十七日官符が収録されている。
(59) 『万葉集』巻一九―四一五四・四二五〇の大伴家持の歌など。
(60) 田島公「シナノのクニから科野国へ」(長野市誌編さん委員会編『長野市誌』第二巻・歴史編・原始・古代・中世、二〇〇〇年)。
(61) 川尻秋生「山道と海路―信濃国・越後国・会津郡と日本海交通―」(鈴木靖民・吉村武彦・加藤友康編『古代山国の交通と社会』八木書店、二〇一三年)。
(62) 『日本紀略』延暦二十一年正月乙丑(八日)、五月甲戌(十九日)条。

【付表】渤海使の来着国と安置国（網掛けは入京していない渤海使）①～⑦は出羽来着事例（本文参照）

	来着年月	来着国（安置国）	渤海使	備考
1	神亀4(727)9	①蝦夷境→出羽国	高斉徳ら 8 人	送渤海使は帰国後越前加賀郡で供給
2	天平11(739)7	②出羽国	己珎蒙ら	
3	天平18(746)	③（出羽国）	渤海・鉄利人 約 1100 人	
4	天平勝宝4(752)9	越後国佐渡嶋	慕施蒙ら 75 人	
5	天平宝字2(758)9	（越前国）	楊承慶ら 23 人	
6	天平宝字3(759)10	対馬漂着（大宰府）	高南申ら	
7	天平宝字6(762)10	（越前国加賀郡）	王新福ら 23 人	送使板振鎌束は帰国時に隠岐国に漂着
8	宝亀2(771)6	④出羽国賊地野代湊 （常陸国）	壱万福ら 325 人	送使とともに出航後能登国に漂着、福良津に安置
9	宝亀4(773)6	能登国	烏須弗ら 40 人	
10	宝亀7(776)12	（越前国加賀郡）	史都蒙ら 46 人	
11	宝亀9(778)9	越前国坂井郡三国湊 （便処）	張仙寿ら	
12	宝亀10(779)9	⑤（出羽国）	渤海・鉄利人 約 359 人	
13	延暦5(786)9	⑥出羽国	李元泰ら 65 人	越後国から船や舵師らを派遣
14	延暦14(795)11	⑦夷地志理波村→ 出羽国（越後国）	呂定琳ら 68 人	
15	延暦17(798)12	隠岐国智夫郡	大昌泰ら	
16	大同4(809)10		高南容ら	越前国に留まった首領高多仏を越中国に安置
17	弘仁元(810)9		高南容ら	
18	弘仁5(814)9	（出雲国か）	王孝廉ら	出航後漂廻、越前国に大船を選ばせる
19	弘仁10(819)11		李承英ら	唐越州人周光翰・言升則を渤海使に従い放還させる
20	弘仁12(821)11		王文矩ら	
21	弘仁14(823)11	加賀国（越前国）	高貞泰ら 101 人	
22	天長2(825)12	隠岐国	高承祖ら 103 人	加賀国より帰国
23	天長4(827)12	但馬国（郡家）	王文矩ら 100 人	
24	承和8(841)12	長門国	賀福延ら 105 人	
25	嘉祥元(848)12	能登国	王文矩ら 100 人	
26	天安3(859)正	能登国珠洲郡 （加賀国便処）	烏孝慎ら 104 人	加賀国より帰国
27	貞観3(861)正	出雲国嶋根郡	李居正ら 105 人	
28	貞観13(871)12	加賀国	楊成規ら 105 人	
29	貞観18(876)6	出雲国（出雲国嶋根郡）	楊中遠ら 105 人	
30	元慶6(882)11	加賀国（加賀国便処）	裴頲ら 105 人	
31	寛平4(892)正	出雲国	王亀謀ら 105 人	
32	寛平6(894)5	伯耆国	裴頲ら 105 人	
33	延喜8(908)正	伯耆国	裴璆ら	
34	延喜19(919)11	若狭国 （越前国松原駅館）	裴璆ら 105 人	逦留渤海人を越前国に安置
35	延長7(929)12	丹後国竹野郡大津浜	裴璆ら 93 人	東丹国使

〈コラム〉古代加賀の港湾遺跡

小嶋芳孝

七二七年に最初の渤海使節が「蝦夷境」に渡来し、九二六年に渤海が滅亡するまでに渤海は三四回の使節を日本へ派遣した。渤海使船が来航した地域は、八世紀：一三回（山陰二回・北陸五回・東北六回）、九世紀：一八回（山陰八回・北陸五回・不明五回）、十世紀：三回（山陰一回・北陸一回・不明一回）となる。渤海使節の来着地は北日本から西日本に変遷しているが、北陸の加賀と能登だけは八・九世紀を通して渤海使節が来着している。

奈良時代の加賀郡は越前国に属し、白山に源流を持つ手取川から河北潟一帯が郡域だった。弘仁十四年（八二三）に越前国から江沼・加賀二郡を分離して加賀国が置かれている。立国直後に加賀郡は石川郡と加賀郡に分割され、郡境は現在の金沢市西郊を流れる犀川だったと推定されている。加賀立国以後の加賀郡は、金沢市から河北潟周辺を範囲としていた。つまり、狭義の加賀は金沢市周辺を指していたことになる。

ちなみに石川県南部にある加賀市は、昭和三十三年（一九五八）に町村合併で発足している。加賀市の名称は合併時に考案されたもので、歴史に基づいた命名ではなかった。本来は、奈良・平安時代に江沼郡が置かれた地域だったことにちなんで江沼市とすべきだった。

渤海使船の来着数が多い加賀では、使節を「便処」に安置したことが『続日本紀』などの史料に記されている。金沢市周辺の発掘調査で、渤海使が上陸した津湊や「便処」として利用された可能性がある遺跡が見つかっている。本稿では、代表的な五ヶ所の遺跡を紹介したい。

十五世紀以前の地形　金沢市の海岸は大野川右岸が巨大な内灘砂丘に覆われ、大野川左岸と犀川河口右岸の間は低平な砂丘地形で、犀川河口の左岸には普正寺砂丘が発達している。大野川河口左岸の低平な砂丘内陸斜面に大野町があり、犀川河口右岸にある金石町は海抜七㍍前後の低平な砂地の上に立地している。現在、私たちが見る海岸砂丘地形は十五世紀初頭の砂丘移動で形成されたもので、十四世紀以前の海岸部は現在とは異なった地形だった。

『源平盛衰記』には、犀川河口に宮腰と呼ばれた湊町があったことが記されている。貞享二年（一六八五）に書かれた式内社大野湊神社の「由来書」によると、佐那武大明神は「往古より加賀郡眞砂山竿林に御鎮座」し、建長年間（一二四九～一二五六年）に焼失し、「竿林東八町唯今之地内」に遷座したと伝えている。また、『源平盛衰記』巻二十九「砥並山合戦事」には、「平家ハ砥並山ヲ落サレテ加賀国宮腰佐良嶽ノ濱ニ陳ヲ取、旗ヲ上ヨトテ佐良嶽山ニ赤旗少々指上タリ」と「竿林」地名の由来を記している。この史料から、中世に佐那武（佐良嶽）大名神とよばれていた大野湊神社が砂丘上の「竿林」に鎮座していたことがわかる。宮腰の地名は、大野湊神社が鎮座する砂丘（佐良嶽山）の裾に町並みがあったことが由来と私は考えている。普正寺砂丘下の海抜ゼロ㍍前後にある普正寺遺跡では十四世紀頃の建物跡や墓地が発掘されており、「宮腰」に関係した遺跡と推定されている。

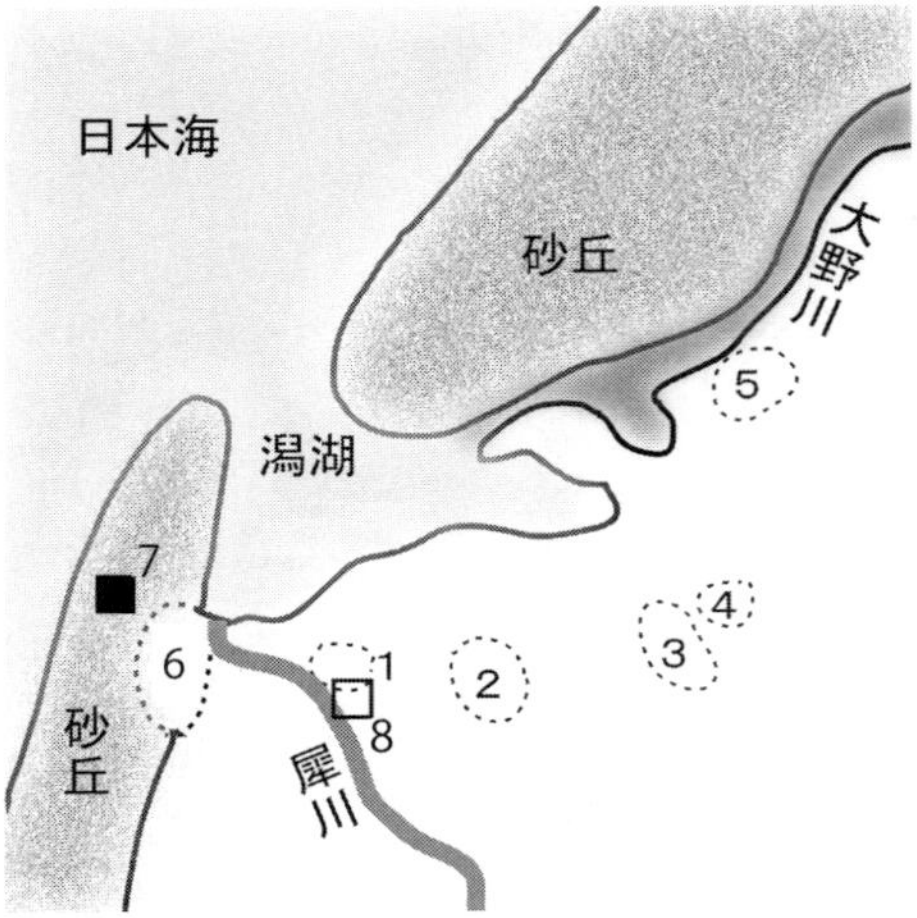

1金石本町遺跡　2畝田寺中遺跡　3畝田ナベタ遺跡
4戸水大西遺跡　5戸水C遺跡　6普正寺遺跡
7推定大野湊神社の旧社地　8大野湊神社の現社地

第１図　金沢市海岸部の旧地形推定復元図

犀川を挟んで普正寺砂丘の対岸にある金石町は砂地の上に町並みがあり、海抜マイナス二㍍以下は腐食土層が堆積していることがボーリングデータで明らかになっている。金石町一帯は十四世紀以前に犀川と大野川の河口が形成した潟湖になっていて、十五世紀の大規模な砂丘移動で宮腰町が砂丘に埋もれて潟湖が砂で埋積したと私は推定している。普正寺砂丘の飛砂に追われた宮腰町が、砂で埋積した潟湖跡に移転して新たな町並みが形成され、宮腰の町名を継承したものと思われる。江戸時代後期に宮腰は金石と町名を改め、現在に至っている。

犀川右岸の遺跡群　犀川の河口に近い金石本町遺跡と畝田寺中遺跡は、いずれも湊に関係する性格をもっていたことが発掘調査で明らかになっている。金石本町遺跡は犀川の自然堤防上に立地し、七～九世紀の建物群が検出されている。八世紀前半には三×九間の大型建物があり、九世紀には小河川をはさんで建物群と倉庫群が配置されている。

畝田寺中遺跡では幅約一〇㍍の小河川を挟んで、八世紀代の倉庫群を含む建物跡が七五棟検出されている。運河として利用されていた小河川から、「天平二年」・「津」・「津司」・「馬家」などの墨書土器、郡符木簡や召還木簡を含む六点の木簡と木製祭祀具三点(形代二点、馬形一点)などが出土している。郡符木簡には、郡司が大野郷長に誰かの召還を命じた内容が記されている。郡符木簡は郡司が発給した命令書で、命令伝達の後に郡家で廃棄されたと考えられており、郡符木簡を出土する遺跡は郡家に関連した性格を持っていた可能性が高い。また、「津」墨書は畝田寺中遺跡が津湊に関係する機能を持っていたことを示唆している。さらに、墨書土器にある「津司」の用例は、養老四年(七二〇)に「渡嶋津軽津司の従六位下諸君鞍男らを靺鞨国の風俗視察に派遣」したという『続日本紀』の記事が唯一である。靺鞨国については、渤海説と北海道のオホーツク文化説に分かれているが、いずれにしても「津司」が外交官的な意味合いを持っていたことを示している。郡符木簡や「津」と「津司」墨書から畝田寺中遺跡は加賀郡津で、外交官的職分を持った「津司」が置かれていたことを推定できる。

また、墨書土器に記された「天平二年」は七三〇年で、最初の遣渤海使が加賀郡に帰着した年である。彼らは加賀

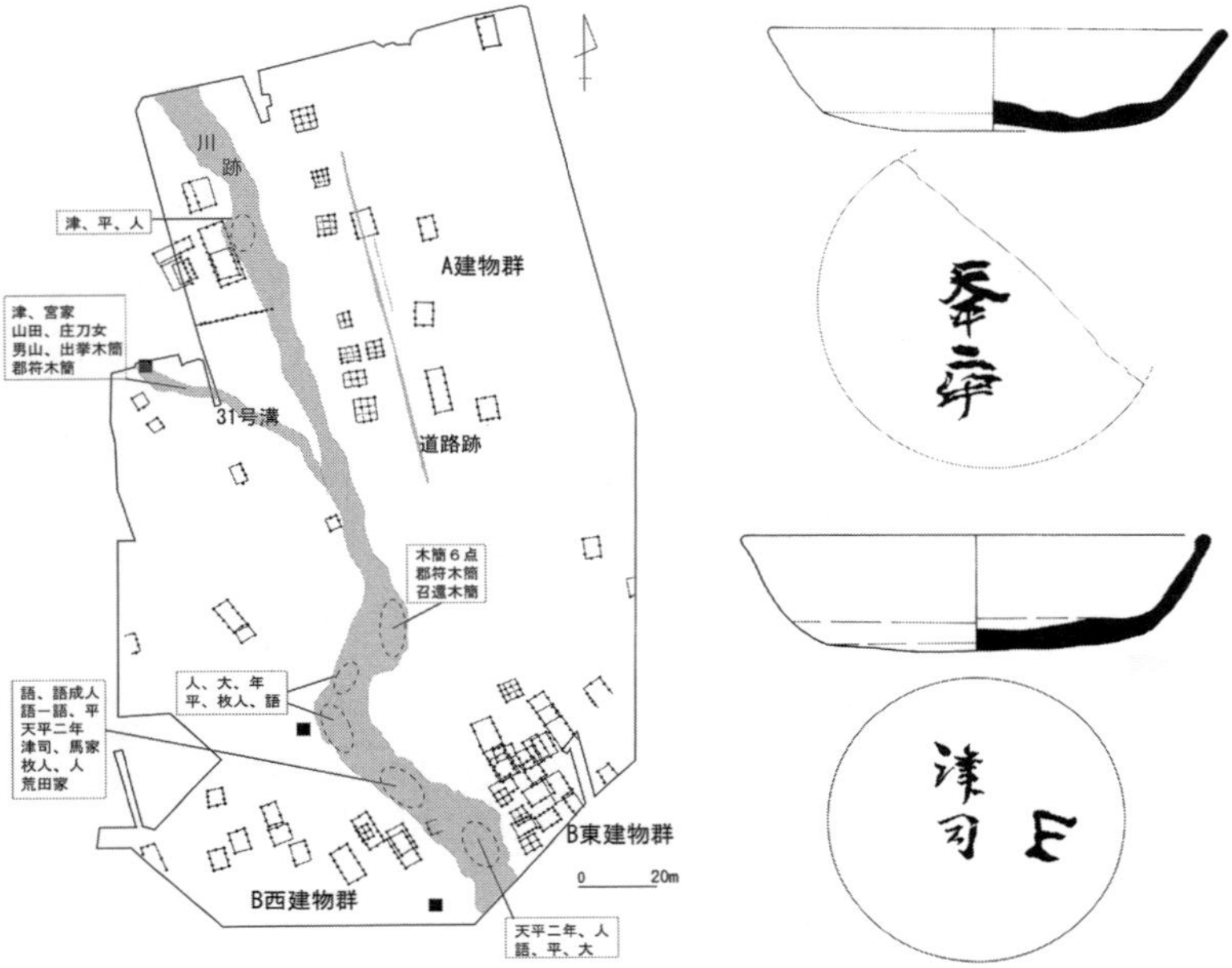

畝田寺中遺跡の全体図（報告書を改変）（左）と墨書土器（右）

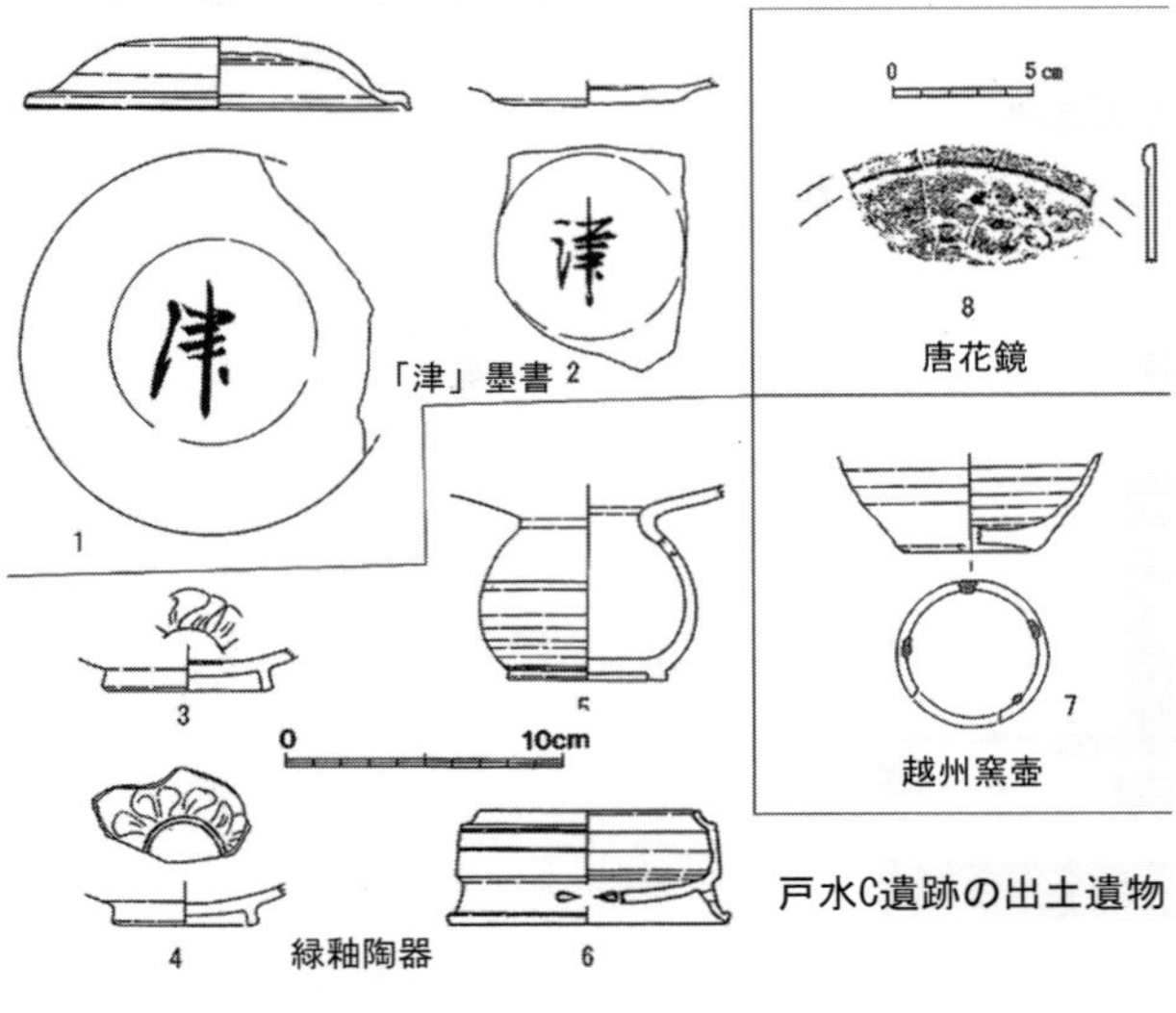

戸水C遺跡の出土遺物

第２図　畝田寺中遺跡と戸水Ｃ遺跡関係資料（出典：各遺跡報告書・参考文献）

郡の郡津だった畝田寺中遺跡に滞在し、その後に都へ向かったと思われる。第一次遣渤海使の次に加賀郡に安置されたと推定できる遣渤海使や渤海使節は、天平宝字二年（七五八）九月に帰還した第三次遣渤海使の小野田守らで、楊承慶を大使とする第四次渤海使節二三人が同行している。その後、天平宝字六年（七六二）、宝亀七年（七七六）にも加賀へ渤海使節が来航しており、加賀郡津だった畝田寺中遺跡に上陸して滞在したと思われる。八世紀末頃には畝田寺中遺跡の規模は縮小しており、国際港としての郡津機能に変化が生じたことが窺われる。

大野川左岸の遺跡群　九世紀代になると渤海使船の来航地が史料に記されていない事例が五回あり、加賀に来航したことが史料でわかる事例は三回で、帰国時に加賀で安置された事例が三回ある。このうち弘仁元年（八一〇）には、渤海使の帰国に際して高多仏が残留を希望したので越前から越中に移して渤海語を教えさせたとあり、天長三年（八二六）には隠岐へ来着した渤海使節が都から加賀を経由して帰国している。九世紀になると渤海使船は加賀と出雲・隠岐への来航が主になるが、入京した渤海使節は加賀を経由して帰国したことが窺われる。

九世紀に入ると大野川河口付近の左岸に、大型の遺跡が複数造営されている。戸水C遺跡は、現在の金沢港保税倉庫になっている地区にある。六世紀後半から七世紀前半代の建物跡三棟と溝が検出されているが、主体は九世紀代の大型掘立柱建物群である。「津」と墨書した土器が二点、中国製と思われる唐花鏡や越州窯青磁の碗と壺が各一点、京都洛北産と尾張猿投産の緑釉陶器などが出土している。緑釉陶器は碗皿の他に、儀礼で使用する唾壺や香炉・承盤などの特殊な器種が出土しており、遺跡の性格を示唆する遺物として注目している。また、「流民」の文字が読める漆紙文書も出土しており、渡来する渤海使との関係が注目される。「津」墨書や整然と配置された大型建物群、饗宴に使用したと思われる緑釉陶器などの出土を考慮すると、戸水C遺跡は弘仁十四年（八二三）に越前国から加賀郡と江沼郡を割いて立国された加賀国の国府津に関係した遺跡の可能性が高い。戸水C遺跡の付近には戸水大西遺跡や畝田ナベタ遺跡等、九世紀代の大型遺跡が分布している。これらの遺跡は、国府津に上陸した渤海使節が安置された「便

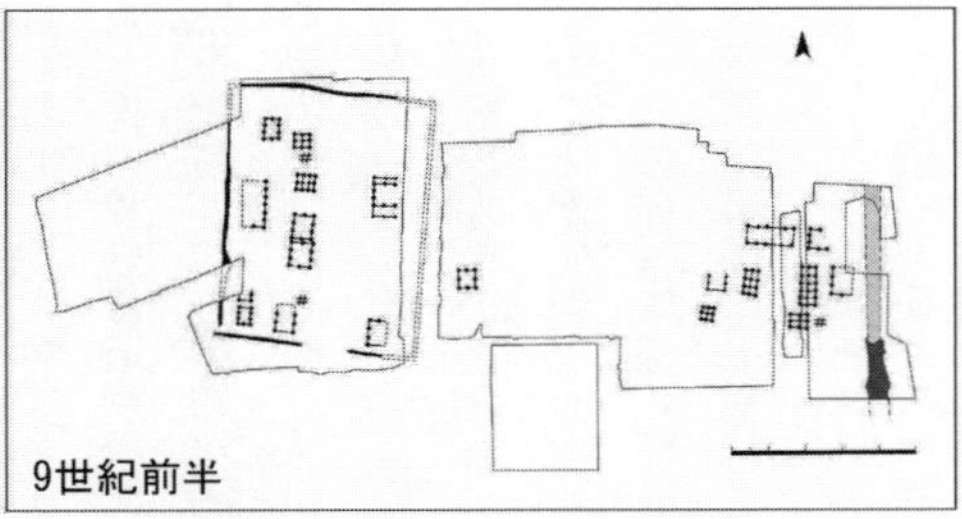

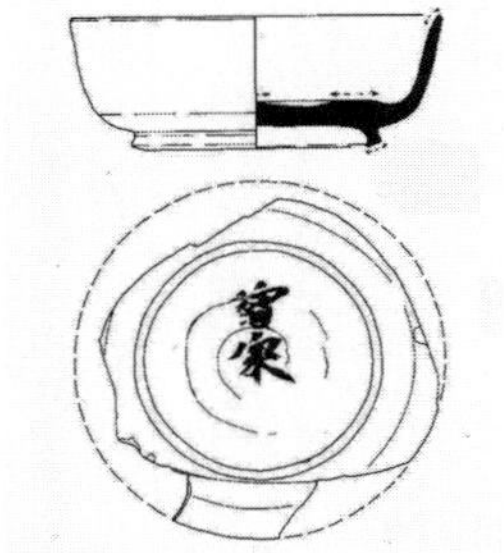

戸水大西遺跡 9 世紀前半の遺構配置図（報告書を改変）（左）・
「宿家」墨書土器（右）（出典：報告書・参考文献参照）

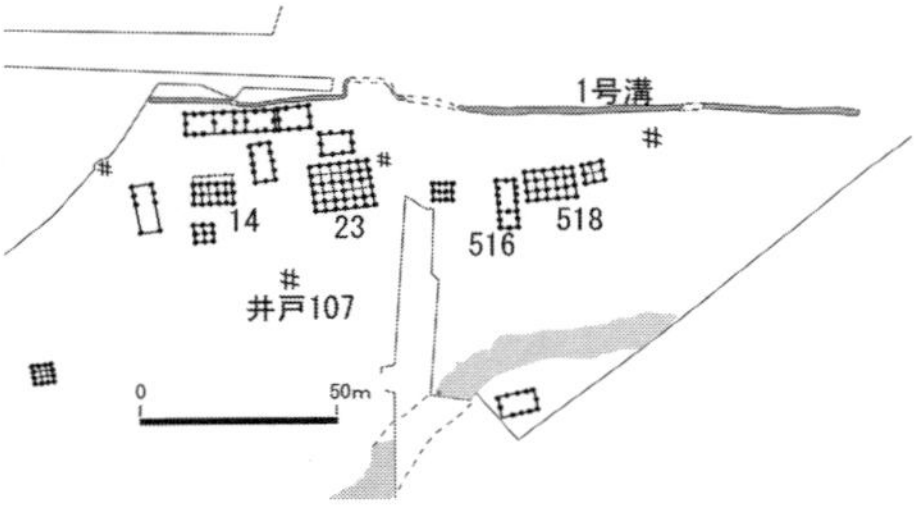

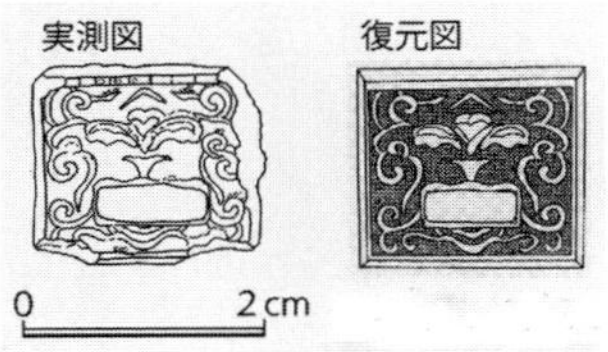

畝田ナベタ遺跡 9 世紀前半遺構配置図（左）・花文帯金具（右）（出典：報告書・参考文献参照）

現在の犀川と大野川河口周辺（2024 年撮影）

第 3 図　戸水大西遺跡・畝田ナベタ遺跡関係資料

処」として使用されたと思われる。

戸水大西遺跡では八世紀中葉から九世紀後葉までの建物群が検出されていて、九世紀前半には幅一㍍の溝で東西五〇㍍以上・南北七二㍍の方形区画があり、南側に入り口が設けられている。区画内の西側に倉庫を含む建物群が造営され、東側には管理施設と思われる大型の建物が検出されている。方形区画内から「中家」・「宿家」、区画外から「大市」と墨書された土器が出土している。方形区画から約七〇㍍東に二×五間の東西棟があり、その南に二×五間と二×四間の総柱南北棟が空閑地を挟んでコの字状に配置されている。「宿家」の墨書土器は渤海使節が滞在する「便処」として使用されたことが窺われ、「大市」の墨書土器は渤海使節が将来した品物を売買する市との関係が注目される。

畝田ナベタ遺跡は戸水大西遺跡の西約四〇〇㍍にあり、八世紀末から九世紀末の建物群が検出されている。九世紀前半には、五×六間(床面積二〇三平方㍍)の大型床張建物を中心に一二棟の掘立柱建物と大型井戸で構成される施設が造営され、九世紀後半まで建て替えられながら存続している。この建物群は、渤海使節が滞在した「便処」の可能性があり、大型床張建物で渤海使節を迎えて饗宴が開かれていたと思われる。

また、忍冬文をデザインした小型の花文帯金具が一点出土している。この帯金具は銅の地金に文様をレリーフし、その上に金箔を漆で接着し、さらに金箔表面の凹部に黒漆を置いて黒地に金色の花文が浮き上がるという手の込んだ技法で仕上げられている。忍冬文をデザインした帯金具は渤海から契丹に多く見られることから、私はこの帯金具を渤海製と判断した。今のところ渤海遺跡から忍冬文に漆と金箔を用いて装飾した帯金具は出土していないが、港湾遺跡のクラスキノ城跡から漆パレットに使用した容器が出土している。また、渤海使の史都蒙が七七七(宝亀八)年に帰国する際に「漆一缶」を持ち帰っており(『続日本紀』)、渤海で漆芸が行われていたことが明らかで、いずれ漆と金箔を組み合わせた工芸品が出土すると期待している。

八世紀代の畝田寺中遺跡は加賀郡津で、周辺の遺跡群と共に遣渤海使や渤海使節が滞在して利用されたと思われる。九世紀代は加賀立国に伴って設置された国府津に比定されている戸水Ｃ遺跡や、国府津の後背地に造営された戸水大西遺跡や畝田ナベタ遺跡では史料に渤海使節を安置する「便処」として使用されたと思われる。犀川右岸と大野川左岸の遺跡群は、加賀に渡来する渤海使節の安置だけでなく、入京後に渤海へ帰国する使節の滞在地としても使用された可能性が高く、加賀は有数の国際的な環境に置かれていた。弘仁十四年（八二三）の加賀立国は律令最後の一国建置で、国際化する加賀の管理強化を目指した措置だった。

参考文献
石川県教育委員会・㈶石川県埋蔵文化財センター　二〇〇〇『戸水Ｃ遺跡・戸水Ｃ古墳群（第九・一〇次）』
石川県教育委員会・㈶石川県埋蔵文化財センター　二〇〇三『戸水Ｃ遺跡・戸水Ｃ古墳群（第一一・一二次）』
石川県教育委員会・㈶石川県埋蔵文化財センター　二〇〇五・二〇〇六『金沢市畝田西遺跡群Ⅰ～Ⅵ』（畝田寺中遺跡）
石川県教育委員会・㈶石川県埋蔵文化財センター　二〇〇五・二〇〇六『金沢市畝田東遺跡群Ⅰ～Ⅳ』（畝田ナベタ遺跡他）
石川県立埋蔵文化財センター　一九八六・一九九三『金沢市戸水Ｃ遺跡』
金沢市教育委員会　一九九六『金石本町遺跡Ⅰ～Ⅲ』
金沢市教育委員会　二〇〇〇『戸水大西遺跡Ⅰ』
小嶋芳孝　二〇一三『古代環日本海地域の交流史』同成社

高麗朝臣一族の改姓と渤海

柿沼亮介

はじめに――福信の改姓――

武蔵国高麗郡出身の福信は、若い頃に伯父に連れられて都に赴き、相撲が強かったために内裏に召され、以後、順調に昇進を重ねて最後は従三位にまで上った。高句麗系の渡来系氏族を代表する人物であり、一般に「高麗福信」と称されるが、幼少時の氏姓は「肖奈公」であり、薨去の際には「高倉朝臣」を名乗っていた。福信とその一族は、以下のように改姓を繰り返したことが知られている。

〔史料1〕『続日本紀』天平十九年(七四七)六月辛亥(七日)条

正五位下肖奈福信・外正七位下肖奈大山・従八位上肖奈広山等八人、賜㆓肖奈王姓㆒。

〔史料2〕『続日本紀』天平勝宝二年(七五〇)正月丙辰(二十七日)

従四位上肖奈王福信等六人賜㆓高麗朝臣姓㆒。

〔史料3〕『続日本紀』宝亀十年(七七九)三月戊午(十七日)条

従三位高麗朝臣福信賜㆓姓高倉朝臣㆒。

〔史料4〕『続日本紀』延暦八年(七八九)十月乙酉(十七日)条

散位従三位高倉朝臣福信薨。福信武蔵国高麗郡人也。本姓肖奈。其祖福徳、属三唐将李勣抜二平壌城一、来二帰国家一、為二武蔵人一焉。福信、即福徳之孫也。小年随二伯父肖奈行文一入レ都。時与二同輩一、晩頭往二石上衢一、遊二戯相撲一。巧用二其力一、能勝二其敵一。遂聞二内裏一、召令レ侍内竪所一、自レ是著レ名。初任二右衛士大志一、稍遷、天平中、授二外従五位下一、任二春宮亮一。聖武皇帝、甚加二恩幸一。勝宝初、至二従四位紫微少弼一。改二本姓一賜二高麗朝臣一、遷二信部大輔一。神護元年、授二従三位一、拝二造宮卿一、兼歴二武蔵・近江守一。宝亀十年、上レ書言、臣、自レ投二聖化一、年歳已深。但雖二新姓之栄一、朝臣過レ分、而旧俗之号、高麗未レ除。伏乞、改二高麗一以為二高倉一。詔許レ之。天応元年、遷二弾正尹一、兼二武蔵守一。延暦四年、上レ表乞レ身、以二散位一帰レ第焉。薨時、年八十一。

福信についての史料上の初出は、『続日本紀』天平十年(七三八)三月辛未(三日)条の「従六位上肖奈公福信授二外従五位下一。」という記事である。これより以前に伯父の行文について、『続日本紀』養老五年(七二一)正月甲戌(二十七日)条に「第二博士正七位上肖奈公行文」とみえることから、七二一年の時点でこの一族の氏姓は「肖奈公」であったことが分かる。その後、史料1～史料4のように福信等は「肖奈王」(七四七年)→「高麗朝臣」(七五〇年)→「高倉朝臣」(七七九年)と改姓を繰り返した(1)。

また、「高麗朝臣」であった時期のこととして、一族の高麗大山が天平勝宝二年(七五〇)に遣唐判官に、さらに天平宝字五年(七六一)に「遣高麗大使」(遣渤海大使)となり、また高麗広山が天平宝字六年(七六二)に遣唐副使に、高麗殿嗣が宝亀八年(七七七)に「送高麗使」に任じられるなど、高麗朝臣一族の者が相次いで遣外使節となったことも注目される。

本稿では高麗朝臣一族の改姓や遣外使節への任用について、渡来系氏族への賜姓のあり方や奈良時代の内政と外交を踏まえながら再検討することで、律令国家が渤海とどのように向き合ったかを考えていきたい。

1　渡来系氏族の改賜姓

本節では、渡来系の人々に氏姓を賜与したり、改姓することの意味や、それがどのように行われたかについて検討する。

唐と同盟した新羅は、六六〇年に百済を滅ぼしたのに続いて、六六八年に高句麗を滅亡させた。その後、『三国史記』巻六・新羅本紀六・文武王十年(六七〇)七月条に、

封二安勝一為二高句麗王一。

とあり、高句麗遺民の安勝を「高句麗王」に冊封し、金馬渚(現在の全北特別自治道益山市)に定着させた。これは、百済・高句麗の遺領経営をめぐって唐と対立した新羅が、安勝を「高句麗王」とすることで「高句麗」を復活させ、高句麗遺民を慰撫しようとしたものと考えられている[井上二〇一六]。

また唐も、六七七年に高句麗の旧王族の高蔵(宝蔵王)を遼東都督とし、朝鮮郡王に封じ、同年、百済の旧王族の扶余隆を熊津都督とし、帯方郡王に封じた。そして六八六年には高蔵の孫の高宝元が朝鮮郡王に封じられ、六九八年に高宝元は忠誠国王に封じられた。このように高句麗や百済の旧王族を「王」として処遇している。このことの意味を考える上では、次の史料が参考になる。

『旧唐書』巻二三・志三・礼儀三

玄宗御二朝観之帳殿一、大備二陳布一。文武百僚、二王後、孔子後、諸方朝集使、岳牧挙賢良及儒生・文士上賦頌者、戎狄夷蠻羌胡、朝献之国、突厥頡利發、契丹、奚等王、大食、謝颶、五天十姓、崑崙、日本、新羅、靺鞨之侍子及使、内臣之番、高麗朝鮮王、百済帯方王、十姓摩阿史那興昔可汗、三十姓左右賢王、日南、西竺、鑿齒、雕題、

牂柯、烏滸之酋長、咸在㆑位。

ここでは、玄宗による泰山封禅の際に、新羅や渤海（「靺鞨」）の使いが「朝献之国」として参列している一方で、「高麗朝鮮王」や「百済帯方王」が「内臣之番」としてみえている。これは、内臣として「高句麗」や「百済」の王を抱えていることを示すことで、新羅や渤海を牽制する意味があったと考えられている［植田二〇一九］。

このように朝鮮半島や中国では、滅亡した「高句麗」や「百済」を疑似的に存続させることで、高句麗・百済遺民を統制したり、新羅や渤海との政治的な駆け引きに利用したりすることが行われていた。

日本列島へも滅亡した百済や高句麗の王族や貴族が渡来し、定住していった。『日本書紀』天智天皇三年（六六四）三月条に、

以㆓百済王善光王等㆒、居㆓于難波㆒。

とあり、百済王族は難波を拠点としていた。これら亡命百済王族に関して、『日本書紀』天武天皇三年（六七四）正月庚申（十日）条には「百済王昌成薨」とあり、無位である百済王昌成の死について「薨」と表現している。『日本書紀』には百済王の薨伝が七例みえるが、天武朝期の亡命百済王族は、たとえ無位であったとしてもその死は「薨」とされている。

その後、『続日本紀』天平神護二年（七六六）六月壬子（二十八日）条の百済王敬福の薨伝に、

禅《ママ》光因不㆑帰㆑国。藤原朝廷賜㆑号曰㆓百済王㆒。卒贈㆓正広参㆒。

とあるように、「藤原朝廷」、すなわち持統朝期に百済の王姓である「余」にかわって「百済王」の氏姓が賜与された。善光は『日本書紀』持統天皇七年（六九三）正月乙巳（十五日）条に、

以㆓正広参㆒、贈㆓百済王善光㆒。并賜㆓賻物㆒。

とあり、この頃に死去したと考えられるが、先にみた敬福の薨伝ではその死を「卒」としている。天武朝期の亡命百

済王族は日本の官人としてではなく、「蕃客」として扱われていたのに対して、持統朝期には百済王氏が成立し、日本の官人層に組み込まれたことを表している〔長瀬 一九八五〕。

では、百済王氏の成立にはどのような意味があるのだろうか。長瀬一平氏は百済王が「王民」となったことで「百済王権」が日本の天皇に従属・奉仕する存在になったとする〔長瀬 一九八五〕。石上英一氏は「百済王権」を日本の王権が包摂したとする〔石上 一九八四・一九八七〕。筧敏生氏は「百済王」を外臣から内臣へと転化させることで、百済王と対等な存在である新羅王を日本の臣下として位置づけるものであったとする〔筧 一九八九〕。そして田中史生氏は、亡命百済系渡来人に対する叙位が百済の官位階級との対応関係を基準としてなされていたことから、百済の官位階級や秩序を超越する「百済王」や百済王族は日本の官位制の秩序に組み込まず、「蕃客」としての待遇を与えることで、倭王権の中で「百済王権」が解消されずにそのまま含みこまれていることを示すものであったという。しかし亡命百済王族に「蕃客」としての待遇を与えることは、律令法的な「化内」・「化外」という区分に矛盾する。そこで持統朝において亡命百済王族を官人化された「化内民」として新たに位置づけ直し、「百済王」という「百済王権」を象徴する呼称を姓に転化させて日本王権の姓秩序に取り込み、これまでの日本王権の中での「百済王権」の位置づけを律令法の枠組みで明確化しようとしたとする〔田中 一九九四〕。

このように「蕃客」としての亡命百済王族の存在によって「百済王権」を倭・日本の王権が包摂する形をとり、さらに持統朝において百済王氏を成立させて官人化することによって、日本の律令法の枠組みの中で位置づけるようになった。これらは、日本の古代国家が外国の王権を従える「中華」としての意識を持ったことと関係している。

では、王族ではない一般の渡来系の人々に対しては、どのように改賜姓が行われたのだろうか。このことについて、以下の二つの勅が注目されてきた。

〔史料5〕『続日本紀』神亀元年(七二四)二月甲午(四日)条

官々仕奉韓人部一二乎、其負而可仕奉姓名賜。

〔史料6〕『続日本紀』天平宝字元年(七五七)四月辛巳(四日)条

其高麗・百済・新羅人等、久慕二聖化一、来附二我俗一、志二願給レ姓一、悉聴許之。

義江明子氏は、史料5によって「蕃姓」者の一部が日本的姓に改姓されたが、大多数は「蕃姓」のままで「蕃姓」と日本的姓秩序が併存していたため、史料6によってその併存状態を解消して姓秩序の一本化を図ったと指摘した〔義江 一九七五〕。これを受けて伊藤千浪氏は、史料5は百済・高句麗滅亡後の渡来者で本国において高い地位にあったり、優れた才能を持った者とその子孫への賜姓で、主に中央官人が対象であるのに対して、史料6は諸国に移配された一般の渡来系の人々へ賜姓を行い、蕃姓渡来人と無姓者・族姓者を日本独自の姓秩序内に取り込むことを意図したものであると分析した〔伊藤 一九八五〕。

このように、渡来系の人々の対する改賜姓は七二四年と七五七年の二段階で行われ、七五七年に日本的な姓秩序への一本化が図られた。さらに着目したいのは、史料5は聖武天皇の即位の詔の一部として発令されたものであり、また史料6は道祖王を廃太子し、大炊王(後の淳仁天皇)を立太子させるにあたっての勅の一部として発令されたものであるということである。これについては遠山美都男氏が「新天皇の即位・廃太子・立太子など、王位継承の節目ごとに帰化氏族の姓が問題とされている」〔遠山 一九九四〕という先駆的な指摘をしているが、このことの意味についてさらに考えてみたい。

まず史料5が出された背景であるが、聖武天皇の父は草壁皇子の子の文武天皇で、母は藤原宮子であった。即位の時点では長屋王が政権を担っていたが、長屋王は天武天皇の孫王であり、また天武を祖父、草壁を父に持つ吉備内親王を妃としており、所生の皇子たちは皇位継承者になり得る存在であった。そのため、皇族を母とせず若年で即位した聖武は、権力基盤が脆弱であった〔木本 二〇二二〕。ところで、伊藤循氏が指摘するように一般に日本古代において氏族が改姓することは容易ではなく、賜姓にはその主体たる天皇の権威を上昇させる意味があった[伊藤 一九九四]。聖武のおかれた状況と賜姓の意味を踏まえると、史料5は渡来系氏族への賜姓によって聖武の王権を強化しようとしたものであると考えられる。

続いて史料6であるが、この勅が出される前年の天平勝宝八歳(七五六)には、二月に橘諸兄が致仕し、五月に聖武太上天皇が死去した。さらに天平宝字元年(七五七)の正月に諸兄は死去し、三月に道祖王が廃太子となった。そして四月に仲麻呂の庇護を受けていた大炊王が立太子するにあたって出された勅の一部にあたるのが、この史料である。同年五月に仲麻呂は紫微内相となり、七月には橘奈良麻呂の変の関係者が逮捕される。そして翌年八月に大炊王は即位して淳仁天皇となり、仲麻呂は大保(右大臣)へと上る。すなわち、淳仁天皇を擁する仲麻呂政権が確立する時期に、渡来系氏族の改賜姓が行われているのである。これもまた史料5の場合と同様に、新皇太子の権威付けの一環として行われた政策であると考えられる。

では、史料5・史料6ではどのように氏姓が改められたのだろうか。これについては菅澤庸子氏が、それぞれの勅に対応して集団的に改賜姓が行われた際の賜姓記事である『続日本紀』神亀元年(七二四)五月辛未(十三日)条と『続日本紀』天平宝字五年(七六一)三月庚子(十五日)条について分析している。前者は二三氏、後者は三六氏が改姓されているが、これらの新氏姓の由来は、

①日本の地名
②渡来以前の出自
③美称(事績)
④旧姓

に分けられるとする。①は日本に渡来してからの居住地の地名、②は出自国の国号、③は土地開発などの一族の功績

を称える語をそれぞれ由来としている。④は日本列島から朝鮮半島に渡り、再び列島に戻ることになった倭系帰国者(菅澤氏は「日系帰国者」と表記)が元の氏族名をもとにした新氏姓を与えられている[菅澤 一九九九]。

新氏姓の由来は不明なものが多いが、想定できる事例のうちほとんどは①の日本地名か③の美称であり、②については百済の王姓である「余」を旧姓とする民善女らが「百済公」と改められたのが唯一の事例で、④は物部射園連と久米連の二例のみ確認できる。遠山氏も、渡来系氏族に与えられた氏姓は、八世紀前半には日本国内の本貫地の地名が主流で、八世紀半ば以降になると極めて抽象的な美称が与えられることが多くなったと分析している[遠山 一九九四]。

ここで②についてさらに考えてみたい。「余」以外にも、高句麗の王姓である「高」や新羅の王姓である「金」を旧姓とする氏族の改賜姓も行われているが、それらの新氏姓とその由来をまとめると、次のようになる(由来は[菅澤 一九九九]による)。

七二四年　高正勝→三笠連(日本地名)
　　　　　高益信→男捄連(不明)
　　　　　金宅良・金元吉→国看連(不明)
　　　　　高昌武→殖槻連(日本地名)
　　　　　高禄徳→清原連(日本地名)
七六一年　高牛養→浄野造(不明)

菅澤氏は、「世代が移った時期にあっても、自らの出自を一族の第一の特徴に掲げるのは王族としての自負の表れであろう」[菅澤 一九九九]とするが、改姓した五九氏のうち、新氏姓においても半島に由来する語を氏姓としたのは「百済公」のみであり、他の氏族は旧姓が王姓であった者ですら出自に関係する語を用いていない。すなわち、改姓した渡来系氏族の大部分は半島とは縁のない新氏姓を名乗っているのである。

以上のように、滅亡した朝鮮半島諸国の旧王族に出自とする国の国名を冠した氏族名を名乗らせることには、日本を「中華」とする「帝国」型の国家構造を希求する上で大きな意味があり、百済王氏はその役割を与えられていた。しかし一般の渡来系氏族については、七二四年と七五七年に段階的に改賜姓が行われた際に、ほとんどの氏族は出自とは関係のない新氏姓へと改められた。

2　高麗若光への「王」姓賜与と「高麗王」のその後

本節では、高句麗の滅亡に際して日本列島へと渡来した高句麗遺民の中で、高麗若光に「王」姓が賜与されるに至る背景と、高句麗の後裔を称する渤海の登場によって、「高麗王」若光がその後どうなったのかについて検討する。

六六八年に高句麗が滅亡した後も、六七一年～六八二年にかけて倭国(日本)へ「高麗使」が派遣されていた。この使節を派遣した「高句麗」の人々がどのような勢力であったのかについては諸説あるものの、少なくとも六七三年閏五月に高句麗遺民による唐への抵抗運動が収束して以降に派遣された使節については、新羅使が送使として付き添っていることから、新羅によって「高句麗王」として冊立された金馬渚の安勝からの使節であると考えられている。新羅は百済・高句麗を滅亡させた後にこれらの遺領の支配をめぐって唐と対立していたが、「高句麗」使節を新羅の影響下で派遣していることを示すことで、倭国(日本)に対して高句麗遺民や彼等を擁する新羅への援助を期待し、さらには唐と倭国(日本)との連携を阻止しようとした[井上二〇一六]。

また倭国(日本)にとっては、この「高麗使」を朝貢使節と見做すことで、「高句麗」の王権が存続し、かつ倭国(日本)の「朝貢国」であると認識することができた。すなわち「高麗使」を利用して新羅は、倭国(日本)の「中華」としての意識を満足させ、倭国(日本)との関係改善を図ったのである〔柿沼二〇一七・二〇一八〕。

しかし、唐と新羅との緊張関係が緩和していく中で、六八二年を最後に「高麗使」の来日はなくなった。そして、『三国史記』巻八・新羅本紀・神文王三年(六八三)十月条に、

徴二報徳王安勝一為二蘇判一。賜二姓金氏一。留二京都一。

とあるように、新羅の官位である「蘇判」と王姓である「金」を与えられ、さらに都である金城(現在の慶尚北道慶州市)に住まわされたことで、安勝は新羅の貴族層に取り込まれ、疑似的に存続していた「高句麗」も消滅した。

日本はこれにより、疑似的な「朝貢国」としての「高句麗」を喪失したが、それでもこの頃には、耽羅(済州島)からの使節の来日があり、また大隅諸島(「多禰」・「掖玖」)や奄美群島(「阿麻彌」)など南西諸島との間でも通交があったことで、日本は「中華」としての意識を保ち続けることができた。六世紀代から百済の属国であった耽羅は、百済滅亡の混乱の中で倭国(日本)との関係を深めていくが、六七九年に新羅の支配を受けるようになり、六九三年を最後に日本へと使節を派遣することはなくなった。こうした中で六九〇年代後半から日本は南西諸島への進出を本格化させ、覓国使を派遣するなどした。しかし、七〇〇年に覓国使剽却事件が起こり、さらに七〇二年には薩摩・多褹での反乱を征討し、この地域の人々を戸籍に登録して官吏をおいたことで、令制国としての薩摩国や多褹嶋が成立していった[2]。これは国家領域の拡大ではあるものの、日本を「中華」とする意識[3]からすると、大隅諸島の内国化は「高句麗」や耽羅に続いて「朝貢国」を失うことをも意味した〔柿沼二〇一七・二〇一八〕。

こうした事態を受けて行われたのが、高麗若光への「王」姓賜与であった。『続日本紀』大宝三年(七〇三)四月乙未(四日)条に、

従五位下高麗若光賜二王姓一。

とあるこの出来事については、七〇一年の大宝律令の完成とともに日本の「中華」思想が一画期をむかえる中で〔鈴

木 一九六九〕、日本王権に取り込まれた「高句麗王権」を律令国家の中に位置づけようとしたものと考えられている〔田中 一九九四〕。すなわち、滅亡した「高句麗」が疑似的に存続し、それを日本が従えるということであった。これによって日本は、「朝貢国」を有する「中華」としての体裁を維持することが可能となったのである〔柿沼 二〇一七・二〇一八〕。

「王」姓を賜与された若光は、『日本書紀』天智天皇五年(六六六)十月己未(二十六日)条に、

高麗遣二臣乙相奄鄒等一進レ調。〈大使臣乙相奄鄒・副使達相遁・二位玄武若光等。〉

とある「玄武若光」と同一人物であるといわれている。また藤原宮跡東方官衙北地区から出土した木簡に「□□〔高麗ヵ〕若光」(藤原宮木簡一三一六号)とあることから、都に居住していた人物であると考えられる。これらを踏まえると、天智朝期に外交使節として倭国にやってきた若光は、高句麗の滅亡によってそのまま日本に滞在し、都に居住する高句麗系の人々を代表するような存在となっていたために「王」姓を賜与されたといえる。

しかし、その後の若光や「高麗王氏」について、同時代史料から窺うことはできない。若光については、霊亀二年(七一六)に武蔵国に建郡された高麗郡との関係が伝承されているが、若光が武蔵国に来たということを示す同時代史料があるわけではない。さらに、六六六年に副使として倭国へと派遣された「玄武若光」と「高麗若光」が同一人物であるとするならば、たとえ倭国に来た時点で若年であったとしても、七一六年の高麗郡建郡時にはかなりの高齢となっていたはずであり、建郡を主導したとは考えにくい。藤原宮木簡に名がみえることから考えても、若光は都に居住した高句麗系の有力人物であったとしても、高麗郡建郡との関係は薄いといわざるを得ない。そしてその後、「高麗王氏」は歴史上から姿を消してしまったのである。これはなぜなのだろうか。

田中氏は、神亀四年(七二七)に渤海使が初めて来日したことを念頭に、高句麗の後身国を称する渤海の「朝貢」を日本が受け入れたことで、「高句麗王権」は「化外」に存在することになり、「化内」に「高句麗王権」を取り込んだ

ことを示す「高麗王」姓の存続はあり得なくなるとする〔田中 一九九四〕。しかし、そうだとすると「高麗王氏」は七二七年までは存続していたということになる。もし七一六年の高麗郡建郡の時点で「高麗王氏」が存続していたのであれば、百済王氏が摂津の百済郡を拠点としたように、若光の後継者にあたる「高麗王氏」の者が高麗郡と何らかの関わりを持ってもおかしくないが、それを示す史料は見当たらない。これは、「高麗王氏」が高麗郡建郡の時点では存続していなかったからであると考えられる。

七一三年二月、渤海の大祚栄は唐から渤海郡王として冊封された(『資治通鑑』二一〇・唐紀二六・玄宗・開元元年条、『冊府元亀』九六四・外臣部九・封冊二)。当時の唐と新羅との間の使節の通交を踏まえると、この情報は新羅にも伝わっており、さらに和銅五年(七一二)に派遣されて翌年八月に帰国した遣新羅使か、七一四年十一月に派遣された新羅の遣日本使(以下、新羅使と称する)によって日本にもたらされたものと考えられる。高句麗の後裔を自称する渤海が唐から公認されたことで、日本は名分として国内に「高句麗」を抱えることができなくなり、「高麗王氏」を存続させられなくなったのである〔柿沼 二〇一八〕。

3　武蔵国高麗郡の建郡と肖奈公氏

本節では、霊亀二年(七一六)に建郡された武蔵国高麗郡と肖奈公氏との関係について検討する。

『続日本紀』霊亀二年(七一六)五月辛卯(十六日)条に、

以二駿河・甲斐・相摸・上総・下総・常陸・下野七国高麗人千七百九十九人一、遷二于武蔵国一、置二高麗郡一焉。

とあるように、東国の高句麗系の人々を武蔵国に集めて高麗郡が建郡された。

高麗郡建郡については、「高麗王氏」と同様に「高句麗王権」を象徴する存在であり、日本型「中華」思想の発露であるとする見解もあるが［宮瀧 二〇〇八a・b］、先述のように、唐による渤海冊封を受けて国内に疑似的な「高句麗」を存続させることはできなくなっていた。そのため、高麗郡に「中華」思想に関わる意味を見出すことはできない(4)。高麗郡建郡の意味は政治的・外交的なものではなく、考古学の立場から指摘されてきたように、あくまで高句麗系の人々を集住させることによる地域開発［富元 二〇一四・二〇二一、加藤 二〇二二］の側面が大きいといえよう。

さて、史料4の福信の薨伝によれば、福信の祖父の福徳は六六八年の平壌城の陥落を機に日本列島へと渡来して武蔵の人となったという。これを踏まえて加藤謙吉氏や中村順昭氏は、福徳は建郡以前から武蔵国に移配されていたとし、そこに高句麗遺民を集住させて高麗郡が建てられたと推測する［加藤 二〇一八、中村 二〇一八］。そして富元久美子氏や加藤恭朗氏は、入間郡域・高麗郡域の遺跡や出土遺物の分析から、以前より肖奈氏につながる渡来系の人々が定住していた入間郡を基盤に、新たな渡来系の人々を移入することで、入間郡内の空閑地であった高麗郡域の開発が進められたことを明らかにした。そして肖奈氏は入間郡内を本貫地とし、高麗郡建郡に大きく寄与したと指摘する［富元 二〇一四・二〇二一、加藤 二〇二二］。このように、先に武蔵国に居住した肖奈氏のもとへ高句麗系の人々を移配して高麗郡の開発が進められたことは、考古学的にも裏付けられている。

肖奈氏がなぜ高麗郡の開発を主導したのか考えるために、「肖奈公」という氏姓について検討してみたい。この一族についての史料上の初出は、『続日本紀』養老五年(七二一)正月甲戌(二十七日)条にみえる「博士正七位上肖奈公行文」である。肖奈公行文は史料4にあるように幼少時の福信を都に連れて行った福信の「伯父」であり、七二一年より以前からこの一族は「肖奈公」を称していたことになるが、史料4で行文は「肖奈行文」としか書かれておらず、また福信についても「本姓肖奈」とあり、「肖奈公」とはなっていない。これについて長谷部将司氏は、単に「公」を省略しただけであるとする［長谷部 二〇一九］。しかし、『続日本紀』に収録された薨卒伝の中で「本姓」を明示しているのは、他に延暦二年(七八三)正月乙酉(八日)条の道嶋嶋足の卒伝にみえる「嶋足本姓牡鹿連」のみであるものの、こちらでは姓は省略されていない。[5] また、他の六国史の薨卒伝記事の中でも、「本姓」とあって姓が省略されている事例はみえない。さらに『続日本紀』では、宣命や会話文、逆賊の場合などを除いて、人名をウジ名とともに表記する場合には姓も付けるのが原則であり、史料1も改姓記事の文体上、「公」が省略されているだけである。[6] 以上より、史料4で「肖奈」とのみ記されているのは「公」が省略されているのではなく、福信の一族はもともと「肖奈」氏であり、福信が都へと上った時点では「公」姓は与えられていなかったと考えられる。

では、肖奈氏はいつから肖奈公氏となったのであろうか。このことを検討する上で注目されるのが、高麗郡建郡の前年に美濃国におかれた席田郡の建郡記事である。『続日本紀』霊亀元年(七一五)七月丙午(二十七日)条に、

尾張国人外従八位上席田君迩近及新羅人七十四家、貫二于美濃国一、始建二席田郡一焉。

とあるように、この郡は席田君迩近と新羅人を美濃国に移配して建てられたものである。席田君迩近は他に見えないが、筑前国席田郡から移住した渡来系氏族ともいわれ、「君」姓者が新羅系の人々を率いる形で建郡が行われている。

翻って高麗郡の場合、先にみたように福徳は建郡より以前から武蔵国に居住しており、高句麗五部の一つである「消奴」にちなんで肖奈氏を名乗っていた[7]〔佐伯 一九九二〕。そして高麗郡を建郡するにあたり、東国における高句麗系の人々の中の有力一族であった肖奈氏には、他の高句麗系の人々を率いさせるために「公」姓が与えられ、彼等を中心として地域開発が行われたと考えられる。このように高麗朝臣一族は武蔵国で大きな影響力を持っており、だからこそ福信は生涯に三度も武蔵守に任じられたのであろう。

4　国際関係の変化と「肖奈王」賜姓

本節では、天平十九年(七四七)に肖奈公氏に「肖奈王」姓が与えられるに至る背景について、当時の国際関係や国

内政治の状況から検討する。

まず七四七年に至る日本と新羅との関係についてみていく。

六六三年の白村江の戦いや六六八年の高句麗滅亡の後、それまで同盟関係にあった新羅と唐は、百済・高句麗の遺領支配をめぐって対立し、羅唐戦争へと発展した。このため新羅は、六六八年には倭国への遣使を再開し、その後も日本に対して低姿勢での外交を展開した。日本は新羅使を「朝貢使節」と見做すことで、新羅に対して「中華」として振る舞おうとした。

しかし新羅と唐の緊張関係は、六七八年の吐蕃の入寇や六九四年の契丹の反乱など、唐の周辺諸民族の活動が活発化したことで緩和していった〔古畑 一九八三〕。一方、六九八年に大祚栄によって建てられた渤海（当初の国名は震国）は、朝鮮半島の南北で向かい合う新羅と対立し、七二一年には新羅が何瑟羅（現在の江原特別自治道江陵市）に長城を築くなど両国の間では軍事的緊張が深まった。さらに黒水靺鞨が唐の羈縻州となったことで渤海と唐との間で軋轢が生じ、七三二年には渤海が唐の登州を攻撃する事態となるや、新羅も唐に協力して渤海と戦うなど、新羅と唐は関係を深めていった。そして七三五年には、唐が新羅に朝鮮半島の浿江（現在の大同江）以南を領有することを認めるに至る。

このように新羅と唐との関係が改善していくと、新羅はそれまでの対日外交姿勢を改めるようになった。天平七年（七三五）には入京した新羅使が来日の目的を問われて、国号を「王城国」と改めたと述べたことが日本側に問題視されて放還された。以後、七五二年まで新羅使は入京していない。天平八年（七三六）に日本から派遣された遣新羅使は、帰国後に「新羅国失二常礼一、不レ受二使旨一」（『続日本紀』天平九年（七三七）二月己未（十五日）条）と報告しており、朝廷では新羅への出兵の議論すら行われている（同二月丙寅（二十二日）条）。天平十年（七三八）正月にも新羅使が来日するが、前年の遣新羅使に対する新羅側の対応への報復のためか、六月には放還されている。天平十四年（七四二）二月に来日した新羅使は、新京（恭仁京）の草創にあたって宮室ができていないことを理由に放還された。新羅も、同年十月に遣新羅使について「日本国使至、不レ納」（『三国史記』巻九・新羅本紀・景徳王元年〔七四二〕条）とあるように受け入れなかった。この遣新羅使については、新羅に対して日本への上表文の持参を求めたために拒絶されたものと考えられている〔浜田 二〇〇二〕。天平十五年（七四三）に来日した新羅使は、進上物の名称を、服属国の貢進物を意味する「調」から、単なる土地の産物を意味する「土毛」に変更したことを日本側に咎められ、放還された。以後、七五二年まで日本と新羅の間で公的使節の往来はみられない。以上のように七三五年以降、日本と新羅の関係は悪化し、外交使節を互いに放還しあう状況になっていた〔石井 二〇〇三〕。

続いて、日本と渤海との関係についてみていく。

渤海は新羅や唐との軋轢が生じる中で、日本との軍事同盟を企図して初めての遣日本使（以下、渤海使と称する）を派遣し、神亀四年（七二七）に来日した。この時、日本側は渤海について「渤海郡者旧高麗国也。」（『続日本紀』神亀四年十二月丙申〔二十九日〕条）とし、また渤海側も王啓の中で「復二高麗之旧居一、有二扶餘之遺俗一。」（同五年正月甲寅〔十七日〕条）と述べており、両者とも渤海が高句麗の後裔であると認識していた。しかしその内実としては、日本側はかつて「朝貢国」であったと主観的に位置づけている高句麗が再興したという認識であったのに対して、渤海側はかつての大国で倭国とも親交があった高句麗が復興したと述べることで対等的外交を意識しており、高句麗に対する両国のイメージは大きく異なっていた〔石井 一九七五・二〇〇三〕。

第二回の渤海使は天平十一年（七三九）に来日した。この時は、天平五年（七三三）に出発した遣唐使の判官平群広成が帰国に際して崑崙に漂着し、唐に戻った後、渤海経由で帰国することを目指して同国へと渡ったことから、渤海使が広成等を連れる形であった。この渤海使も対等外交を目指していたが、広成の帰国に協力したためか、来日時には外交上の問題が発生したことを窺わせる記事はみえない。しかし、次の渤海使である天平勝宝四年（七五二）に来日した使節の帰国にあたって与えられた渤海国王宛ての慰労詔書には、「由レ是、先廻之後、既賜二勅書一。何其今歳之朝、重無二上表一。以レ礼進退、彼此共同。王熟思レ之。」(『続日本紀』天平勝宝五年〔七五三〕六月丁丑〔八日〕条)とあり、前回の使節に対して勅書を授けたにもかかわらず上表文がないことを咎めている。これは、第二回の渤海使の帰国に際して授けた国書において、七三九年の王啓に対する不満が書かれていたものと考えられる〔石井 一九七九〕。すなわち、日本では七四〇年の段階ではすでに、渤海が対等な関係を主張してきていることに対する不満が生じていたのである。

以上のように七四〇年代初頭の国際関係としては、新羅は「朝貢国」としての姿勢を示すことがなくなり、天平十五年(七四三)の新羅使の後は十年近くにわたって断交状態となった。また渤海も対等外交を目指しており、日本側の期待とは裏腹に渤海使は、「朝貢使節」としての体裁をとってはいなかった。

こうした国際関係の変化の中で、七四七年に肖奈公氏に対して「肖奈王」が賜姓された。このことの意味について菅澤庸子氏は、七三九年の渤海使が上表文をもたらさなかったことで、「朝貢国」としての態度を求める日本側の意に渤海が沿わないことが明らかになり、国内に「高句麗王族」が天皇の臣下として存在していることを明示し、高句麗の後身国である渤海よりも日本が上位にあることを示そうとする自己満足的欲求によるものであると解した〔菅澤 一九九〇〕。また田中史生氏は、日本の律令国家が国家構造として「諸蕃」・「夷狄」を不可欠の要素とする「中華」として存立していたという視点からこの件についてさらに分析した。新羅との断交や渤海の外交姿勢により、日本は従属させる「諸蕃国」を喪失し、「中華」としての基盤が動揺・喪失した。そこで肖奈公氏に「王」姓を賜与することで、「高句麗王族」が日本の「臣下」であることを象徴させ、高句麗の後身国渤海の王統が日本の王権の「臣下」の位置にあることを示した。これによって渤海の王権が日本の王権の下位にあるという日本の「中華」世界を具体化し、また渤海と対等の位置にある新羅をも日本の下位に置くことを意識したものであると推測した(8)〔田中 一九九四〕。

菅澤氏や田中氏の論は首肯すべきものであるものの、七四〇年代初頭にはすでに新羅や渤海を「諸蕃」として扱えない状況になっていた中で、なぜ七四七年になってから「肖奈王」が賜姓されたのだろうか。この間の事情について、さらに検討したい。

まず、当時の政局について確認しておく。七三〇年代後半の天然痘の流行による藤原四兄弟の死去や、藤原広嗣の乱などを経て、天平十二年(七四〇)からは聖武天皇が平城京を出て宮都を転々と移す、いわゆる「彷徨五年」が始まった。この時期の政権は橘諸兄が担っていたが、一方で、藤原南家の祖・武智麻呂の次男として生まれ、幼い頃から優秀であったといわれる藤原仲麻呂は、叔母である光明皇后を後ろ盾に昇進を重ね、天平十五年(七四三)には従四位上参議として太政官の構成員となり、諸兄の権力に陰りが見えてきた天平十八年(七四六)の三月に式部卿に就任すると、積極的に人事に介入して勢力を拡大していった[木本 二〇二二]。一方、天武と光明皇后の娘である阿倍内親王は、天平十年(七三八)に立太子していたものの、この時点では聖武と縣犬養広刀自の子で、聖武にとって唯一の生存する皇子である安積親王がおり、反藤原勢力から皇統を継ぐ者として嘱望されていた。当時は天武天皇の孫王がまだ健在の時代であり、藤原氏に推されて皇太子となった阿倍内親王の立場は不安定なものであった[9]。しかし、安積親王は天平十六年(七四四)に死去し、また阿倍内親王の即位に反対し、諸兄の後ろ盾ともなっていた元正太上天皇が天平二十年(七四八)に死去したことで、光明皇后や仲麻呂の優位は決定的なものとなり、天平勝宝元年(七四九)に阿倍内親王は孝謙天皇として即位する[仁藤 二〇二一]。このように七四七年の「肖奈王」賜姓は、阿倍内親王と仲麻呂が権力を確立していく只中で行われたものといえる。

さて、この時期に新羅や渤海との通交は確認できないものの、天平十八年(七四六)には、「正倉院文書」の「経師等調度充帳」(『大日本古文書』八―五八一)や『懐風藻』の「石上朝臣乙麻呂伝」にみえる、石上乙麻呂を大使とする遣唐使派遣計画があったと考えられている。これについて東野治之氏は、新羅への牽制が目的であったとし、新羅問題が政治課題から後退したために派遣されなかったと推測している[東野 一九七二]。しかし、同年十月には「令三安芸国造二船二艘一。」(『続日本紀』天平十八年〔七四六〕十月丁巳〔九日〕条)とあるように、遣唐使船とみられる船を造らせており、この時点ではまだ遣唐使派遣が計画されていたものと考えられる。また、新羅との間でさらなる問題が発生したことを示す史料もこの時期にはみられない。一方で注目されるのは、天平十九年(七四七)と天平二十年の元日朝賀が廃朝とされ、これが聖武天皇の不豫と関係すると考えられる(『新日本古典文学大系　続日本紀　三』岩波書店、一九九二、三八頁 注一・五一頁 注二二)ことや、天平十八年〜十九年にかけて亢旱が続き、産業助長の詔が出されたり(『続日本紀』天平十九年二月丁卯〔二十一日〕条)、羅城門で雨乞いが行われている(同六月己未〔十五日〕条)ことである。これらを踏まえると、王権や国内情勢が安定しない中で、遣唐使を派遣して外交問題に直接的に取り組む余裕がなかったために、七四六年の遣唐使を発遣することができなかったものと考えられる。すなわち、新羅や渤海を「朝貢国」として位置づけることができない状況の中で、七四六年の時点では遣唐使の派遣が目指されていたものの、それが実現できない事態に陥っていたのである。これこそが、七四七年に肖奈公氏に「肖奈王」が賜姓された理由であろう。すなわち、直接的な対外交渉を行うことができない中で、国内に「高句麗王族」を抱えていることを示すことで、政権の強化が図られたのであった。

本節で検討してきたように、藤原仲麻呂が権力を拡大していく時期にあって、新羅や渤海をめぐる国際関係の変化、阿倍内親王の立場の不安定さ、聖武の不豫、天候不順といった問題に対応して「肖奈王」の賜姓が行われ、これによって仲麻呂が後ろ盾とした聖武天皇—光明皇后—阿倍内親王の権威の上昇が図られたものと考えられる。(10)

5　藤原仲麻呂政権と高麗朝臣

本節では、天平十九年(七四七)六月に肖奈王を賜姓されてから、三年も経たない天平勝宝二年(七五〇)正月に高麗朝臣に再び改姓された理由について、高麗朝臣一族の遣外使節任用や、藤原仲麻呂政権にとって「高麗」がどのような意味を有していたかを踏まえて考えていきたい。

高麗朝臣への改姓の理由については、福信とともに改姓された高麗大山が遣唐使の判官となったことと関連付けて理解されてきた。この遣唐使は、天平勝宝二年（七五〇）九月に大使藤原清河、副使大伴古麻呂、判官・主典各四人が任じられている（『続日本紀』同年九月己酉〔二十四日〕条）。そして天平勝宝四年（七五二）閏三月に節刀が授与され（同四年閏三月丙辰〔九日〕条）、この年のうちに発遣された（『万葉集』巻九―四二六四・四二六五）。さらに帰国にあたり、天平勝宝六年（七五四）四月壬申（七日）条に、「入唐廻使従四位上大伴宿禰古麿・吉備朝臣真備並授二正四位下一・判官正六位上大伴宿禰御笠・巨萬朝臣大山並従五位下。自餘使下二百廿二人、亦各有レ差。」とあり、また同四月癸未（十八日）条に「大宰府言、入唐第四船判官正六位上布勢朝臣人主等、来二泊薩摩国石籬浦一。」とみえることから、大伴御笠・巨萬（高麗）大山・布勢人主が七五〇年九月に任じられた判官四人のうちの三人であることが分かる。この後も高麗大山は、天平宝字五年（七六一）に「遣高麗使」（遣渤海使）に任じられ、また天平宝字六年（七六二）には一族の高麗広山が遣唐副使に、宝亀八年（七七七）には高麗殿嗣が渤海使の送使に任じられた。

このように高麗朝臣一族からは、対外交渉の任に就いた者が何人も出ていることが指摘されてきた〔佐伯 一九八三〕。さらに赤木隆幸氏は、明経博士であり「宿儒」（『藤氏家伝』武智麻呂伝）とみえる肖奈行文について、神亀三年（七二六）に長屋王邸で新羅使を饗した際に詠んだ歌が『懐風藻』に採録されていることや、『続日本紀』神亀四年（七二七）十二月丁亥（二十五日）条に「授二正六位上肖奈公行文従五位下一。渤海郡王使高斉徳等八人入レ京。」とあって行文の昇叙と渤海使の入京が同日で、入京から朝賀、饗宴に至るまで通訳を兼ねて渤海使と行動を共にしたものと推測されることから、肖奈公氏が外交的な氏族性質を有していたとする。また、七三九年に来日した渤海使についても、『続日本紀』天平十一年（七三九）七月乙未（五日）条に「授二外従五位下背奈公福信従五位下一」とある福信の昇叙と関連付けて理解している〔赤木 二〇一八〕。さらにこの史料からは、福信が外位から内位に転じていることが分かる。以上のように肖奈公氏は、渤海使の来日への対応を通して外交実務を担うようになり、またこれによって中央貴族としての地位を固めていったものと考えられる。そしてその後、前節でみてきたように政権の都合により「肖奈王」が賜姓されたのである。

さて、大山等が遣外使節に相応しいことは一族の氏族性質から理解できるが、ではなぜ七五〇年九月に遣唐使が任じられる直前の同年正月に、肖奈王から高麗朝臣へと改姓されたのだろうか。これについては菅澤庸子氏が、唐に与える影響を微妙に計算しての改姓で、旧高句麗王族を家臣として抱えていることをアピールしたものであり、「高麗」の名は必要であるが「高麗王」という冊封体制を思わせる称は外交上憚り、王のかわりに朝臣を冠したと指摘する［菅澤 一九九〇］。これを踏まえて田中史生氏は肖奈王氏について、「王」姓賜与によって表現される日本の「中華」世界は対外的承認を前提としないものであり、「肖奈王」は対外的には通用しないものであったとする。そして、「高麗朝臣」の氏姓を持つ者を活発に遣外使節に任用したことには、日本の臣下となっている高句麗王族出身者の存在を対外的に誇示し、渤海や新羅に対する日本の優位を国際的にアピールする意図があったと述べる［田中 一九九四］。

すなわち、肖奈王氏について「肖奈公」に戻すのではなく、新たに「高麗朝臣」という新しい氏姓を与えたのは、この一族に「高麗」と名乗らせ、遣外使節とすることに意味があるということである。ここではさらに、仲麻呂政権の特質から「高麗」について検討していきたい。

まず、仲麻呂政権の確立の様子について確認しておく。天平勝宝元年（七四九）七月、阿倍内親王が孝謙天皇として即位すると同時に仲麻呂は大納言に任じられたが、太政官には左大臣の橘諸兄や仲麻呂の兄で右大臣の藤原豊成がおり、光明皇后と仲麻呂だけで政治を主導することができたわけではなかった。そこで、同年八月に皇后宮職を改組して紫微中台を設置し、仲麻呂が紫微令となった。これ以後、仲麻呂は紫微中台を基盤として光明皇后と連携しながら権力を掌握していった［木本 二〇二二］。天平勝宝二年（七五〇）正月には、諸兄政権を支えてきた吉備真備を筑紫守に「左降」し、さらにこの年の九月に任じられた遣唐使に、翌年十一月になってから真備を副使として追加任命する。(11)これは真備を諸兄のもとから遠ざける計画的な人事であったと考えられ、諸兄政権の弱体化を狙ったものであった［木本 二〇一一］。天平勝宝五年（七五三）四月には光明皇太后が病気に、また聖武も天平勝宝七歳（七五五）十月に不豫となり、翌年にはますます病状が悪化していく。こうした中で、天平勝宝六年（七五四）から反仲麻呂派の動きが活発化していき、宴飲の席で政治的策謀がめぐらされるなどしたが、仲麻呂は反対派を抑えこんでいった。そして第1節でみた通り、天平勝宝八歳（七五六）～天平宝字二年（七五八）にかけて、諸兄の致仕、聖武太上天皇の死去、諸兄の死去、道祖王の廃太子、大炊王の立太子、橘奈良麻呂の変、淳仁天皇の即位が続き、仲麻呂政権が確立する。

政権を完全に掌握した仲麻呂は、唐風化をはじめとして特徴的な政策を展開したことが知られる。そして、藤原不比等によって作成された養老律令を施行したり、橘諸兄政権下の緊縮策として整理・統合された安房国などの令制国を復置するなど、祖父である不比等を意識した拡大政策が行われた。仲麻呂は橘奈良麻呂の変の直後の天平宝字元年（七五七）七月に子の朝獦を陸奥守とし、東北経略を開始した。天平宝字二年（七五八）十二月には陸奥国桃生城・出羽国雄勝城の造営を始め、翌年九月頃までに工事が完了したと考えられている。それまでの城柵は、前方後円墳の北限地帯に設置されていたのに対して、桃生城と雄勝城はかつての続縄文文化圏に踏み込んでつくられた城柵であり、文化的・社会的により異質な蝦夷と直接対峙することとなった［熊谷 二〇〇四］。神亀元年（七二四）に北上川下流域で起こった「海道蝦夷」の反乱の後、蝦夷の反乱は宝亀五年（七七四）に「海道蝦夷」が桃生城を攻撃するまで起こっておらず、仲麻呂が政権を担った頃は支配が安定した時期であった［鈴木 二〇一五］。それにもかかわらず積極的な東北経営を行ったのは不比等を意識したものであり、「中華」思想の影響もあったと考えられている［虎尾 一九九五］。そして第1節でみた史料6も同様に、「化外」に対する積極的政策であると理解することができ、田中史生氏によれば、「明王之化」を持つ天皇を中心として形成される「我俗」が、「化外」に存在する「俗」よりも上位に位置し、「化外」の

「俗」は「我俗」に移行してくるという「中華」的世界観の下、天皇による「蕃姓」者への賜姓によって天皇が全世界の中心に位置するという律令国家成立時からの枠組みを具体的に示そうとしたものであるという［田中 一九九六］。

以上のように仲麻呂は「中華」を意識していたが、第4節でみたようにこの時期には新羅との関係は悪化しており、「朝貢国」として扱うことができなくなっていた。そして天平十四年(七四二)・同十五年(七四三)の遣新羅使・新羅使の後、十年にわたって日本と新羅の間で外交使節の往来はなかった。こうした中で計画されたのが、先にみた天平勝宝の遣唐使であった。この遣唐使には仲麻呂の第六子である刷雄も留学生として同行しており、大使藤原清河への節刀の授与にあたり、異例ながら刷雄も无位から従五位下に叙せられている。また、この遣唐使は鑑真を招聘した他、帰国後には唐にならった改革が行われたことから、唐の最新の政治制度に関する情報収集と調査が命じられていたようである。このように仲麻呂は、大きな期待をもってこの遣唐使を派遣したものと考えられる［木本 二〇一二］。だからこそ、遣唐使人たちへの餞別の宴を自邸にて催している(『万葉集』巻十九―四二四二～四二四四 詞書)のであろう。さらに使節一行が難波から発遣するのに際しては、勅によって高麗福信を難波に派遣して酒肴を賜い、孝謙の壮行歌を贈っている(『万葉集』巻十九―四二六四・四二六五 詞書)が、高麗大山が判官を務める遣唐使の壮行に高麗福信を差し向けているということであり、仲麻呂政権の外交において高麗朝臣一族が大きな役割を果たしていたことが窺える。

遣唐使の発遣と同じ天平勝宝四年(七五二)、九年ぶりに新羅使が来日した(12)。この新羅使は王子金泰廉や貢調使大使金暄、送王子使金弼言ら七〇〇余人が大宰府に来泊し、そのうち三七〇余人が入京するという大規模なもので、「王子」が来日したことや「貢調使」であることなどから、日本側は久しぶりに「朝貢使節」としての体裁をとった新羅使に歓喜した。しかし新羅がこのような使節を派遣したのは外交方針を転換したからではなく、日本側の「中華」としての意識を満足させることで放還されることなく確実に入京を期し、「買新羅物解」にみえるような交易を行うためであったと考えられる［柿沼 二〇二三a・b］。実際、翌七五三年に新羅は日本の遣新羅使について「慢而無礼。王不レ見レ之。」(『三国史記』巻九・新羅本紀・景徳王十二年八月条)とあるように、王が引見することなく放還しており、その後、天平宝字四年(七六〇)まで新羅使の来日はみられず、外交関係が悪化した状態で国家間の通交が途絶する。そして仲麻呂政権下では、新羅征討が計画された。天平宝字二年(七五八)十二月に安史の乱の消息が伝わると、征討が現実的に可能であると判断されることとなり[柿沼 二〇二三a]、翌年六月に行軍式を大宰府につくらせ、九月には北陸・山陰・山陽・南海道に対して三年以内に船五〇〇艘を造るように命じるなど、戦争の準備が着々と進められていった。その後、天平宝字四年(七六〇)九月、天平宝字七年(七六三)二月、天平宝字八年(七六四)七月に新羅使の来日があったが、いずれも日本が求める「朝貢使節」としての体裁が整っていないとして入京を認めず、大宰府から放還している。また、仲麻呂政権下では、遣新羅使は一度も派遣されなかった。

一方、渤海との間では、天平勝宝四年(七五二)に渤海使が来日した後、天平宝字二年(七五八)に日本が派遣した小野田守を大使とする遣渤海使によって通交が再開された。仲麻呂政権下ではこの後も、天平宝字三年(七五九)と同六年(七六二)に渤海使が来日しており、同四年(七六〇)、同五年(七六一)、同六年(七六二)に遣渤海使が任命されている。そして渤海使に対して仲麻呂は、七五九年には自邸である田村第に招いて饗宴を行い、「当代文士賦レ詩送別」(『続日本紀』天平宝字三年正月甲午(二十七日)条)がなされる[13]など、親しく交流したことが知られている。

以上のように、仲麻呂政権下では新羅との関係が冷却化していたのに対して、渤海との通交は活発に行われた。[14]では、仲麻呂はなぜ渤海を重視したのであろうか。その理由について、渤海のことを「高麗」と称したことと関連させて考えてみたい。

第4節でみたように、日本側も渤海側も、渤海が高句麗の後裔であるということは意識していた。しかし渤海のことを「高麗」と称す事例は、天平宝字二年(七五八)～宝亀九年(七七八)の間にしかみられない[浜田 二〇一六]。渤海を「高麗」と称す意味について石井正敏氏は、渤海が日本との交渉を円滑に進めるために、かつての「朝貢国」である高句麗の継承国として朝貢することを求める日本に迎合したものとする〔石井 一九七五〕。一方で赤羽目匡由氏は、かつての大国である高句麗の継承国であることを誇って自ら称したとする〔赤羽目 二〇一一〕。両氏の解釈は異なるものの、どちらも渤海が「高麗」を自称したとする点では共通する。しかし、日本側が渤海のことを「高麗」と称する事例は多くみられるものの、渤海側が「高麗」を自称しているとされる史料は、次の渤海使による奏上記事が唯一のものである。

『続日本紀』天平宝字三年(七五九)正月庚午(三日)条

帝臨レ軒。高麗使楊承慶等貢二方物一、奏曰、高麗国王大欽茂言、承聞、在二於日本一照二臨八方一聖明皇帝、登二遐天宮一、攀号感慕、不レ能二黙止一。是以。差二輔国将軍楊承慶、帰徳将軍楊泰師等一、令下齎二表文并常貢物一入朝上。詔曰、高麗国王遙聞三先朝登二遐天宮一、不レ能二黙止一、使二楊承慶等来慰一。聞レ之感痛、永慕益深。但歳月既改、海内従レ吉。故不下以二其礼一相待上也。又不レ忘二旧心一、遣レ使来貢。勤誠之至、深有二嘉尚一。

この記事を分析した浜田久美子氏は、ここにみえる「高麗」の部分はあくまで日本側が記載したものであり、「高麗」国号は渤海側による自称ではなく、仲麻呂政権の渤海外交における戦略として用いられたものであるとする〔浜田 二〇一六〕。たしかに、唐から冊封を受ける渤海が、「高麗」という国号を自ら東アジアの外交の場で用いるとは考え難い。浜田氏が指摘するように、「高麗」というのは仲麻呂政権が一方的に渤海のことを、かつての「朝貢国」と認識する高句麗に見立てて使用した国号であると考えるのが妥当であろう。そして渤海側が「高麗」と称されることについて疑義を唱えず、「朝貢国」と見做すことができたからこそ、仲麻呂は渤海を重視したものと考えられる。

さて、仲麻呂が政権を掌握する以前の渤海との通交では、遣渤海使の派遣は渤海使の帰国に際して行われるものであった。しかし仲麻呂の主導によって初めて派遣された天平宝字二年(七五八)の遣渤海使は、渤海使の帰国と連動せずに派遣されている。すなわち、日本側の意志で派遣された最初の遣渤海使ということになる。この時には大宰少弐や遣新羅大使を歴任し、仲麻呂政権の外交を支えた小野田守が大使を務めている。さらに、天平宝字五年(七六一)の遣渤海使もまた、渤海使の帰国と連動しておらず、政権の判断によって派遣されている。この時に「遣高麗大使」に任じられたのが高麗大山であった。ここからは、「高麗朝臣」という氏姓を持つ者を派遣したこと自体に政治的意図があったことが窺える。つまり、「朝貢国」であったと日本側が認識する高句麗の系譜を引く渤海を「高麗」と称し、そこへ、現在は日本の臣下となっている高句麗系氏族であり、かつウヂ名として「高麗」を冠する高麗朝臣を派遣することで、朝鮮半島諸国に対して日本を「中華」とする国際秩序を再構築しようとしたということであろう。

本節で検討してきたように、外交に関する実務能力を有していた肖奈王氏の一族は、遣唐使の派遣計画が持ち上がる中で、高句麗系の貴族を日本が臣下としていることを唐による渤海の冊封と矛盾しない範囲で東アジア諸国に対して喧伝するために「高麗朝臣」へと改姓された。さらに高麗朝臣一族は、渤海のことを「高麗」と称するようになる仲麻呂政権の下で、「高麗」というウヂ名にそれまで以上の政治的意味が付与され、利用されることとなった。

おわりに――高倉朝臣へ――

高麗朝臣一族が「高麗」というウヂ名に改姓され、政治的・外交的に利用されたことについて、本人たちはどのように考えていたのだろうか。

高麗福信や高麗大山が何度も登場する「正倉院文書」では、「高麗朝臣」のことを「巨萬朝臣」と表記する事例が散見される。これについては、水野柳太郎氏が「「高麗朝臣」とされたことには何等かの不満」があったのではないか[水野 一九九二]と推測し、中村順昭氏も「高麗の表記をあえて避けたようである」[中村 二〇一八]と指摘する。第1節でみたように、改姓された他の渡来系氏族のほとんどは半島に由来する語を新しいウヂ名とはしなかったことから、例外的に「高麗」というウヂ名を付けられたことに違和感を抱いたとしても不思議ではない。

さらに高麗大山について、「正倉院文書」では「滑《渤カ》海大使高麗大夫」（『大日本古文書』一五―三八八）との表記があり、また先にみた『続日本紀』天平勝宝六年（七五四）四月壬申（七日）条の遣唐使判官としての叙位記事でも、「巨萬朝臣大山」と表記されている。ここからは、渤海のことを「高麗」と称すことも、高麗朝臣一族が「高麗」という国名を冠していることも、仲麻呂以外はこだわっていないことが窺える。

そして天平宝字八年（七六四）、孝謙太上天皇と対立した藤原仲麻呂はいわゆる「藤原仲麻呂の乱」で滅ぼされた。仲麻呂政権下における対渤海外交の方針はこれによって転換し、宝亀二年（七七一）の渤海使に対しては「北路」（東北や北陸の日本海沿岸地域経由）で入境することを禁止し、「筑紫道」（大宰府経由）で入境することを求める指示が出された(15)。それまで渤海使が大宰府経由で来日したことはなく、またそれは現実的でもないことから、この指示は仲麻呂派の拠点となっていた北陸の外交機能を制限するとともに、旧仲麻呂派が渤海と結ぶことを警戒するものであったと考えられる。渤海と親しく交流し、渤海を高句麗に見立てることによって「中華」を目指すという外交方針は、もはや終焉を迎えたということである(16)。

渤海のことを「高麗」と称する事例は、史料上、宝亀九年（七七八）が最後となる。その翌年、史料3・史料4のように福信は高倉朝臣へと改姓された。ここにきて「旧俗之号」が取り除かれたのである。これは渤海を重視し、「高麗」を利用した仲麻呂外交からの転換と軌を一にしたものと考えられる。

高麗福信は、橘諸兄政権期に五位に上ったが、仲麻呂政権下では仲麻呂が中衛大将となった中衛府の中衛少将と、仲麻呂が紫微令となった紫微中台の紫微少弼を務め、「橘奈良麻呂の変」では兵を率いて奈良麻呂派の貴族の追捕を行うなど、仲麻呂派の一員として活動した。しかし天平神護元年（七六五）正月に正四位下から従三位に二階級昇進したことから、「藤原仲麻呂の乱」では孝謙太上天皇の側についたと考えられている〔加藤 二〇一八、中村 二〇一八〕。神護景雲元年（七六七）三月には造宮卿但馬守のまま、初めて設置された法王宮職の大夫を兼ね、道鏡政権の有力メンバーとなっている。そして宝亀元年（七七〇）八月に称徳天皇の死去によって道鏡が失脚した後も、造宮卿としての地位を維持し、さらには直後に武蔵守に任じられている。そして延暦四年（七八五）に致仕するまで上級官人であり続けた。このように福信は、奈良時代後半の各政権で重用されつつ、度重なる政変を経ても失脚することなくその地位を保った。福信について新井孝重氏は「政治陰謀が渦巻くこの時代、（中略）その陰謀の空気にめげることなく動きまわり、おのれの立場をつよめていた。かれは宮中の陰謀政治に耐えるタフで都市的な、目先のきく人間であった」〔新井二〇一〇〕と評し、森公章氏は「幾多の政治の変転を切り抜ける変わり身の早さを有しており、藤原仲麻呂・道鏡などの権力者の身辺に仕える一方で、政変に巻き込まれない処世に努めることができた」〔森二〇二三〕と指摘する。

福信はこのように目先が利き、変わり身が早い人物であったからこそ、外交姿勢や政治的状況の変化によって「高麗朝臣」であることに意味がなくなる中で、政治的に利用されかねない「高麗」というウヂ名からの改姓を願い出て、政治的・外交的変動に巻き込まれないようにしたということであろう。

高麗朝臣一族は、律令国家の対渤海外交に翻弄されながらも改姓を繰り返しつつ、したたかに奈良時代を生き抜いたのである。

註

（1）福信が「高麗福信」であった期間は八一年の人生のうちの三十年程ということになるが、本稿では便宜的に、福信の一族のことを時期にかかわらず「高麗朝臣一族」と呼称することとする。

（2）大隅諸島の種子島や屋久島の一部を領域とする行政区画。

（3）「度感嶋（徳之島）」からの初めての通交についての「其度感嶋通二中国一於レ是始矣。」（『続日本紀』文武天皇三年〔六九九〕七月辛未〔十九日〕条）という記事には、日本を「中国」とする意識が顕れている。

（4）鈴木正信氏も、高麗郡の設置が日本による「高句麗王権」の取り込みの象徴であるならば、百済王禅広を難波に住まわせたように、高麗王若光を高麗郡へ移住させたはずであり、それが行われていない以上は、高麗郡の設置は政治的・外交的な理念とは切り離して検討すべきとする〔鈴木 二〇一八〕。

（5）嶋足はもともと丸子嶋足といい、天平勝宝五年（七五三）八月に「牡鹿連」の氏姓を賜り、天平宝字八年（七六四）に藤原仲麻呂の乱に際しての功績により宿禰の姓を賜り、さらに天平神護二年（七六六）二月までの間に「道嶋宿禰」へと改められた。元々の氏姓である「肖奈」が本姓として書かれている福信と異なり、道嶋嶋足の場合は最初の氏姓である「丸子」ではなく一つ前の氏姓である「牡鹿連」が本姓とされているが、これは「丸子」の場合は東国に広く分布する氏族名であり、一族としての一体性や同一性が希薄であることによるか。

（6）史料1はこの後にも「外従五位下茨田弓束・従八位上茨田枚野宿禰姓。外従五位下出雲屋麻呂臣姓。」と続く改姓記事の一部である。これらはどれも改姓後の姓のみが書かれ、元の姓は省略されている。ここで史料1の前後の賜姓記事もみておきたい。

①「従四位下下道朝臣真備賜二姓吉備朝臣一。」（『続日本紀』天平十八年〔七四六〕十月丁卯〔十九日〕条）

②「国見真人真城、改賜二大宅真人姓一。」（『続日本紀』天平十九年〔七四七〕正月壬辰〔十六日〕条）

③「正六位上市往泉麻呂賜二岡連姓一。」（同十月辛亥〔九日〕条）

④「外従五位下気太十千代等八人、賜二気太君姓一。」（同十月乙卯〔十三日〕条）

⑤「伊勢国人従六位上伊勢直大津等七人、賜二中臣伊勢連姓一。」（同十月丙辰〔十四日〕条）

①・②は、姓は変更なくウヂ名のみを改めている事例であるが、元の姓を省略せずに表記されている。③・④は、史料1と同様に姓のみ改姓される際に元の姓が省略されている。⑤は、ウヂ名と姓の両方が改められているが、①・②と同様に改姓前後の氏姓が省略されずに記されている。

以上のように、姓のみが改められてウジ名が変わらない③・④のような場合には、元の姓を省略せずに記される傾向がある。よって、史料1で「公」が省略されているのは文体の関係であると考えられる一方で、史料4は単純に「公」が省略されているとは考え難い。

（7）『万葉集』巻十六―三八三六には「消奈行文大夫」とみえ、ここからも肖奈のウジ名が「消奴」の音からきていることが窺える。

（8）　浜田久美子氏は、「肖奈王」の賜姓によって官人ではなく「蕃客」として待遇したことになり、律令国家の「客分」としての性格を与えたと解釈する［浜田 二〇一六］。しかし百済王氏の場合、先にみた『日本書紀』天智天皇三年（六六四）三月条では「百済王善光王」となっており、「百済王」であるところの「善光王」とされていることからもこの段階では「客分」であると考えられるが、持統朝以後の「百済王」はあくまでも氏族名として表れ、百済王氏は王臣化されている。肖奈王氏について「肖奈王福信王」などの表記はないため、肖奈王氏を百済王氏と同様に「蕃客」・「客分」として捉えることはできない。

（9）　『続日本紀』天平宝字六年（七六二）六月庚戌（三日）条に、

　朕御祖大皇后乃御命以弖朕尓告之尓岡宮御宇天皇乃日継波加久弖絶奈牟止為。女子能継尓波在止母欲令嗣止宣弖此政行給岐。

とある。これは孝謙太上天皇と淳仁天皇の不和を背景として孝謙によって出された宣命の中で、阿倍内親王の即位の事情について述べた部分であるが、孝謙は即位の段階でもなお、天武の皇子である草壁皇子の血統によって皇位継承を正統化する必要があり、また光明皇太后の政治的領導力によって政権が支えられた様子を窺うことができる［木本 二〇二二］。

（10）　天平十九年（七四七）六月の「肖奈王」賜姓に先立つ同年三月に、大養徳国の名称を改めて、旧来の大倭国に戻されたこと（『続日本紀』天平十九年三月辛卯（十六日）条）も、橘諸兄の政治的後退と藤原仲麻呂の政治的進出を意味しており（『新日本古典文学大系　続日本紀 三』岩波書店、一九九二、補注十七―十）、まさに仲麻呂へと権力が移行する中で賜姓が行われたといえる。

（11）　この時に真備は従四位上であり、遣唐大使である藤原清河（従四位下）よりも位階が高いにもかかわらず、副使とされた。なお、清河は天平勝宝四年（七五二）閏三月の節刀授与に際して正四位下に昇叙され、真備より上位となった。

（12）　新羅使の来日についての奏上が大宰府からあったのは閏三月二十二日であり、その時点では遣唐使は都を出ていると考えられることから、遣唐使発遣と新羅使の来日には、関係性は認められない。

（13）　この時に副使楊泰師が作った二首が『経国集』に残されている。

（14）　この時期には国際情勢に関する情報も、新羅に代わって渤海経由で入手していた［浜田 二〇一五］。

(15)『続日本紀』宝亀四年(七七三)六月戊辰(二四日)条に、

宣二告渤海使烏須弗一曰、太政官処分、前使壱万福等所レ進表詞驕慢。故告二知其状一、罷去已畢。而今能登国司言、渤海国使烏須弗等所レ進表函、違レ例无礼者。由レ是、不レ召二朝庭一、返二却本郷一。但表函違レ例者、非二使等之過一也。渉レ海遠来、事須二憐矜一。仍賜二禄并路粮一放還。又渤海使、取二此道一来朝者、承前禁断。自レ今以後、宜下依二旧例一、従二筑紫道一来朝上。

とあり、七七三年に渤海使に対して「此道」をとることは「承前禁断」であると伝えていることから、「北路」禁止は一つ前の使節である七七一年の渤海使に対して出された指示であると考えられる。

(16)宝亀八年(七七七)には高麗殿嗣が渤海使の送使に任じられているが、これは外交の実務能力によるものであろう。

参考文献

赤木隆幸　二〇一八「肖奈氏における高麗朝臣賜姓の歴史的背景」高橋一夫・須田勉編『古代高麗郡の建郡と東アジア』高志書院
赤羽目匡由　二〇一一「八世紀における渤海の高句麗継承意識をめぐって—日本に対する高句麗継承意識主張の一解釈—」『渤海王国の政治と社会』吉川弘文館
新井孝重　二〇一〇「古代高麗氏の存在形態」『日本歴史』七四九
石井正敏　一九七四「初期日本・渤海交渉における一問題」『日本渤海関係史の研究』吉川弘文館　二〇〇一所収
石井正敏　一九七五「日本・渤海交渉と渤海高句麗継承国意識」前掲書所収
石井正敏　一九七九「第二次渤海遣日本使に関する諸問題」前掲書所収
石井正敏　二〇〇三『東アジア世界と古代の日本』山川出版社
石上英一　一九八四「古代国家と対外関係」歴史学研究会・日本史研究会編『講座日本歴史二　古代二』東京大学出版会
石上英一　一九八七「古代東アジア地域と日本」朝尾直弘・網野善彦・山口啓二・吉田孝編『日本の社会史 第一巻　列島内外の交通と国家』岩波書店
伊藤　循　一九九四「古代王権と異民族」『歴史学研究』六六五
伊藤千浪　一九八五「律令制下の渡来人賜姓」『日本歴史』四四二
井上直樹　二〇一六「高句麗遺民と新羅」『高句麗の史的展開過程と東アジア』塙書房　二〇二一所収

植田喜兵成智　二〇一九「武周・開元期の王権と百済・高句麗遺民」『新羅・唐関係と百済・高句麗遺民　古代東アジア国際関係の変化と再編』山川出版社　二〇二二所収
柿沼亮介　二〇一七「律令国家形成期における対外関係と日本の小中華意識」『日本攷究』四一
柿沼亮介　二〇一八「東アジアからみた高麗郡建郡」高橋一夫・須田勉編『古代高麗郡の建郡と東アジア』高志書院
柿沼亮介　二〇二三ａ「藤原仲麻呂政権と武蔵国新羅郡の建郡」須田勉・高橋一夫編『渡来・帰化・建郡と古代日本―新羅人と高麗人―』高志書院
柿沼亮介　二〇二三ｂ「新羅と倭・日本」佐藤信編『古代史講義【海外交流篇】』ちくま新書
筧　敏生　一九八九「百済王姓の成立と日本古代帝国」『古代王権と律令国家』校倉書房　二〇〇二所収
加藤謙吉　二〇一八「肖奈行文と高麗福信」高橋一夫・須田勉編『古代高麗郡の建郡と東アジア』高志書院
加藤恭朗　二〇二一「高麗(肖奈)福信の出生地と在地社会―甍伝を遺跡と遺物から読み解く―」須田勉・荒井秀規編『古代日本と渡来系移民』高志書院
木本好信　二〇一一『ミネルヴァ日本評伝選　藤原仲麻呂』ミネルヴァ書房
木本好信　二〇二二『奈良時代』中公新書
熊谷公男　二〇〇四『蝦夷の地と古代国家』山川出版社
佐伯有清　一九八三『新撰姓氏録の研究 考証篇第五』吉川弘文館
佐伯有清　一九九一「背奈氏の氏称とその一族」『成城文藝』一三六
菅澤庸子　一九九〇「古代日本における高麗の残像―渤海・背奈王氏を通して―」『史窓』四七
菅澤庸子　一九九九「八世紀における新来渡来人の改賜姓について」『世界人権問題研究センター 研究紀要』四
鈴木拓也　二〇一五「律令国家と蝦夷」『岩波講座 日本歴史 第五巻 古代五』岩波書店
鈴木正信　二〇一八「高麗王若光と武蔵国高麗郡」新川登亀男編『日本古代史の方法と意義』勉誠出版
鈴木靖民　一九六九「奈良時代における対外意識―『続日本紀』朝鮮関係記事の検討―」『古代対外関係史の研究』吉川弘文館　一九八五所収
田中史生　一九九四「「王」姓賜与と日本古代国家」『日本古代国家の民族支配と渡来人』校倉書房　一九九七所収
田中史生　一九九六「律令国家と「蕃俗」―渡来系氏族の姓と出自の問題」前掲書所収
東野治之　一九七一「天平十八年の遣唐使派遣計画」『正倉院文書と木簡の研究』塙書房　一九七七所収
遠山美都男　一九九四「日本古代の畿内と帰化氏族」水野祐監修・荒木敏夫編『古代王権と交流 五　ヤマト王権と交流の諸相』名著出版

富元久美子　二〇一四「渡来人による新郡開発―武蔵国高麗郡―」天野努・田中広明編『古代の開発と地域の力』高志書院
富元久美子　二〇二一「武蔵国高麗郡とその周辺地域―現入間郡市における八世紀の開発の詳細―」須田勉・荒井秀規編『古代日本と渡来系移民』高志書院
虎尾俊哉　一九九五『古代東北と律令法』吉川弘文館
長瀬一平　一九八五「白村江敗戦後における「百済王権」について」『千葉史学』六
中村順昭　二〇一八「高麗福信と武蔵国」高橋一夫・須田勉編『古代高麗郡の建郡と東アジア』高志書院
仁藤敦史　二〇二一『藤原仲麻呂　古代王権を動かした異能の政治家』中公新書
長谷部将司　二〇一九「高麗朝臣氏の氏族的性格――二つの「高麗」をめぐる記憶の受容」篠川賢編『日本古代の氏と系譜』雄山閣
浜田久美子　二〇一五「遣唐使藤原清河の帰国策」『日本古代の外交と礼制』吉川弘文館　二〇二二所収
浜田久美子　二〇一六「藤原仲麻呂と「高麗」―渤海の「高麗」国号をめぐって―」前掲書所収
浜田久美子　二〇二二「八・九世紀の日本と新羅―遣新羅使再々考―」前掲書所収
古畑　徹　一九八三「七世紀末から八世紀初にかけての新羅・唐関係」『渤海国と東アジア』汲古書院　二〇二一所収
水野柳太郎　一九九二「紫微中台と坤宮官」『奈良史学』一〇
宮瀧交二　二〇〇八a「古代武蔵国高麗郡をめぐる研究の現状について」野田嶺志編『地域のなかの古代史』岩田書院
宮瀧交二　二〇〇八b「高麗郡の設置と渡来人」飯能市名栗村史編集委員会編『名栗の歴史(上)』飯能市教育委員会
森　公章　二〇二三『地方豪族の世界―古代日本をつくった三〇人』筑摩書房
義江明子　一九七五「律令制下の公民の姓秩序」『史学雑誌』八四―一二

〈コラム〉

高麗郡高岡廃寺第2建物と渤海の墓上建物

須田　勉

はじめに

武蔵国高麗郡には、女影廃寺・大寺廃寺・高岡廃寺の三カ寺の古代寺院跡が存在し、いずれも八世紀中頃に成立したと考えられている［加藤 二〇一八］。霊亀二年（七一六）に建郡された高麗郡が、この頃、独立した郡としての体制整備が完成の域に達したことを象徴的に物語る遺跡である。

それらの寺院は、それぞれ異なる性格を有していた。すなわち、女影廃寺は高麗郡家推定地である王神遺跡、拾石遺跡に近い平地寺院であり、軒先瓦の種類や仏教関係遺物が多く出土することから高麗郡の郡寺と考えられてきた。また、女影廃寺の北東約五㌔にある大寺廃寺は、宿谷川で結界された静寂な地にあることから、女影廃寺などの僧侶の修行にともなう山林寺院と考えられる。さらに高岡廃寺に関しては、高麗氏系図にみられる天平勝宝三年（七五一）に死亡した僧勝楽の菩提を弔った寺と考えられてきた［高橋 一九七八］。

これらのうち、高岡廃寺に関しては、二〇一六年に行った高麗郡建郡一三〇〇年記念事業の公開歴史講演会「高句麗から高麗郡へ」のシンポジウムの際に、同寺の第2建物の石敷遺構に着目し高麗郡の有力者の墓であるという見解を発表したことがある［須田 二〇一六］。ここでは、これを一歩進め、そのルーツを含め再度検討を行うものである。

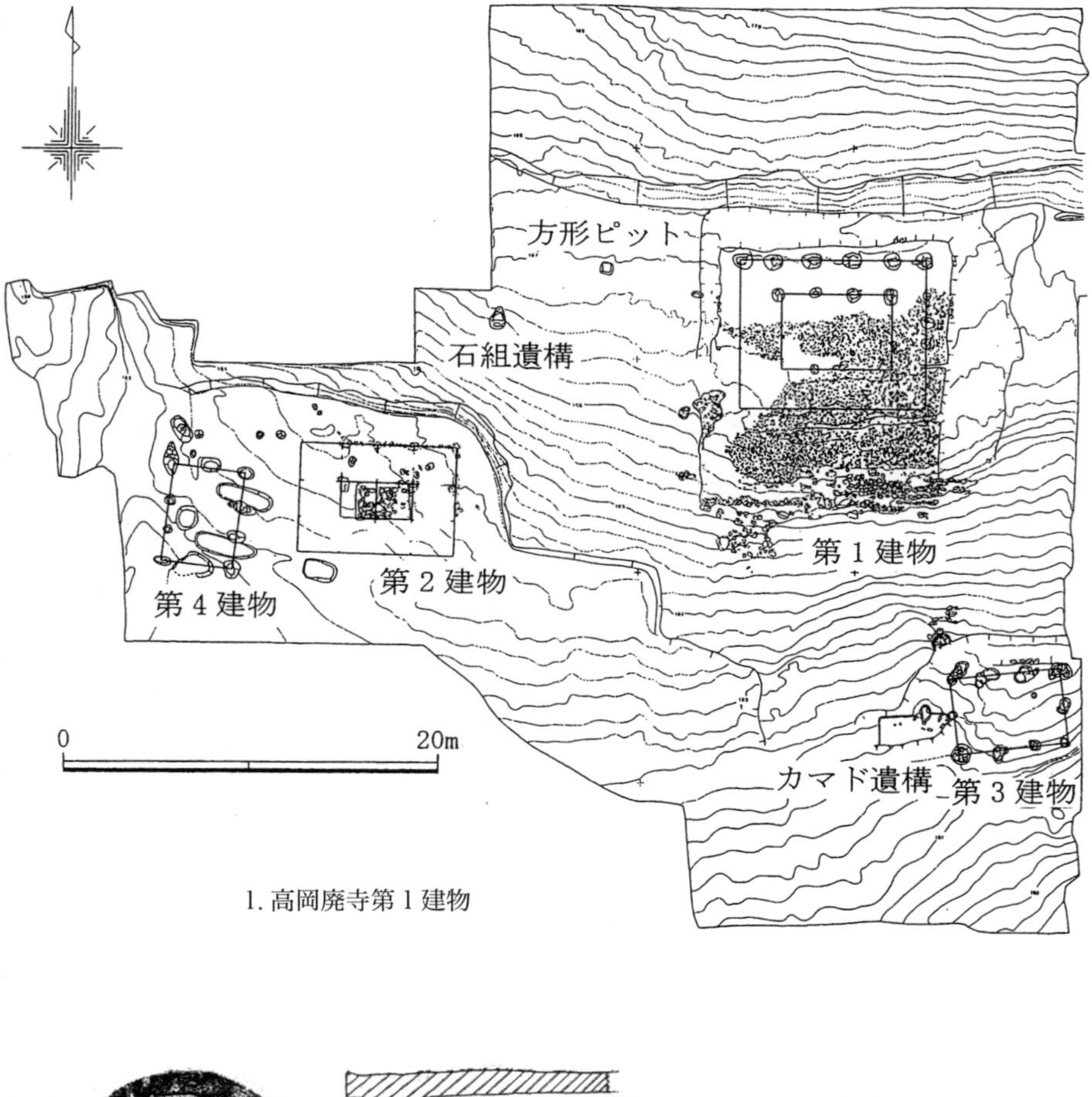

1. 高岡廃寺第１建物

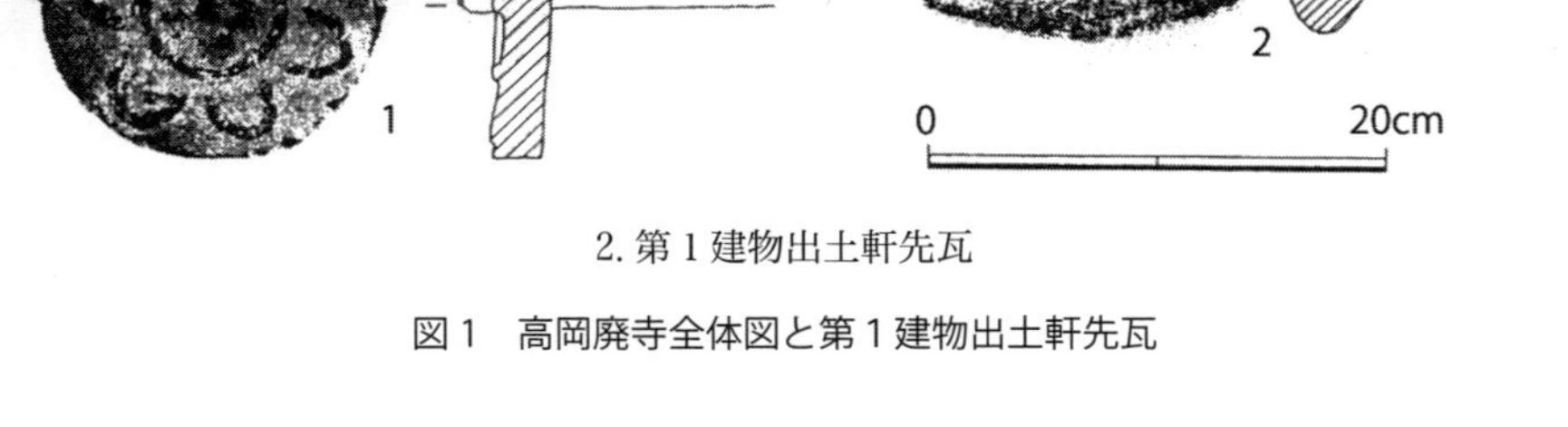

2. 第１建物出土軒先瓦

図１　高岡廃寺全体図と第１建物出土軒先瓦

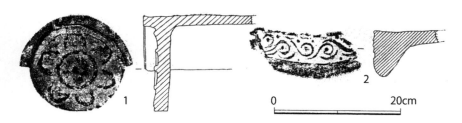

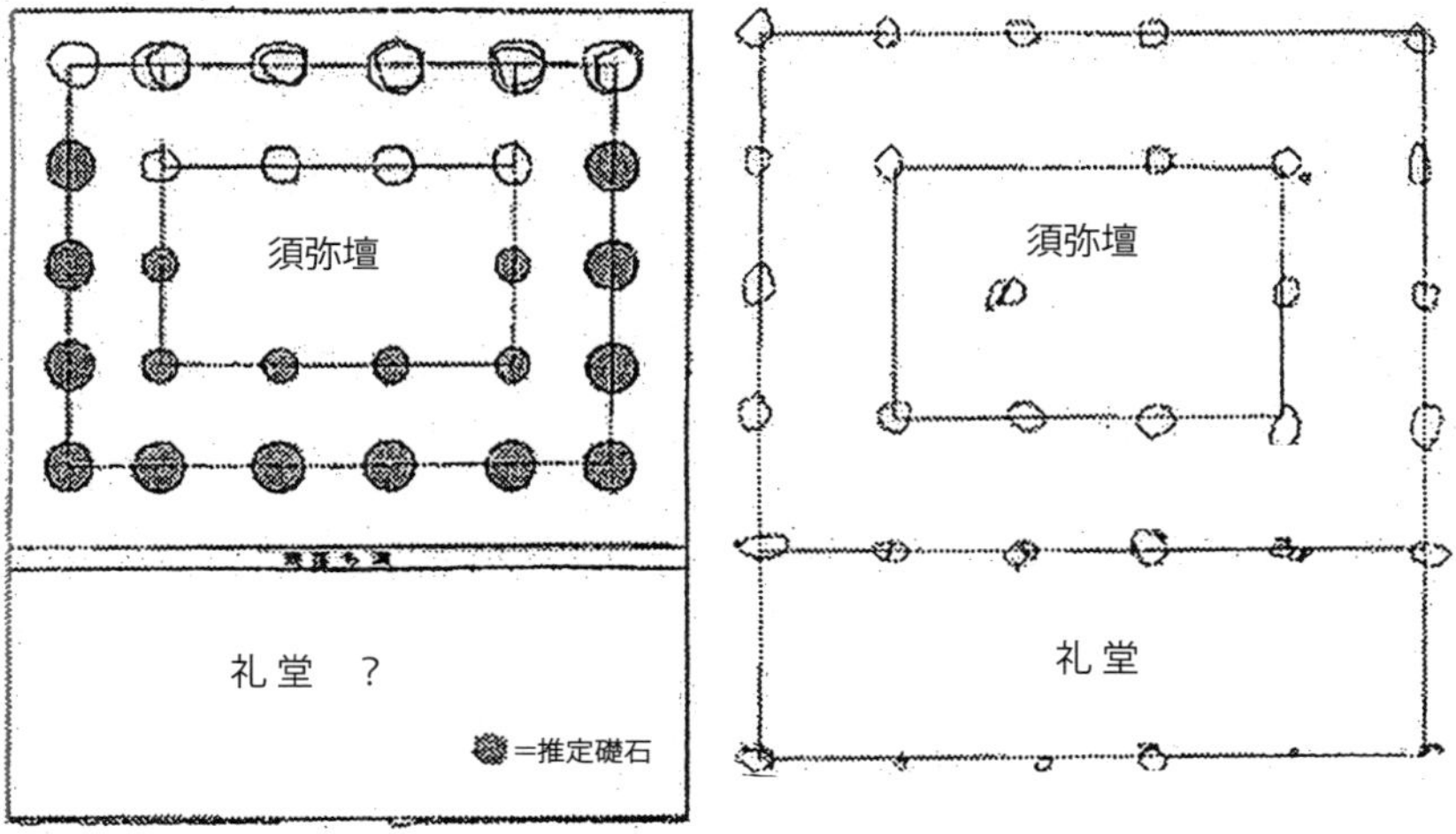

1. 高岡廃寺第１建物　　2. 棚倉町流廃寺

図２　高岡廃寺第Ⅰ建物と棚倉町流廃寺

１　高岡廃寺の検討

高岡廃寺は南に舌状に張り出した標高一七〇㍍から一六三㍍の落差のある地形を建物ごとに造成し、礎石建物二棟、掘立柱建物二棟、その他の遺構により構成された遺跡である(図１)［高橋 一九七八］

第１建物

標高一七〇㍍の山塊の斜面の岩盤を一㍍以上掘削して平場を造成し、東西約一六㍍、南北約一四㍍の五間×四間の四面廂礎石建物である。高岡廃寺を構成する四棟の建物のなかで、最も高い位置に造営された唯一の仏堂である(図１―１)。基壇の南端に石垣が残されているが、北側の礎石列と同じ高さの平坦面を確保するためには、南端に高さ約二㍍の石垣を築く必要があるので、現況はかなり崩落した状態であった。建物前面に雨落ち溝があり、そこまで軒の出があったと考えると、その前面は礼拝空間として機能したと想定できる(図２―１)。その場合、神仏習合の日本的な寺院構造が参考になる(図２―２)。福島県棚倉町にある山林寺院の流廃寺などの礼拝を重視した神仏習合の日本的な寺院構造が参考になる(図２―２)。

周囲からの出土遺物には土師器・須恵器のほか、塑像・風鐸・鉄釘・軒丸瓦、軒平瓦、丸瓦、平瓦などがあるが、山林にあるにもかかわらず、瓦の出土量が少ないことや熨斗瓦が多いことから甍棟建物と考えられる。武蔵国分寺の塔再建期の軒平瓦を含むことから、九世紀第3四半期に甍棟建物に改築されたと考えられる。軒丸瓦、軒平瓦の文様や製作技法はいずれも高句麗系要素が強い。また、塑像のなかに膝の部分が残され、大きさ・形状から半丈六の如来坐像と想定できる。第1建物の本尊であろう。後述するように第2建物を墳墓に関連した建物と考えると阿弥陀如来の可能性がある。

図5　高岡廃寺第2建物全体写真（西より）

第2建物

第2建物は、第1建物の南端より約二〇㍍西の標高一六四・六㍍に造営された(図1—1)。1号建物と同様に、北側の地山の岩盤を約一㍍掘削して平場を形成し、東西約八㍍、南北約六㍍の四間×三間の礎石建て東西棟が建てられた(図3・4)。この建物の注目すべき点は、一間×一間の身舎の中央に、三・二〇×二・一〇㍍の範囲に岩盤を約〇・五㍍掘り込み、その床面に東西約二・一×南北一・八㍍の範囲に河原石を敷き詰めた石敷遺構が形成されていたことである(図5)。この石敷遺構の石敷きの間からは炭化材や黒色灰がみられたということなので[高橋 一九七八]、この場で火葬が行われた可能性が高い。

石敷きを施した土坑の上面には、覆土の検討から第1・2建物廃絶後に、第1建物方向から流れ込んだ自然堆積による上層の土層と、石敷遺構にともなう下層の封土からなる二層に大きく分けることができる。前

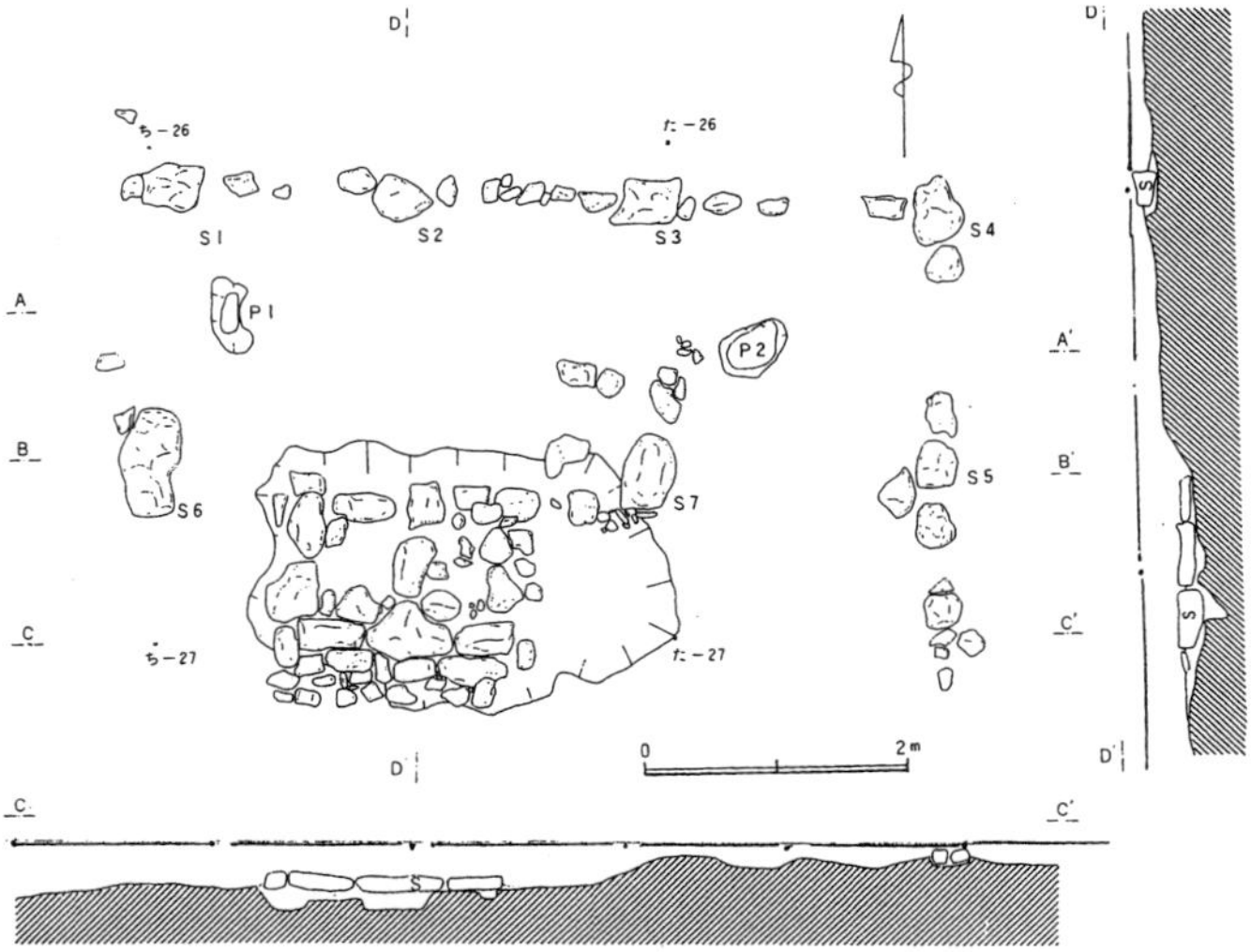

図３　高岡廃寺第２建物平面図と断面図

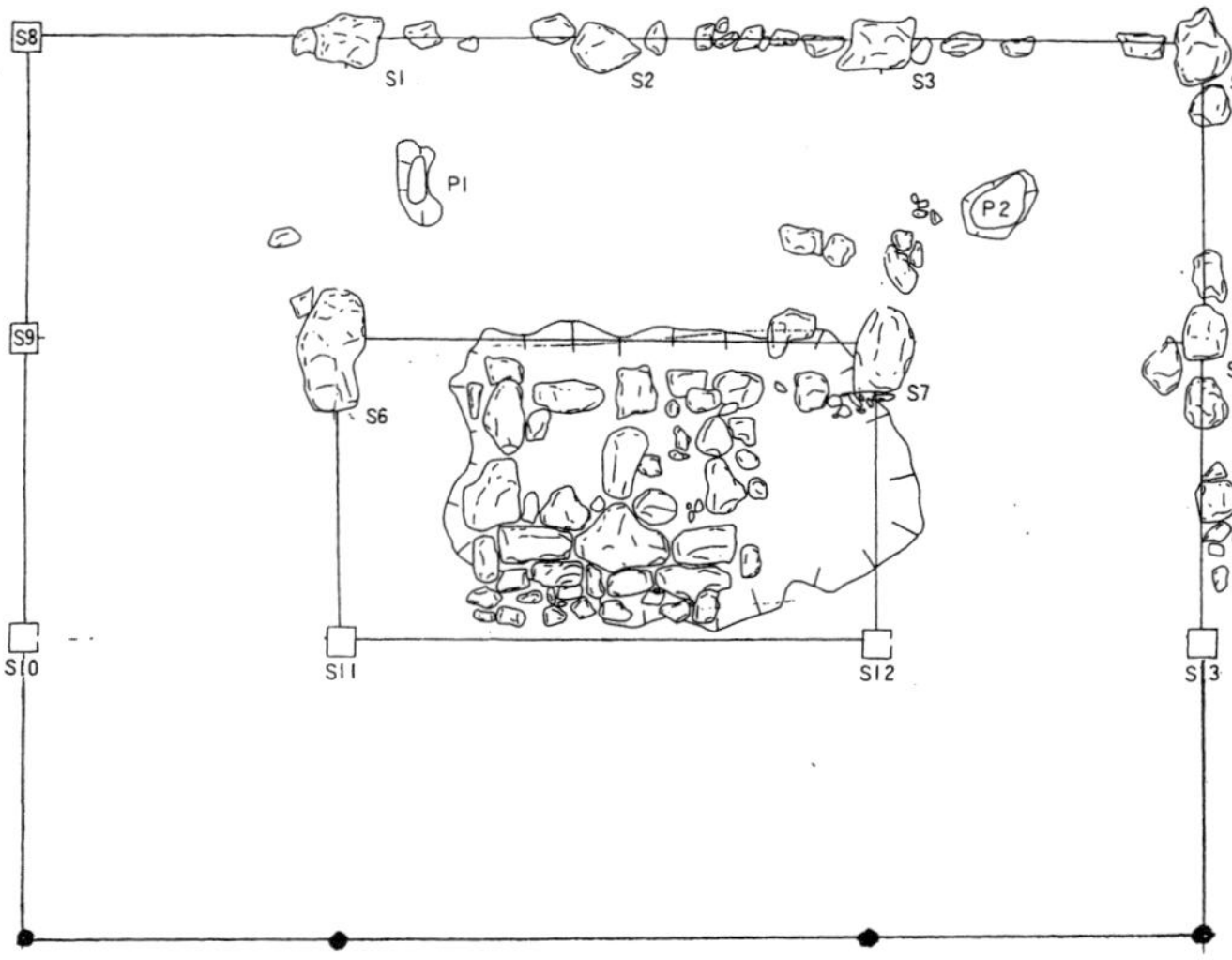

図４　高岡廃寺第２建物復元図

者の土層からは石・瓦・瓦塔片・土器片などの自然堆積にともなう遺物の出土が多い。一方、後者の下層からは多口瓶・瓶子などの仏具や土師器・須恵器の供膳具などの出土が多くみられることから、墓前祭祀にともなう遺物と想定されている(図６)。石敷遺構の性格を以上のように考えると、一間×一間の身舎内に石敷遺構の墓を設置した建物構造は、身舎内に本尊・脇侍・四天王像など多数の仏像を安置する一般的な四面廂建物の仏堂とは平面構造を異にする

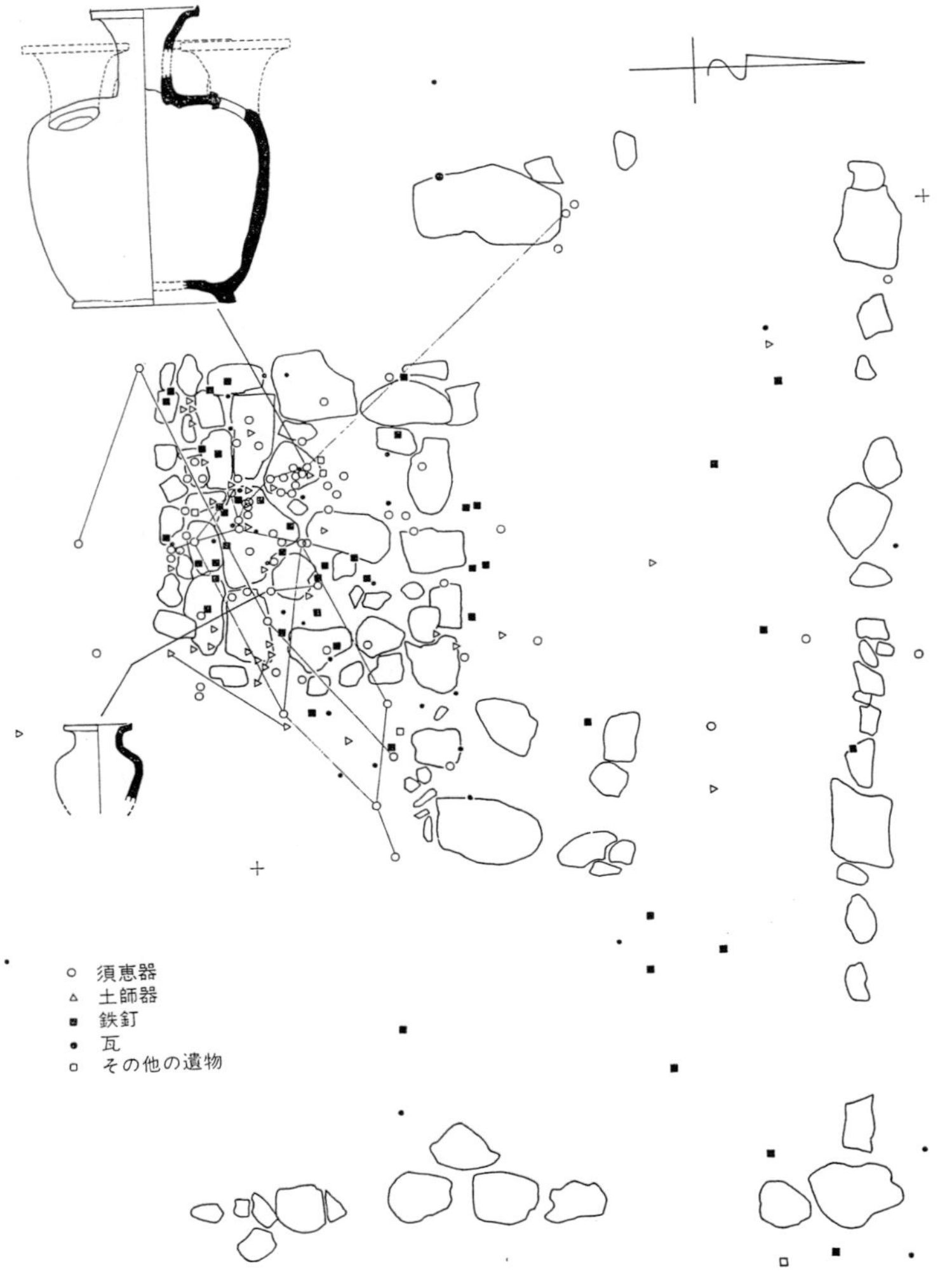

図６　第２建物石敷遺構出土遺物

ことから、墓を覆うことを目的とした渤海などにみられる墓上建物の可能性が高い。

第３・４建物

第3建物は、第1建物の南東約一〇㍍に岩盤を削平して建てられた三間×二間の掘立柱建物である(図1―1)。三回建替えが行われた創建当初からの建物で、高岡廃寺が火災で廃絶する十一世紀初頭頃まで存続した。出土遺物には、第1建物から流れ込んだ遺物もあることから、その区別が難しいが、第3建物の伴出遺物として硯・紡錘車・瓦鉢・刀子・砥石・銅環のほか多数の杯類などの日常の生活用具がともなうので、僧侶が常駐した僧坊と考えられる。また、第2建物に隣接する第4建物は、出土遺物が少なく性格を推定するのは難しいが、第2建物の墳墓に隣接することや日常における生活痕跡がみられないことなどから、法会の際に招かれた僧侶の客坊のような性格が想定される(図1―1)。

２　渤海の六頂山第一墓区Ｍ３号墓の墓上建物との比較

高岡廃寺における第2建物を、火葬にともなう埋葬施設を覆う墓上建物と想定した。そうした墳墓の形態は、今のところ日本国内や朝鮮半島南部で類例を探し出すことは困難であり、旧高句麗や渤海など北東アジア地域の墓制の可能性が高い。ここでは、七世紀末から八世紀第3四半期頃の造営と推定される吉林省敦化市にある六頂山第一墓区M3号墓との比較を通し[田村 二〇一四]、高岡廃寺第2建物との共通点と相異点を検討しておきたい。

六頂山墓群は、比高数十メートルの独立丘陵上にあり(図7)、立地は高岡廃寺第2号建物と共通する(図3~5)。M3号墓は一辺が約一二㍍の方形墓で、地山と一㍍前後の積石基壇の上に礎石が配列され、その上に木造建物が構築されていた(図8)[吉林省文物考古研究所他 二〇一二]。高岡廃寺第2号建物には積石基壇はみられないが、南西方向は北

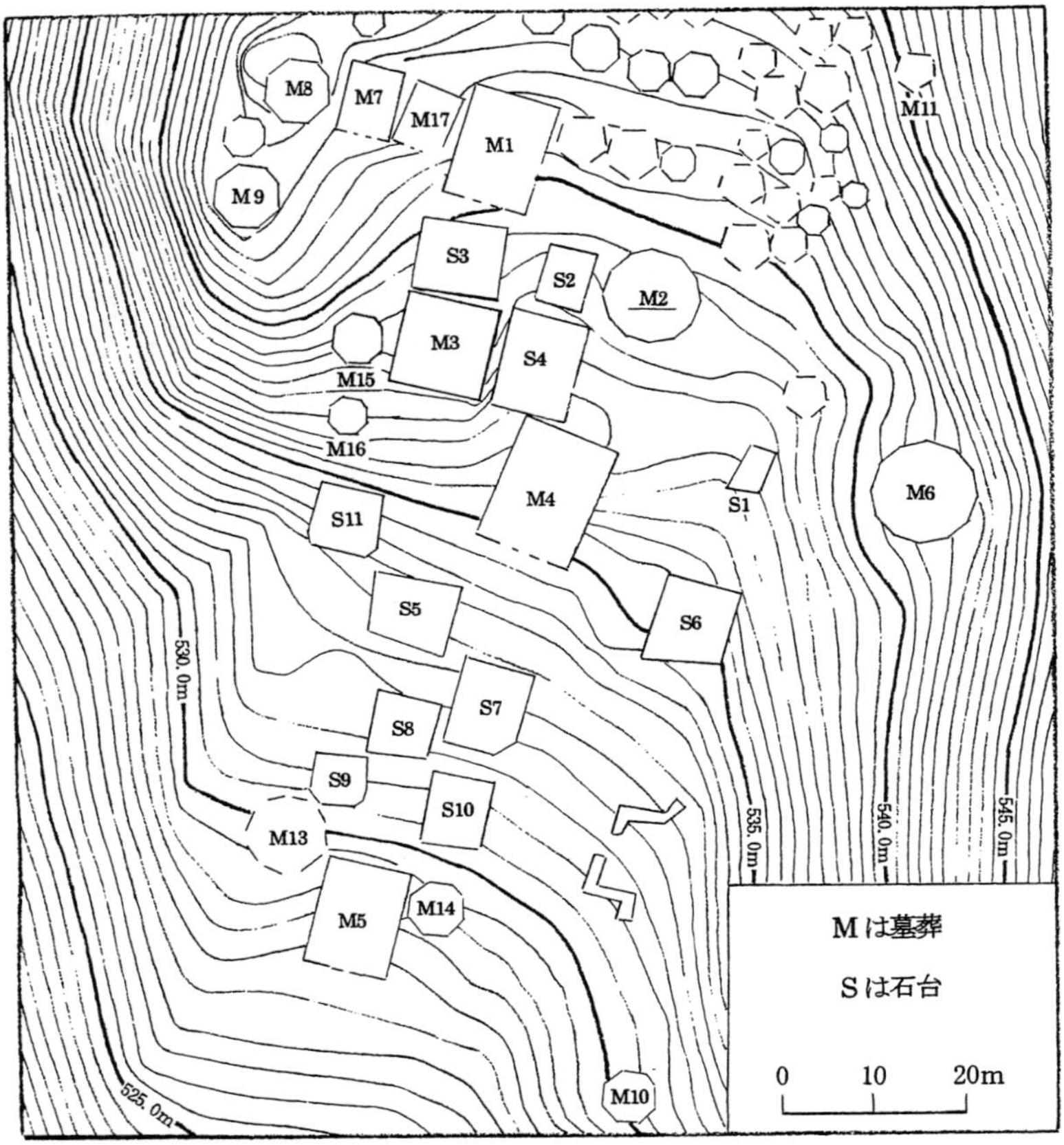

図７　六頂山第一墓区南半部遺構配置図（田村 2014）

の礎石列と比較し約一㍍弱低くなっており、本来、積石基壇が存在した可能性はすてきれない。礎石と礎石の間を河原石で連結するなど、遺構の構造は劣るが共通した要素とみられる。Ｍ３号墓の身舎部は一間×一間の礎石を配した一辺四・八㍍の方形であり、そのなかに三基の埋葬主体が配されていた（図８）。この埋葬主体を取り囲む身舎の構造も共通する要素である。また、埋葬主体の内部からは炭化材の出土がみられることから火葬墓と判断されているなど、この点も共通する。Ｍ３号墓からは十字文や浮文を配した高句麗系瓦当が出土し、墓上建物は瓦葺建物であったことが判明している。

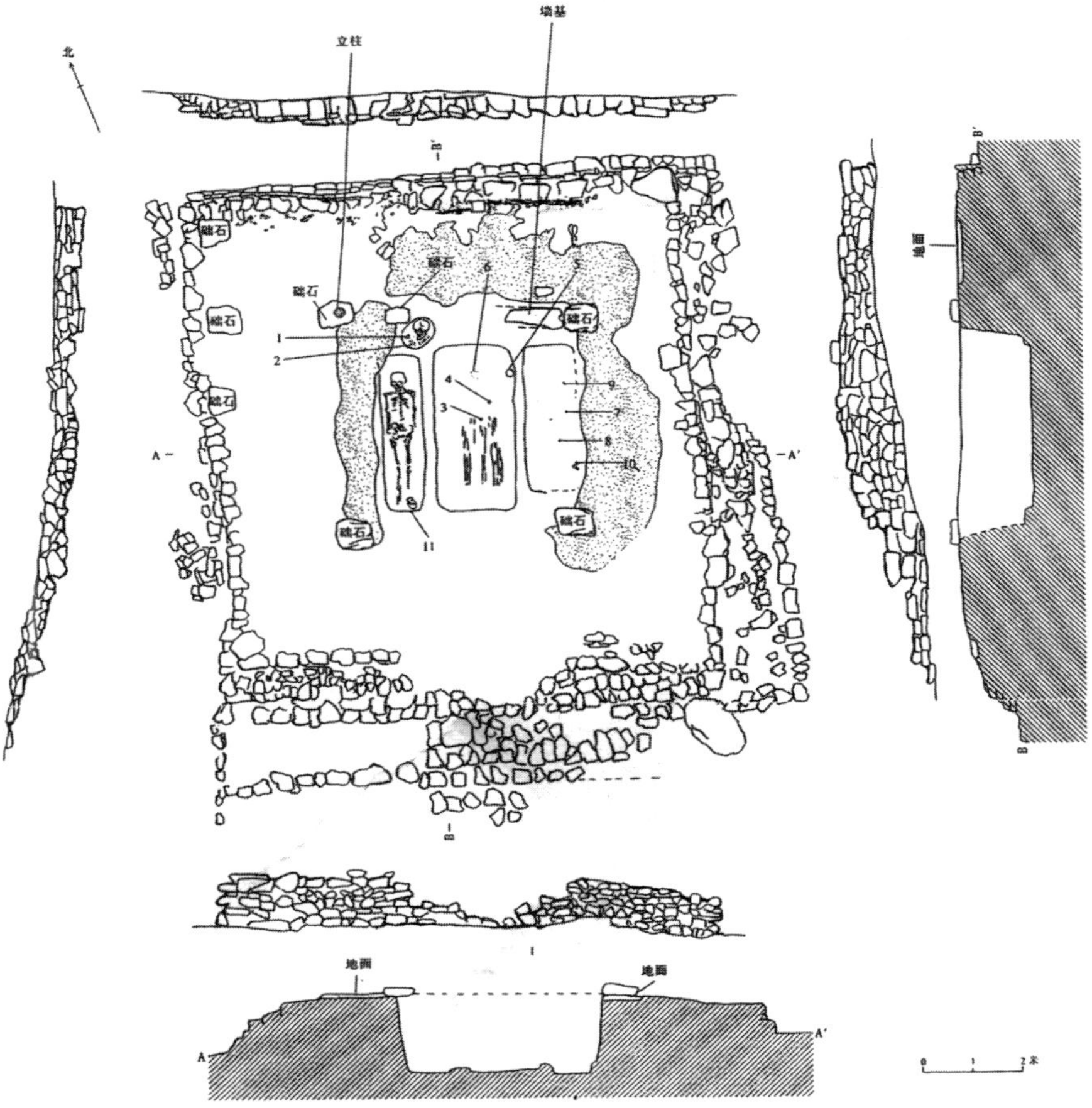

図８　六頂山第一墓区Ｍ３号墓全体図

高岡廃寺第2号建物は瓦葺建物ではないが、被葬者の身分上の差異と考えたい。

六頂山第一墓区M3号墓は渤海の王陵と考えられており［田村 二〇一四］、高岡廃寺第2建物と比較すると、規模・構造において優る点が多いが、構成要素はきわめて酷似するといってよいだろう。小嶋芳孝によると吉林省集安市に所在する高句麗の将軍塚や太王陵・千秋塚などでも瓦を多量に出土しており、高句麗の大型古墳に墓上建物がともなっていた可能性が高いという［小嶋 二〇一七］。高岡廃寺第2建物にみられる構造は、朝鮮半島の北方地域のどこかと繋がっていたことが考えられる。

おわりに

高岡廃寺第2建物の墳墓と六頂山第一墓区M３号墓との比較については、規模や構造上の質において相違点も認められるが、墳墓としての構成要素は多くの点で共通することが確認できた。M３号墓は渤海の王陵と考えられる墳墓であり、相違点については階層差や時期差に基づくものが多いと考えられる。六頂山第一墓区の全体からすると、王墓・貴族墓・有力氏族墓などの多くの墳墓で群を形成することや石台と呼ばれる殯施設を設けるなど［田村 二〇一四］、単独で存在する高岡廃寺第2建物とは大きな相違がみられる。

一方、高岡廃寺では、仏堂と常駐僧の僧坊や客坊などの施設がセットとして存在していた。このような状況は、六頂山渤海墓葬群にはみられない葬俗に関する景観である。これは第1建物の仏堂の構造でみられるように神仏習合が進み、日本化した仏教と北東アジアでの葬法とが融合した景観であることが分かる。高句麗が滅亡したのが六六八年、高岡廃寺第2建物の造営は八世紀中頃なので、すでに約八〇年を経ての埋葬である。埋葬された高句麗系渡来人は、すでに第二世代を迎えていたと考えられるが、祖先の故地の葬法が伝世され、さらに第1建物の本尊である阿弥陀如来のもとで修行を重ねながら浄土世界にいたる日本的仏教のなかで成立した遺跡と考えられる。埋葬された人物を考えるとき、高麗氏系図の巻頭尾にみられる僧勝楽は候補の一人であろう。

参考文献

加藤恭朗　二〇一八「高麗郡の古代寺院について」『古代高麗郡の建郡と東アジア』高志書院
小嶋芳孝　二〇一七「ロシア沿岸地方のバクロフカ文化期における墓上建物の新事例―コクシャロフカ8遺跡の調査報告書から―」小口雅史編『古代国家と北方世界』同成社

吉林省文物考古研究所・敦化市文物管理所編著　二〇一二『六頂山渤海墓葬』文物出版社
須田　勉　二〇一六「高麗郡の古代寺院と仏教」『高麗郡の建郡一三〇〇年記念事業　第3回公開歴史講演会資料』一般社団法人高麗一三〇〇・高麗浪漫学会
高橋一夫他　一九七八『高岡廃寺跡発掘調査報告書』高岡寺院跡発掘調査会（高岡廃寺に関する考古学的成果については、特に断りがなくとも本書によるところが多い）
田村晃一　二〇一四「渤海王陵・貴族墓論（その2）――『六頂山渤海墓葬』を読んで――」『青山史学』第32号　青山大学史学会

渤海国書をめぐる諸課題

中野高行

問題の所在

六六八年に高句麗が滅亡した後、新羅が朝鮮半島を統一するが、高句麗の故地である中国東北部には多くの高句麗人が残存していた。七世紀末、高句麗人と靺鞨人を糾合して自立の動きを強めた大祚栄は、聖暦元年(六九八)に武周軍を破って震国を建国した。神龍元年(七〇五)、復活した唐の招安に応じた大祚栄は唐臣の地位を確認され、先天二年(七一三)に「渤海郡王」の称号を与えられた。渤海国の成立および初代大祚栄の即位を震国が成立した六九八年とする。

第二代渤海国王大武芸は、神亀四年(七二七)に最初の外交使節として高斉徳を日本に送った。六国史には、それ以降、三十次以上の渤海使がみえる(表1)。

在唐の遣唐大使藤原清河を迎える使者として、七五九年に第四次渤海使の帰路に同行し、渤海経由で入唐した高元度。肖奈行文の子で、七五〇年に高麗臣に改姓、同年九月遣唐判官に任命され、第六次渤海使を伴って帰国した高麗大山。高麗大山の子で、七七七年に第九次渤海使を送る使者に任命されて渡海し、同年に第一〇次渤海使を伴って帰国した高麗殿嗣(七七九年、高倉朝臣に改姓)など、日本の高句麗系氏族(高氏・高麗氏)は唐・渤海との外交で活躍した。

表１　渤海使の初見年と日渤の君主

回数	初見年	西暦	渤海使	渤海国王	天皇
１	神亀　４年	７２７	高斉徳	②大武藝	聖武
２	天平１１年	７３９	己珎蒙	③大欽茂	
３	天平勝宝４年	７５２	慕施蒙		孝謙
４	天平宝字２年	７５８	楊承慶		淳仁
５	天平宝字３年	７５９	高南申		
６	天平宝字６年	７６２	王新福		
７	宝亀　２年	７７１	壱万福		光仁
８	宝亀　４年	７７３	鳥須弗		
９	宝亀　７年	７７６	史都蒙		
１０	宝亀　９年	７７８	張仙寿		
１１	宝亀１０年	７７９	高洋弼（高洋粥）		
１２	延暦　５年	７８６	李元泰		桓武
１３	延暦１４年	７９５	呂定琳	⑥大嵩璘	
１４	延暦１７年	７９８	大昌泰		
１５	大同　４年	８０９	高南容	⑦大元瑜	嵯峨
１６	弘仁　元年	８１０	高南容		
１７	弘仁　５年	８１４	王孝廉	⑧大言義	
１８	弘仁　８年	８１７	慕感徳		
１９	弘仁１０年	８１９	李承英	⑩大仁秀	
２０	弘仁１２年	８２１	王文矩		
２１	弘仁１４年	８２３	高貞泰		淳和
２２	天長　２年	８２５	高承祖		
２３	天長　５年	８２８	王文矩		
２４	承和　８年	８４１	賀福延	⑪大彝震	仁明
２５	嘉祥　元年	８４８	王文矩		
２６	貞観　元年	８５９	鳥孝慎	⑫大虔晃	清和
２７	貞観　３年	８６１	李居正		
２８	貞観１３年	８７１	楊成規		
２９	貞観１８年	８７６	楊中遠	⑬大玄錫	
３０	元慶　６年	８８２	裴頲《はいてい》		陽成
３１	寛平　４年	８９２	王亀謀		宇多
３２	寛平　６年	８９４	裴頲		
３３	延喜　８年	９０８	裴璆《はいきゅう》	⑮大諲譔	醍醐
３４	延喜１９年	９１９	裴璆		
（３５）	延喜２２年	９２２	不明		
	延長　７年	９２９	裴璆	（耶律突欲）	

註　渤海王名の前の「①」などは、王代数を表す。
　　渤海国の正式な外交使節か疑わしいものも含めて列挙した。

日本との通交に活躍した渤海国の高句麗系氏族のうち、高氏が大使六名(二九名中)、副使四名(一三名中)、判官七名(一八名中)、録事七名(一五名中)、通事・訳語二名(六名中)、そのほか三名(一一名中)と他姓と比べて明らかに多い。このような傾向については、本書に収載されている古畑徹氏の論考[古畑 二〇二四]で詳細に論じられている。

本稿では、日本と渤海の間で交わされた国書に注目し、正式な国書である渤海国王啓の発給が記録に見えない事例を検討する。『続日本紀』は新日本古典文学大系『続日本紀』三〜五(岩波書店、一九九二年〜九八年)、『日本後紀』と

『類聚国史』は訳注日本史料『日本後紀』（集英社、二〇〇三年）から引用し、適宜、鈴木靖民ほか編『訳注日本古代の外交文書』（八木書店、二〇一四年）を参照した。

1　日本・渤海の君主間文書の検討

日本の文武天皇は、大祚栄が震国王に即位した六九八年の前年に即位している。文武が即位した六九七年から渤海最後の王である大諲譔までの時期に、日本と渤海の間で交わされた国書の発給時期を一覧にしたのが表2である（［柿沼二〇一四］を参照）。

六国史に本文は掲載されていないが、渤海国使が将来したことが確認できる渤海国王の国書が五通ある（表2の①〜⑤）。王啓①の「王啓」、表②の「表」などは、後述する考察の中で推測される文書形式を記した。国書に付した①〜⑤は、以下に列挙した渤海使の番号と同じである。傍線・波線などは中野が付した。

① 渤海使慕施蒙

『続日本紀』（以下『続紀』）天平勝宝五年（七五三）六月丁丑（八日）条

天皇敬《つつし》んで渤海国王に問う。朕は寡徳を以て、虔《つつし》みて宝図を奉《う》け、黎民を亭毒して、八極に照臨す。王は海外に僻居し、遠く使いして入朝せしむ。丹心は至明にして、深く嘉尚すべし。但だ来啓を省《み》るに、臣名を称すること無し。仍《よ》りて高麗旧記を尋ぬるに、国平らかなりしの日、上表文に云く、「族は惟れ兄弟にして、義は則ち君臣たり」と。或いは援兵を乞い、或いは践祚を賀す。朝聘の恒式を修め、忠款の懇誠を効《いた》す。故に先朝は其の貞節を善《よみ》し、待するに殊恩を以てす。栄命の隆《さか》んなること日々新たにして絶ゆること無く、想うにこれを知る所な

表２　渤海・日本の君主と国際文書

西暦（年月）	渤海国王	渤海国書	日本国書	天皇
697				文武
698	①大祚栄			
707				元明
715				元正
719	②大武藝			
724				聖武
728		王啓	慰労詔書	
737	③大欽茂			
739		王啓		
749				孝謙
752		（王啓[1]）		
753			慰労詔書	
758		（表[2]）		淳仁
759		中台省牒	慰労詔書	
764				称徳
770				光仁
772		（教・告・致書文書・啓・表[3]）	慰労詔書	
777			慰労詔書	
781				桓武
793？	④大元義			
794	⑤大華璵			
794	⑥大嵩璘			
796．4		王啓		
796．5			慰労詔書	
796．10		王啓		
798		王啓	慰労詔書	
799		王啓	慰労詔書	
806				平城
809	⑦大元瑜			嵯峨
810		王啓		
811			慰労詔書	
812	⑧大言義			
815		（王啓[4]）	慰労詔書	
816			慰労詔書	
818	⑨大明忠			
818	⑩大仁秀			
819		王啓		
820			慰労詔書	
821		王啓		
822			慰労詔書	
823				淳和
826		（王啓[5]）	慰労詔書	
830	⑪大彝震			
833				仁明
842		王啓・中台省牒	慰労詔書・太政官牒	
849		王啓・中台省牒	慰労詔書・太政官牒	
850				文徳
857	⑫大虔晃			
858				清和
859		王啓・中台省牒	慰労詔書・太政官牒	
871	⑬大玄錫			
872		王啓・中台省牒	慰労詔書・太政官牒	
876				陽成
877		王啓・中台省牒	太政官牒	
884				光孝
887				宇多
892			太政官牒	
897				醍醐
？	⑭大瑋瑎			
？	⑮大諲譔			

註１　渤海国王には、諡号のない者がいるため姓名で表記した。
註２　渤海国王の姓名の前の丸数字は、代数を表す。
註３　（王啓[1]）の「王啓」、（表[2]）の「表」などは、文面は不明ながら発給が確認できるもの。
文書形式は『続日本紀』の記述や考察の結論に基づく。[1]などは、本文中の渤海使の番号と同じ。

らん。何ぞ一二言うに仮《いとま》あらん。是《ここ》に由りて、先に廻《きた》りし後、既に勅書を賜う。何ぞ其れ今歳の朝に、重ねて上表無きや。礼を以て進退するは、彼《か》れも此《こ》れも共に同じ。王熟《つらつら》これを思え。季夏甚だ熱し、比《このごろ》恙《つつが》無きや。使人今還るに、往意を指し宣べ、并せて物を賜うこと別の如し。

傍線部に「来啓を省るに」とあるので、渤海国王啓が日本の朝廷にもたらされたことは間違いないが、王啓の内容を伝える史料はない[河野二〇一四a]。波線部に「臣名を称すること無し」とあるのは、渤海国王大欽茂の名だけ記して「臣」の字がないこととされている[河野二〇一四b]。臣称せず上表文を提出しないことを問題視した日本側が渤海国王啓の文面を正史に掲載しなかったのだろうか。

渤海から初めて来日した使節が持参した神亀四年の国書と二回目の使節が持参した天平十一年の国書はいずれも「啓」だった[浜田二〇一二]。右掲の渤海使慕施蒙が持参した啓について上表文ではないことを責めていることについて、二重傍線部に「先に廻りし後、既に勅書を賜う」とあり、これ以前に上表文の提出を促す勅書を渤海側に送ったとしているが該当する記事は見えない。石井正敏氏は、天平十一年来日の副使己珎蒙ら(大使胥要徳は来日前に死亡)の送使である遣渤海使大伴犬養らがこの勅書を渤海に送ったと推測している[石井二〇〇一b]。従来の啓を許さず、渤海に表文の提出を強い、朝貢国としての態度を要求するようになった理由として、浜田久美子氏は天平七年(七三五)に遣唐使吉備真備が帰国して、唐礼一三〇巻をもたらしたことを挙げている[浜田二〇一二]。

② 渤海使楊承慶

『続紀』天平宝字二年(七五八)九月丁亥(十八日)条に初見記事がみえる楊承慶は、遣渤海大使小野田守の帰国に合わせて来日した。田守は、「唐国消息」として安禄山・史思明の乱の詳細を奏上している記事が『続紀』同年十二月戊申(十日)条にみえる。その記事中に、「其れ唐王の渤海国王に賜う勅書一巻、亦状に副えて進る」とあり、唐皇帝が渤海国王に下賜した勅書一巻を、田守が記した報告書とともに進上している。

渤海使楊承慶については、『続紀』天平宝字三年正月庚午(三日)条に、

庚午、帝《みかど》、軒《けん》に臨みたまう。高麗使楊承慶ら、方物を貢り奏して曰く、「高麗国王大欽茂言《もう》さく、『承り聞く、「日本に在りて八方を照臨したまう聖明皇帝、天宮に登遐したまう」ときく。攀号《ねなき》感慕《した》いて、黙止あること能《あた》わず。是を以て、輔国将軍楊承慶、帰徳将軍楊泰師らを差《つかわ》して、表文并《あわ》せて常貢の物を賷《もたら》して入朝せしむ』ともうす」という。

詔して曰く、「高麗国王、遥《はるか》に、先朝、天宮に登遐したもうことを聞き、黙止あること能わずして、楊承慶らをして来《きた》り慰《い》せしむ。これを聞きて感《おも》うこと痛く、永慕益《ますます》深し。但し、歳月既に改りて、海内《かいだい》吉に従う。故にその礼を相《あい》待たず。また、旧《もとの》心を忘れず、使を遣して来貢せしむ。勤誠の至り、深く嘉尚すること有り」とのたまう。

とあるように、口頭のやりとり(奏と詔)をしている。楊承慶の発言部分(奏)の波線部に「表文并せて常貢の物を賷して入朝せしむ」とあることから、書面(渤海国王の「表文」)を日本側に呈上したことが分かる。浜田久美子氏は、渤海が安史の乱で混乱している唐を援助するために、日本との関係を良好に保とうとして表を持参して日本の臣下としての地位を認めたのではないかと考えている[浜田 二〇一一]。

③ 渤海使壱万福

㋐『続紀』宝亀三年(七七二)正月丁酉(十六日)条

丁酉、是《これ》より先、渤海王の表《ひょう》無礼《いやな》きことを壱万福に責め問う。是の日、壱万福らに告げて曰く、「万福らは、実に是れ渤海王の使者なり。上《たてまつ》れる表、豈《あに》例に違いて無礼けんや。茲《これ》に由りてその表を収めず」という。万福ら

言さく、「夫《そ》れ、臣と為《あ》る道は君命に違わず。是《ここ》を以て、封函を誤らず、輙《たちま》ち用《もち》て奉進《たてまつ》る。今、違例として表函を返却《かえ》さる。万福ら実に深く憂《うれ》え慄《お》ず」ともうす。仍て再拝して地《つち》に拋《い》て泣きて更に申さく、「君は彼此《かれこれ》一つなり。臣ら国に帰らば必ず罪有るべし。今已に参渡《まいりわた》りて聖朝に在り。罪の軽重、敢えて避くる所無し」ともうす。

㋑『続紀』宝亀三年正月丙午(二十五日)条

丙午、外従五位下昆解沙弥麻呂《こんけのさみまろ》に従五位下を授く。渤海使壱万福ら、表の文を改め修《つく》りて王に代りて申謝《わびもう》す。

㋒『続紀』宝亀三年二月癸丑(二日)条

是の日、五位已上と渤海の蕃客とを朝堂に饗《みあえ》す。三種の楽を賜う。万福ら入りて座に就かんと欲《す》る時に言上して曰く、「上《たてまつ》れる表の文、常の例《ためし》を乖《そむ》けるに縁《よ》りて、表函并《ひょうかんあわ》せて信物を返却され訖りぬ。而《しか》れども聖朝恩《めぐみ》を厚《あつみ》し矜《あわれみ》を垂《た》れて、万福ら、客《まろうど》の例に預り、加うるに爵禄を賜われり。慶躍に勝《た》えず、闕庭《けってい》を拝し奉る」ともうす。

(後略)

㋓『続紀』宝亀三年二月己卯(二十八日)条所引慰労詔書

天皇敬んで高麗国王に問う。朕、体を継ぎ基を承けて、区宇《くう》に臨馭《りんぎょ》し、徳沢《とくたく》を覃《の》べんと思い、蒼生を寧済《ねいせい》す。然らば則ち、率土の浜《ひん》、化は同軌に輯《あつま》る有りて、普天の下《もと》、恩は殊隣を隔《へだ》つる無し。昔、高麗全盛の時、其の王高氏の祖宗、奕世瀛表《えきせいえいひょう》に介居し、親《しん》は兄弟の如く、義は君臣の若し。海に帆《ほかけ》し山に梯《かけはし》して、朝貢相続けり。季歳に逮《およ》びて、高氏淪亡《りんぼう》し、爾《これ》より以来、音問は寂《せき》として絶つ。爰《ここ》に神亀四年に洎《およ》び、王の先考左金吾衛大将軍・渤海郡王、使を遣わして来朝せしめ、始めて職貢を修む。先朝、其の丹款《たんかん》を嘉《よみ》し、寵待《ちょうたい》すること優隆なり。王、遺風を襲《つ》ぎて、前業を纂修し、誠を献《ささ》げ職を述べ、家声を墜《お》とさず。今、来書を省るに、頓《にわか》に父道《ふどう》を改め、日下《じっか》に官品・姓名を注《しる》さず、書尾に虚しく天孫の僣号を陳《の》ぶ。遠く王意を度《はか》るに、豈に是《か》く有らんや。近く事の勢を慮《おもんぱか》るに、疑うらくは錯誤に似たり。故に有司に仰せて、其の賓礼を停む。但し使人万福ら、深く前咎《ぜんきゅう》を悔い、王に代りて申謝す。朕、遠来を矜《あわれ》み、其の悛改を聴《ゆる》す。王は此の意を悉《つまび》らかにして、永く良図《りょうと》を念《おも》え。又、高氏の世、兵乱休《や》むこと無く、朝威を仮《か》らんが為に、彼は兄弟と称す。方今《いま》、大氏曾《かつ》て事無く、故《ことさら》に妄《みだ》りに舅甥《きゅうせい》と称すること、礼に於いて失せり。後歳《のち》の使は、更に然るべからず。若し能く往を改め自ら新《あらた》にせば、寔《まこと》に乃《すなわ》ち好《よしみ》を無窮に継ぐのみ。春景漸《ようや》く和《やわ》らぎ、想うに王佳からんや。今、廻使に因りて、指して此《ここ》に懐《おもい》を示し、并せて物を贈ること別の如し。

㋐の傍線部で「渤海王の表無礼《いやな》きことを壱万福に責め問う」とあり、「上れる表、豈例に違いて無礼けんや。茲に由りてその表を収めず」とあるので、渤海国王の「上れる表」に「無礼きこと」があったため、日本側が受理しなかったことが分かる。㋒の傍線部にも、「上れる表の文」「表函」などとあることから、日本側は渤海国王の書簡を「(上)表文」と呼んでいることが確認できる。㋑の傍線部に「表の文を改め修《つく》りて王に代りて申謝《わびもう》す」とあるように、壱万福は表を書き直し謝罪したので、賓客として入京が許された［浜田 二〇一二］。㋓の傍線部に「今、来書を省るに、頓に父道を改めて、日下に官品・姓名を注さず、書尾に虚しく天孫の僣号を陳ぶ」とあることから様式や内容が違例だったことが分かり、そのため本文が収載されなかったとされている［村上 二〇一四］。

壱万福が将来した国書の書式については、『続紀』が「表」とするのに対し、「啓」とする石井正敏説［石井 二〇〇一c］、「教」「告」「致書文書」のいずれかとする廣瀬憲雄説［廣瀬 二〇〇九］がある。浜田久美子氏は文面が明記されていないため「表」の形式ではなかったのではないかと考える一方、「啓」と断言することもできないとしている［浜田 二〇一二］。

4 渤海使王孝廉

『日本後紀』弘仁六年(八一五)正月甲午(二十二日)条所引慰労詔書

天皇敬んで渤海王に問う。孝廉ら至り、啓を省るに懐《おも》いを具《つぶ》さにす。先王、遐寿を終えず、奄然《えんぜん》として殂背《そはい》す。乍《たちま》ちに聞きて惻怛《そくだつ》し、情已《や》むこと能わず。王、祚は累葉《るいよう》に流れ、慶《よろこび》は連枝《れんし》に溢《あふ》る。遠く使臣を発して、聿《ここ》に旧業を修む。風を北海に占い、蟠木《はんぼく》を指して津を問い、日を南朝に望み、鯨波を凌ぎて以て聘を修む。永く誠款を念《おも》いて、歎慰《たんい》深くする攸《ところ》なり。前年、南容らに附する啓に云く、「南容再び窮船に駕《の》りて、旋《めぐ》りて大水を渉る。伏して望むらくは、辱《かたじけな》くも彼の使を降《くだ》し、押領して同《とも》に来たらしめんことを」てへり。朕、その遠来を矜《あわれ》みて、請うところを聴許す。因りて林 東仁《はやしのあずまひと》を差《つか》わして使に充て、両船を分配して押送せしむ。東仁来帰するに、啓を賷さず。因りて言して曰く、「啓を改め状に作るは、旧例に遵《したが》わず。是に由りて発するの日に、棄てて取らず」てへり。彼の国、聘を修むること由来久しく、書疏の往来は、皆故実有り。専ら輙《たやす》く違い乖《そむ》くは、斯《こ》れ則ち傲《おご》りを長ずるなり。夫れ己に克《か》ちて礼を復するは、聖人の明訓なり。これを失わば亡ぶは、典籍に規《のり》を垂《た》るるなり。苟《いやしく》も礼義の虧《か》くること或らば、何ぞ須《すべから》く来往を貴《たっと》ぶべけんや。今、孝廉らに問うに、対えて云う、「世移りて主易《か》わり、前事を知らず。今の上啓は、敢えて常に違わず。然れども旧例に遵わざるは、愆《あやま》ち本国に在り。謝せざるの罪、唯だ命是れ聴かん」てへり。朕、已往を咎《とが》めず、その自ら新《あらた》にするを容《い》る。所以《ゆえ》に有司に勅して、待するに恒礼を以てす。宜しく此の懐いを悉《つまび》らかにすべし。間《へだ》つるに雲海を以てし、相見るに由《よし》無し。良《まこと》に用《もっ》て念《おもい》を為すなり。春の首《はじめ》余寒なれど、王及び首領・百姓並びに平安にして好《よ》からんことを。少しの信物有り。色目は別の如し。略ぼ此に還報す。一二悉《つぶ》さにすることなし。

傍線部で「啓を省るに懐いを具さにす」とあるので、渤海国王啓を持参していることが確認できるが、該当する史料はみえない［浜田 二〇一四］。『日本後紀』は四〇巻のうち三〇巻が散逸しているが、この慰労詔書を発給されている渤海国使王孝廉が出雲に来着した弘仁五年九月からこの記事までは残存巻に記されており、散逸したとはできない。

５ 渤海使高承祖

『類聚国史』天長三年(八二六)五月辛巳(十五日)条所引慰労詔書

天皇敬んで渤海国王に問う。使の承祖ら、在唐学問僧霊仙の表物を転送して来たれり。啓を省るにこれを悉《つ》くし、載《ここ》に深く嘉慰す。王、信の確たること金石にして、操の貞たること松筠《しょういん》たり。国命を西秦に褰《あ》ぐれば、五台の嶺も邈かには非ず、隣好を南夏に敦《あつ》くすれば、万里の航も自ずから通ず。煙波《えんぱ》は遼かなりと雖も、義誠《ぎせい》は密迩《みつじ》たり。匪《ひ》有るの君子、心を秉《と》ること塞淵《そくえん》にして、感激の懐《おも》い、遣《い》い説くべからず。土宜《どぎ》贈られ、深く遠情を領《おさ》む。答信は軽毛なれども、別に附して検到せしむ。其れ釋貞素《しゃくていそ》、操行欠《か》く所の者なること、承祖周《あまね》く悉《つく》す。風景正に熱し、王恙《つつが》なきや。略《ほ》ぼ此《ここ》に懐《おも》いを寄せ、復た煩わしくは云わず。

傍線部の「啓を省る」という記述から、渤海国王啓があったことが確認できるが、国王啓に該当する史料は見あたらない。渤海使高承祖が日本に滞在した天長二年(八二五)十一月から右の記事までの時期に相当する『日本後紀』は失われており、高承祖関連記事はすべて『類聚国史』にみえる逸文である。『日本後紀』の散逸により国王啓の引用記事が失われた可能性もある。

１に発給された慰労詔書の波線部に「臣名を称すること無し」とあるので、日本側が受領した渤海国王啓の文言に問題があったので『続紀』に掲載されなかったと思われる。４・５については、当該渤海使に発給された慰労詔書で国王啓を「省る」とあることから、国王啓の存在自体は確認できる。国王啓の文面が史料として見いだせないのは、該当する時期を記録する正史『日本後紀』の残存状況に問題があることと関係がありそうだが、不詳とせざるを得ない。

②では、日本側の要請に従い、上表文を提出したようだが具体的な文面は史料にみえない。

③については二つの疑問を生じる。

A　③壱万福が将来した国書は「教」「告」「致書文書」「啓」「表」のいずれなのか。

B　石井説のように、国書の日下に国王が署名するという書き直し〔石井 二〇〇一c〕を、③壱万福ができたのか。

Bについては、職制律24詔書誤輒改定条が関わってくると思われる（榎本淳一氏のご教示による）。

職制律24詔書誤輒改定条（引用は〔井上他 一九七六〕）

凡そ詔書に誤《あやまり》有らむ。即ち奏聞せずして、輒《たやす》く改定せらば、笞五十。官文書誤てらむ、官司に請わずして、改定せらば、笞卅。誤を知りて、奏請せずして行えらば、亦之《かく》の如く。

奏聞せずに詔書を改定したり、官司に申請せずに官文書を改定すると、いずれも笞刑に処せられる。外国君主が発給した文書の「改定」に本条が適用されるのかは微妙だが、日本側が渤海国王啓の「改定」を渤海使節に指示することが可能だったのかは、重要な問題である。石井氏の例示する〈左金吾衛大将軍渤海国王大欽茂〉署名は古文書学的には有効と考えられるが、主君（渤海国王）が発給した正式な外交文書における署名・肩書きを、臣下（渤海使壱万福）が加除修正するという行為を、実際に行い得たのかは慎重に検討すべきである。

2　渤海使の動向と渤海国王啓の存否

前節では、六国史などの記事から、渤海国王啓の史料の見えない五例を検討した。本節では、渤海使の動向を検討

表3　8世紀の日本と渤海の交流

年月	渤海	使節	日本
727. 9		----高斉徳----→	
739. 7		----己珍蒙----→	
752. 9		----慕施蒙1----→	
758. 2		←----小野田守----	
758. 9		――楊承慶2＋小野田守→	
759. 2		←楊承慶＋内蔵全成――	
759. 12		――高南申①＋内蔵全成→	
760. 2		←高南申＋陽候史玲璆――	
761. 10		←----高麗大山----	
762. 10		――王新福②＋高麗大山→	
763. 2		←王新福＋板振鎌束――	
771. 6		----壱万福3----→	
772. 2		←壱万福＋武生鳥守――	
773. 6		----烏須弗③----→	
776. 12		----史都蒙④----→	
777. 5		←史都蒙＋高麗殿嗣――	
778. 9		――張仙寿⑤＋高麗殿嗣→	
779. 2		←張仙寿＋大網広道――	
779. 9		----高洋弼⑥----→	
786. 9		----李元泰⑦----→	
787. 2		←李元泰＋日本船師――	
795. 11		----呂定琳⑧----→	
796. 5		←呂定琳＋御長広岳――	
798. 5		←----内蔵賀茂----	
798. 12		――大昌泰＋内蔵賀茂→	
799. 4		←大昌泰＋滋野船白――	

註　この表は、使臣たちが対象国に出発する過程だけを示している。

現存する記録の限界により、渤海使の場合は日本到着時点を、遣渤海使の場合は日本出発時点を示している。使節の名前は入京した代表者のものであり、必ずしも大使ではない。

――――は、日渤両国使節が移動していることを示す。

--------は、いずれかの国の使節が単独で移動していることを示す。
□は啓を　□は表を　┆┆は書式不明書面を持参していることを示している。
国王啓を持参していない渤海使の氏名に付した①などは、本文中の渤海使の番号と同じ。

国王啓を持参していない渤海使の氏名に付した1などは、表2と同じ。

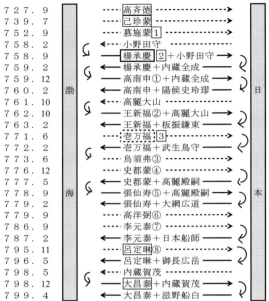

することにより、渤海国王啓の存否を確認する。

八世紀に日本と渤海の間を往来した渤海使・遣渤海使を整理すると表3のようになる（〔具蘭憙《クナニ》 二〇〇七〕の表一に加筆）。（国王啓を持参していない渤海使の氏名に付した①などは、以下に列挙した渤海使の番号と同じ。前節で検討した渤海使慕施蒙と壱万福については、1・3の番号を付した）

①渤海使高南申

『続紀』天平宝字三年（七五九）十月辛亥（十八日）条

辛亥、迎藤原河清使判官内蔵忌寸全成、渤海より却《かえ》り廻る時、海中にして風に遭いて、対馬に漂い着く。渤海使輔国大将軍兼将軍玄菟州刺史兼押衙官《おうがかん》開国公高南申、相随いて来朝す。その中台の牒に曰く、「迎藤原河清使、惣《すべ》て九十九人、大唐の禄山、先に逆命を為《な》し、思明、後に乱常を作《な》して、内外騒荒たりて、未だ平殄《へいてん》すること有らず。即ち放還せんと欲すれば、害残を被らんことを恐れ、又勒《し》いて還《かえ》さんと欲すれば、隣意に違わんことを慮《おもんぱか》る。仍《よ》りて頭首高元度ら十一人を放ち、大唐に往きて河清を迎えんとし、即ち此の使いを差《つか》わして、同《とも》に発遣を為せり。其の判官全成らは、並びに放ちて帰郷せしめんとし、亦た此の使いを差わし随い往きて、委曲を通報せしむ」と。

天平勝宝四年（七五二）に派遣された遣唐使藤原清河は、翌年十二月に帰国の途に着くが驩州《かんしゅう》（現在のベトナム北部）に漂着し、天平勝宝七歳（七五五）、長安に帰着する。清河を帰国させるため、天平宝字三年（七五九）二月に渤海に渡った迎入唐大使使は、安史の乱が平定されておらず治安が悪化していたため、総勢九九名のうち大使高元度など一一名だけが唐へ赴くこととした。同年十月、判官内蔵全成ら八〇余名は渤海使・高南申を伴って日本への帰途、海上で暴風に遭い対馬に漂着し、右の中台省牒を提出した。

日渤間の公式の外交交渉ではなく、迎入唐大使使に関する事務的説明を行うため、渤海使は君主間文書ではなく渤海中台省の発給した行政文書(牒)を携行したものと考えられる。

②渤海使王新福

『続紀』の記述に従って渤海使王新福の動きを時系列で整理すると以下のようになる。

天平宝字六年(七六二)三月に派遣された遣渤海大使高麗大山・副使伊吉益麻呂の帰国に同行派遣された。同年十月、王新福以下二三名が伊吉益麻呂らと共に越前国加賀郡に到着し(高麗大山は帰途船上で病を得て、佐利翼津《さりよくのつ》に帰着したところで没する)、十二月に入京。翌年正月一日、大極殿における朝賀に参列し、同三日、方物を貢《たてまつ》り、同七日に正三位を授けられる。同十七日に朝堂で饗宴を賜り、安史の乱をめぐる唐の情勢について言上した。二月四日、大師藤原恵美押勝が饗宴を催し、天皇は使者を派遣していろいろな色の袷衣《あわせきぬ》(さまざまな色の裏地のついた衣服[青木他　一九九二、浜田　二〇一二])三〇櫃を賜った。同二十日、帰国。

王新福関連記事の中には、国王啓・中台省牒などは見えず、書面の提出は確認できない。高麗大山ら遣渤海使の送使であること、安史の乱をめぐる唐の情勢についての報告という任務を担っていたことなどから、国家間交渉のための外交使節ではなかったので、方物のみ持参したものと考えられる。

③渤海使烏須弗

㋐『続紀』宝亀四年(七七三)六月丙辰(十二日)条

丙辰、能登国言さく、「渤海国使烏須弗らの乗る船一艘、部下《ぶげ》に来り着く。使を差して勘問せしむ。烏須弗、書を報《おく》りて曰く、『渤海と日本とは、久来《ひさ》しき好き隣にして、往来《ゆきき》して朝聘すること、兄の如く弟の如し。近年、日本の使内雄ら、渤海国に住《とどま》りて、音声を学問《なら》いて本国に却返《かえ》る。今十年を経《ふ》れども、未だ安否を報せず。是に由りて、大使壱万福らを差して、日本国に遣《つかわ》し向けて朝参に擬《なずら》えしむ。稍く四年を経れども、未だ本国に返らず。更に大使烏須弗ら卌人を差して、面　詔旨《まのあたりみことのり》を奉《う》けたまわる。更に余《ほか》の事無し。附《もち》きたる進物と表書とは、並に船の内に在り』という」と。

㋑『続紀』宝亀四年六月戊辰(二十四日)条

戊辰、使を遣して、渤海使烏須弗に宣べ告げて曰く、「太政官処分すらく、前使壱万福らが進《たてまつ》れる表詞、驕慢なり。故に、その状を告げ知らしめて、罷《まか》り去《かえ》らしむること已に畢りぬ。而るに今、能登国司言さく、『渤海国使烏須弗らが進れる表函、例《ためし》に違いて礼《いや》なし』てへり。是に由りて、朝廷に召さずして、本郷に返却《かえ》す。但し、表函例に違うは、使らの過《とが》には非ず。海を渉りて遠く来る、事、憐矜《あわれ》ぶべし。仍《よ》て、禄并せて路糧《ろろう》を賜いて放還す。また渤海使、この道を取りて来朝《みかどまいり》することは、承前《さき》に禁断せり。今より以後、旧《もと》の例に依りて筑紫道より来朝すべし」と。

㋐の傍線部に「烏須弗、書を報りて」とある烏須弗が提出した「書」とは別に、波線部「附きたる進物と表書」の「表書」が船内にあることがわかり、渤海王が発給した上表文と理解される。㋑の二重傍線部に「渤海国使烏須弗らが進れる表函、例に違いて礼なし」とあるので、表函に不備があって受理されず烏須弗は放還された［浜田 二〇一一］。石井正敏氏は、[3]渤海使壱万福来朝を契機に来着地で国書を開封する「渤海蕃例」が成立し、宝亀四年の能登国司による国書開封が「渤海蕃例」の「実際上の最初の適用」だとした［石井 二〇〇一a］。「表函」には、国書の冒頭語句が記されていたようだが［田中 一九九五、浜田 二〇二二］、どのような不備があったのかは不明である。

④渤海使史都蒙

『続紀』の記述に従って渤海使史都蒙の動きを時系列で整理すると以下のようになる。

宝亀七年(七七六)十二月二十二日、史都蒙ら一八七人が、光仁天皇の即位を祝い、あわせて渤海国王妃の喪を伝えるために来日。日本の海岸への到着時、暴風で遭難し溺死者が多く出たため、生存者は四六人だった。越前国加賀郡に収容して衣食などを支給した。翌年正月二十日、宝亀四年に帰国した渤海使烏須弗に、大宰府に来航するように指示する太政官処分が出ていたことについて、使者を遣わして問う。史都蒙は、対馬を目指したものの海上で風にあって漂着してしまったと弁明。二月二十日、史都蒙ら三〇人を朝廷に召して入京させる。史都蒙は、来日の目的と来航時の遭難について言上した。四月九日、入京し、同十日、太政官は使者を遣わして慰問する。同二十二日、史都蒙らは方物を貢献し、光仁天皇即位を祝う渤海国王の意思を伝える。同二十七日、史都蒙らに位階を授け物を賜う。五月七日、天皇が重閣門に出御して射騎を観覧し、渤海使たちは自国の楽を演奏した。同十日、溺死した渤海使二名に位階と香典の物を贈る。同二十三日、史都蒙らの帰国に際して、以下の慰労詔書と弔葬書が発給された。

『続紀』宝亀八年(七七七)五月癸酉(二十三日)条

〔慰労詔書〕天皇敬んで渤海国王に問う。使の史都蒙ら、遠く滄溟《そうめい》を渡り、来りて践祚を賀す。寡徳にして叨《みだ》りに洪基《こうき》を嗣ぐことを顧《かえり》みて慙《は》じ、大川を渉《わた》るに済《わた》る攸《ところ》を知る罔《な》きが若《ごと》し。王は朝聘《ちょうへい》を典故《てんこ》に修め、宝暦《ほうれき》を惟新《いしん》に慶す。懃懇《きんこん》の誠、実に嘉尚する有り。但し都蒙ら、此の岸に及ぶ比《ころお》い、忽ち我風に遇いて、人物を損する有り、船の駕し去る無し。彼を想い此を聞きて、復た以て懐を傷《いた》ましむ。言《ここ》に越郷を念《おも》いて、倍《ますます》軫悼《しんとう》を加う。故に舟を造りて使を差《つかわ》して、送りて本郷に至らしむ。并せて絹五十疋・絁五十疋・糸二百絇・綿三百屯を附す。また都蒙の請に縁り、加えて黄金小一百両・水銀大一百両・金漆《こしあぶら》一缶・漆一缶・海石榴《つばき》油一缶・水精念珠《すいしょうのねんじゅ》四貫・檳《びん》櫛扇《ろうのおうぎ》十枚を附す。至らば宜しく之を領すべし。夏景炎熱なれど、想うに平安にして和やかならんことを。
〔弔葬書〕禍故《かこ》常無く、賢室殞逝《いんせい》せり。聞きて以て惻怛《そくだつ》すれども、不淑は如何せん。松檟《しょうか》未だ茂らずと雖も、而るに居諸《きょしょ》稍く改まる。吉凶制有りて、之を存するのみ。今還使に因りて、絹二十疋・絁二十疋・綿二百屯を贈る。
宜しく之を領すべし。

国書などの国際文書に注目して渤海使史都蒙関連記事を通覧すると以下のごとくである。

遭難して日本に漂着したことを伝える宝亀七年十二月二十二日条には国書の提出などは記されていない。宝亀四年帰国の渤海使烏須弗に発給された太政官処分について使者が問いただした翌年正月二十日には、史都蒙と使者は口頭でやりとりしている。二月二十日の史都蒙の言上や、同二十二日の光仁天皇即位への渤海国王祝意の伝達なども口頭によるものである。五月癸酉条所引慰労詔書には渤海国から書面が発給されたことを示す記述は見いだせない。史都蒙は、光仁天皇即位への祝意と渤海国王妃の死去についていずれも口頭で日本側に伝達しており、君主間文書は発給されなかったか日本到着時までに失われてしまったなどの可能性が考えられる。

⑤渤海使張仙寿

㋐『続紀』宝亀十年（七七九）正月丙午（五日）条

丙午、渤海使張仙寿ら方物を献《たてまつ》る。奏して曰く、「渤海国の王言さく、『聖朝の使高麗朝臣《こまのあそん》殿嗣《とのつぐ》ら、路を失ないて遠夷の境に漂着し、乗る船破れ損いて、帰り去るに由《よし》無し。是を以て、船二艘を造りて、仙寿らを差し、殿嗣に随いて入朝せしむ。并せて献物《たてまつりもの》を載《いただ》き荷《も》ちて。天朝を拝み奉る』ともうす」と。

㋑『続紀』宝亀十年二月癸酉（二日）条

二月癸酉、正六位上佐伯宿禰瓜作《うりつくり》に従五位下、正六位上久米連真上《まかみ》に外従五位下を授く。渤海使、国に還《かえ》る。其王に璽書を賜い、并せて信物を附《さず》く。

宝亀九年九月二十一日、送高麗使高麗殿嗣(史都蒙の送使)らの送使として同行した張仙寿は、㋐に見えるように方物を献上し「渤海国王言」を奏上している。関連記事中に国王啓・中台省牒などは見えず、書面の提出は確認できない。㋑には、渤海使の帰国に際して璽書(慰労詔書か)を下賜したとの記述がみえるが、文面は掲載されていない。

前回来日の渤海使史都蒙④と今回の渤海使張仙寿は、渤海から持参した国書が史料に見えない。ともに入京しているので国書を持参したと考えることもできる。しかし光仁天皇即位への祝意と渤海国王妃の死去について報告するために来日した史都蒙と、遣渤海使高麗殿嗣らの送使だった張仙寿を、任務の重要性を考慮して上表文がないまま入京させた可能性もあるのではないだろうか。

⑥渤海使高洋弼《こうようしゆく》(高洋粥)

『続紀』の記述に従って高洋弼(高洋粥)の動きを時系列で整理すると以下のようになる。

宝亀十年九月十四日、出羽国にいる渤海人・鉄利人三五九人に例により供給すること、賓客待遇に相当しないので饗応ののち速やかに帰国させることなどを指示する勅が下された。同二十七日、厳しい天候と険しい海路などを理由に、日本への残留を希望するなら許可するとの勅が下された。

『続紀』宝亀十年十一月乙亥(九日)条

乙亥、検校渤海人使に勅《みことのり》したまわく、「押領高洋粥らが進れる表は無礼《いやな》し。進らしむること勿《な》くあるべし。また、筑紫に就かず、言《こと》を巧《たくみ》にして便宜を求む。勘当を加えて更に然《しか》あらしむこと勿かれ」と。

傍線部で「高洋粥らが進れる表」とあるように渤海人・鉄利人の押領高洋粥は上表文を提出している。しかし、高洋粥の肩書きである「押領」は通常の渤海使にはみえないものであり、九月十四日の勅には「来使軽微にして賓とするに足らず」という表現もあり、正式な渤海使節かどうかは不明である。ゆえに、高洋粥が提出した上表文を渤海国王の公的な外交文書とすることは難しい。十一月十日には、鉄利人が渤海国通事高説昌の上席に坐そうとすることが問題視されている。十二月二十二日、船の損壊により帰国できない高洋粥らの要請により九隻の船を下賜することを許した。

⑦渤海使李元泰

『続紀』の記述に従って渤海使李元泰の動きを時系列で整理すると以下のようになる。

延暦五年(七八六)九月十八日、渤海国使李元泰以下六五人が、船一隻に乗って管内に漂着し蝦夷に襲われて拉致された者が一二人、保護された者が四一人と出羽国が言上。翌年二月十九日、李元泰から入朝時に柁師《かじし》と挟杪《かじとり》(柁師と挟杪はともに操船技術者。柁師は挟杪らの長であり、操船関係の責任者[青木他 一九九五])が殺されたため帰国する術がないと言上したのに対し、越後国に命じて船一艘と柁師・挟杪・水手《かこ》を与えて出発させた。関連記事の中には渤海国王啓や中台省牒などの文書についての言及はない。もともと持参しなかったのか、蝦夷襲撃の混乱の中で紛失したのかは不明。

⑧渤海使呂定琳《りょていりん》

『類聚国史』一九三渤海・延暦十五年(七九六)四月戊子(二十七日)条(『日本紀略』に抄略文あり)

〔王啓〕戊子、渤海国、使を遣して方物を献ぜしむ。其の王の啓に曰く、「哀緒《あいしょ》は已に別啓に具《つぶさ》なり。伏して惟るに、天皇陛下、動止は万福《ばんぷく》にして、寝膳《しんぜん》は常より勝れり。嵩琳《すうりん》、視息は苟くも延び、奄《にわか》に祥制に及ぶ。官僚は義に感じ、志を奪いて情を抑《おさ》う。起《た》ちて洪基を続《つ》ぎ、祇《つつし》んで先烈を統《す》ぶ。朝維《ちょうい》は旧に依り、封域は初めの如し。顧みて自ら思惟《おもんみ》れば、実《まこと》に顧眷《こけん》を荷《にな》えり。而るに滄溟《そうめい》は地を括《くく》り、波浪は天に漫《みなぎ》る。膳を奉るに由《よし》無く、徒らに傾仰を増す。謹んで匡諫《きょうかん》大夫・工部郎中呂定琳らを差し、海を済《わた》りて起居し、兼ねて旧好を修む。其れ少しの土物は、具さに別状に在り。荒迷不次《こうめいふじ》なり」と。

〔告喪啓〕又喪を告ぐるのに啓に曰く、「上天は禍を降し、祖の大行大王、大興《たいこう》五十七年三月四日を以て薨背す。善隣の義、必ず吉凶を問うも、限るに滄溟を以てすれば、緩告する所以なり。嵩琳は無状にして禍を招けども、自らは滅亡せず、不孝の罪咎《ざいきゅう》ありて、酷罰にして苦に罹《あ》える。謹んで状し另《べつ》に啓を奉る。荒迷不次なり。孤孫《こそん》大嵩琳頓首」と。

又在唐学問僧永忠らの附する所の書を伝奉す。

渤海国は、高麗の故地なり。天命開別天皇七年、高麗王高氏、唐の滅す所となる。後に天之真宗豊祖父《あまのまむねとよおおじの》天皇二年を以て、大祚栄始めて渤海国を建つ。和銅六年、唐の冊を受けて其の国を立つ。延裔《えんえい》二千里にして、州県に館駅無し。処々に村里有り。皆靺鞨部落なり。其の百姓は、靺鞨多く、土人少し。皆土人を以て村長と為す。大村を都督と曰い、次を刺史と曰う。其の下の百姓を皆首領と曰う。土地極寒にして、水田に宜しからず。俗《ぞく》頗《すこぶ》る書を知る。高氏より以来、朝貢絶えず。

渤海使呂定琳が日本側に提出した文書は「渤海国王啓」「告喪啓」「在唐学問僧永忠らの附する所の書」などである。

①〜⑧の渤海使を国書に注目してみる時、④史都蒙と⑤張仙寿の国書に疑義が生じる。

C　（1）④史都蒙と⑤張仙寿が将来した国書の書式は何だったのか。「啓」「表」のいずれなのか。

（2）浜田久美子氏の時期区分ではⅡ期（後述）なので、「表」と考えられるのか。

（3）光仁天皇即位への祝意と渤海国王妃の死去について報告するために来日した④史都蒙と、遣渤海使高麗殿嗣らの送使だった⑤張仙寿を、任務の重要性を考慮して「国王啓」の提出でも入京させた可能性はないのか。

D　④史都蒙と⑤張仙寿が、国書を持参しないで来航した可能性はないのか。

3　上表と啓——楊承慶と烏須弗来日の時代背景——

1節と2節で渤海使を個別に検討してきたが、いささか迂遠な議論になってしまった。各渤海使を時系列で整理し直したのが表4である。

渤海が日本に発給した君主間文書は啓が基本だったが、日本側は再三、(上)表文を強要した。浜田久美子氏によると、日本の史料にみえる渤海国書の表記は啓と表で書き表され、同時期には混在せず、Ⅰ期～Ⅲ期に分けられる［浜田 二〇一二］。

Ⅰ期（神亀四年～天平勝宝四年〈七五二〉に来朝した渤海使）
　啓であった時期

Ⅱ期（天平宝字二年〈七五八〉～宝亀十年〈七七九〉に来朝した渤海使）
　表であった時期

Ⅲ期（延暦十四年〈七九五〉～）　再び、啓であった時期

渤海から日本に出された国書については、史料上の表記について共通点

表4　8世紀の渤海使と持参国書

回数	初見年	西暦	渤海使	持参国書	区分
1	神亀四年	727	高斉徳	啓	Ⅰ期
2	天平十一年	739	己珎蒙	啓	
3	天平勝宝四年	752	慕施蒙	啓	
4	天平宝字二年	758	楊承慶	表	Ⅱ期
5	天平宝字三年	759	高南申	中台省牒	
6	天平宝字六年	762	王新福	?	
7	宝亀二年	771	壱万福	教・告・致書文書・啓・表など諸説あり	
8	宝亀四年	773	烏須弗	表	
9	宝亀七年	776	史都蒙	?	
10	宝亀九年	778	張仙寿	?	
11	宝亀十年	779	高洋弼（高洋粥）	表（国王の表かは不明）	
12	延暦五年	786	李元泰	?	Ⅲ期
13	延暦十四年	795	呂定琳	啓	

註　「初見年」は、当該渤海使の初見史料がみえる年次
　　「区分」は、浜田久美子氏の三区分（本文参照）

が二つあることを浜田氏が指摘している〔浜田 二〇一二〕。

⑴渤海国書の内容が史料に引用される際には、「武藝啓」「欽茂啓」など「王名＋啓」で始まる。

⑵渤海国書が「表」と記されている場合には、表の内容（本文）は引用されない。

『公式令』4奏事式の集解穴記に、「表奏・上表・上啓などの式は、宜しく書儀の体に放《なら》うのみ」とあり、日本律令において表と啓は、穴記が成立したと考えられている九世紀前半でも具体的な書式が定められず、中国の書儀にならうことになっていた〔浜田 二〇一二〕。

表については、『儀制令』1天子条に「陛下 上表所レ称」とあり、上表する時には天皇に対して「陛下」という称号を用いることが規定されている。啓については、『公式令』に「啓式」として、春宮坊や中宮職が発議した案件について、皇太子・三后の承認を得る際に用いられる文書が規定されている〔浜田 二〇一二〕。『儀制令』3皇后条に、天皇と太上天皇に「上表」する時には、臣・妾＋名を称すこと、皇后・皇太子が太皇太后・皇太后に、あるいは庶民が三后・皇太子に対して「上啓」する時には、相手を殿下と称し、自らを臣・妾とすることが規定されている〔浜田 二〇一二〕。表は臣下から天皇への上申文書であり〔森田 一九八八、後藤 一九九二、黒須 一九九三、浜田 二〇一二〕、浜田氏は天平八年（七三六）の葛城王（のちの橘諸兄）が聖武天皇に呈上した上表文に「臣葛城」と「臣名」が称され、天皇に「陛下」の尊称が用いられているなど『儀制令』3皇后条の規定に適っていると指摘している〔浜田 二〇一二〕。古代日本では個人の書状として用いられた啓が正倉院文書などに多く見え、書き出しは「何某啓」、書き止めが「以啓」「謹啓」となっている〔相田 一九四九、丸山 一九九六、浜田 二〇一二〕。「（上）表」が天皇に奉呈する臣下の上申文書であるのに対し、「啓」は皇太子・三后に対する上申文書や個人の書状として用いられるものとできるであろうか。

「啓」と「表」のこのような差異に注目すると、浜田氏の指摘⑵「表」の内容（本文）が引用されないことについて素朴な疑問が生じる。渤海使として初めて日本に表を持参した楊承慶（天平宝字二年〈七五八〉初見）の「表」は、日本政府にとって外交上画期的な国際文書だったはずである。第一回～第三回の渤海使が提出した「啓」も上申文書ではあるものの、皇帝と臣下のような垂直関係において用いられる「表」の方がより強固な上下関係を表現している。日本が渤海との関係で疑似帝国の成立を実現した、最も重要な証拠となる「表」の文面を、なぜ六国史に採録しなかったのだろう。将来した国書に教・告・致書文書・啓・表など諸説ある壱万福（宝亀二年〈七七一〉初見）、正式な渤海使かどうか疑わしい高洋弼（宝亀十年〈七七九〉初見）の「表」などを除いても、烏須弗（宝亀四年〈七七三〉初見）については、表を持参したと明記されている。楊承慶と烏須弗が日本側に上表文を提出したのならその文面を日本の正史に引用し、渤海国王が天皇と強い垂直関係で臣従している重要な証左とするはずである。

加えて、渤海に「（上）表」の提出を要請した時点の経緯が『続紀』に記されていないことも気にかかる。日本が小帝国意識を明確に打ち出し、渤海に「（上）表」の提出を強く要請する場面の重要性を考えると、どの時点で誰がどのように行ったのかに関する記事がまったく見えないのは不自然である。これを五番目の疑問点として挙げておく。

E　（1）②楊承慶と③烏須弗が日本側に上表文を提出したのなら、なぜその文面を日本の正史に引用しなかったのか。

（2）渤海に上表文提出を強要した経緯に関する記事がないのはなぜなのか。

堀敏一氏は、渤海使が将来した「表」と記されている渤海国書について、「渤海側で（啓から表に）形式を改めたわけではなく、日本側が啓のことを上表文とみなして、そのように呼んだのであろう」とし、渤海からの国書はすべて啓の書式であったとする［堀 一九九八］。古代日本の帝国意識が発露される重要な場面がことごとく正史に引用・記述されていない状況を考えると、堀氏の解釈は説得力を持つ。

しかし、六国史に渤海からの「表」がみえる時期（浜田氏のⅡ期）の表がすべて「啓」であったとすると結論づけるのも、早計と考える。渤海使として初めて日本に表を持参した楊承慶の初見記事がみえるのは天平宝字二年九月だが、前月朔日に孝謙天皇が淳仁天皇に譲位した。藤原仲麻呂は、自己の影響下にある大炊王を即位させ、太政官の首座という立場で権力を発揮しようと考え［仁藤 二〇二一］、同月二十五日には官名の唐風改称が行われるなど「仲麻呂の独断的施策」［岸 一九六九］が開始された。仲麻呂が新羅征討計画を立てたことを知りうる最も早い史料は、天平宝字三年六月十八日に新羅を討つための行軍式を大宰府に造らせたという『続紀』の記事である［岸 一九六九］。

淳仁天皇即位→官名の唐風改称→渤海使楊承慶来日（初見記事）→大宰府に行軍式作成命令

となり、仲麻呂の権力や対外意識が極めて強い時期に楊承慶が来日したことになる。渤海使に対して上表文の提出を強要するのであれば、律令制国家における小帝国意識が最も強まったこの時期がふさわしい。

宝亀四年（七七三）に初見記事がみえる烏須弗が来日した光仁朝はどうであろう。石井正敏氏は光仁朝の外交姿勢について、「唐に対する事大的外交、渤海や新羅に対する国交断絶もいとわない華夷秩序遵守の強要」と定義づけている。このような厳しい姿勢を打ち出した光仁朝政界のリーダーとして良継・百川兄弟をはじめとする藤原諸家の人々を挙げただけでなく、宝亀二年三月に中務卿に補任され、同四年に皇太子となった山部親王自身も対外政策の決定に参画していたとも指摘している［石井 二〇〇一d］。渤海に対して「国交断絶もいとわない華夷秩序遵守の強要」を行っていた時期に烏須弗は来日したことになり、こちらも上表文の提出を強く求めるのに十分な背景であると考えられる。

楊承慶と烏須弗が来日した時期（淳仁朝・光仁朝）は日本の小帝国意識が濃厚であり、渤海使に対して上表文の提出を強要したとしても不思議ではなく、むしろ相応しいとすらいえる。〈楊承慶と烏須弗に上表文の提出を強要しても不思議ではない時代状況である〉のに、〈日本の小帝国意識に極めて都合の良い上表文の文面をなぜ六国史に引用しないのか〉という疑問はむしろ深まるばかりである。この背景として二つの可能性を提示しておきたい（榎本淳一氏のご教示による）。

一つには『続紀』の編纂過程の複雑さに関係している可能性である。天平宝字二年から宝亀八年分の記事は、当初、二〇巻で編纂されていたものが、最終的には一四巻に圧縮されたと言われており、圧縮の際、長文の国書などが削除された可能性がある。

いま一つは、掲載できない理由があったので削除したというものである。日本側が「表」を要求したにもかかわらず、渤海は「啓」しか提出しなかったので、体面を守るため「表」が提出されたかのように記録した。その矛盾を隠すために国書本文は記載しなかった可能性である。

4 安史の乱と藤原清河の帰国問題

前節において、楊承慶と烏須弗が来日した時期の日本の政治状況は、上表文の提出を強要しても不思議ではないものだったが、そうであれば逆に、日本の小帝国意識に極めて都合の良い上表文の文面を六国史に引用していない点が不可解であることを指摘した。

一方で、初めて上表文を持参した渤海使である楊承慶については、日本側に極めて重要な任務を帯びていて、上表文の提出を強要するのには違和感があると見ることもできる。渤海使やそれに帯同した日本の使者（迎入唐大使・遣渤海大使）の動向を整理すると表5のようになる。

先述のように、楊承慶の来日に同行した遣渤海大使小野田守は「唐国消息」として安史の乱の詳細を奏上し、〈唐

表５　８世紀の渤海使と遣唐使・安史の乱

回数	初見年	西暦	渤海使	遣唐使	安史の乱	区分
1	神亀四年	七二七	高斉徳			Ⅰ期
2	天平十一年	七三九	己珎蒙			
3	天平勝宝四年	七五二	慕施蒙			
4	天平宝字二年	七五八	楊承慶	帰国時に迎入唐大使使高元度・判官内蔵全成らが同行	同行した遣渤海大使小野田守が、「唐国消息」として安史の乱の詳細を奏上	Ⅱ期
5	天平宝字三年	七五九	高南申			
6	天平宝字六年	七六二	王新福		唐での安史の乱について情報提供	
7	宝亀二年	七七一	壱万福	在唐の藤原清河が渤海国に託した上表文を提出		
8	宝亀四年	七七三	烏須弗			
9	宝亀七年	七七六	史都蒙			
10	宝亀九年	七七八	張仙寿			
11	宝亀十年	七七九	高洋弼			
12	延暦五年	七八六	李元泰			Ⅲ期
13	延暦十四年	七九五	呂定琳			

註　「初見年」は、当該渤海使の初見史料がみえる年次。「区分」は、浜田久美子氏の三区分。迎入唐大使は、在唐の遣唐大使藤原清河を迎える使者

皇帝が渤海国王に下賜した勅書一巻〉と〈田守が記した報告書〉も進上している。田守の報告は日本政府が安史の乱に関する情報を得た第一報とされているうえに、唐皇帝の勅書まで将来している。さらに楊承慶の帰国時には、唐に滞留したまま帰国できない遣唐大使藤原清河を迎える使者として、迎入唐大使使高元度と判官内蔵全成らが同行してい

て、渤海使楊承慶は日本にとって極めて重要な外交使節だった。

表5によれば、天平宝字六年(七六二)に初見記事がみえる王新福の時に、在唐の藤原清河が渤海国に託した上表文が将来され、安史の乱についての続報が提供されている。渤海使楊承慶と王新福は、〈安史の乱に関する情報提供〉と〈遣唐大使藤原清河の帰国〉の二点において日本側に大きく貢献している外交使節だったと評価できる。功績の大きい渤海使に上表文の提出を強要するという日本側の高圧的な態度は一貫性に欠ける。藤原仲麻呂政権において小帝国意識が高まっていたという時代状況が認められるにしても、貴重な海外情勢を伝達し藤原清河の帰国に助力を惜しまない渤海国にこのような姿勢を取ることとの間にはハイアタス(玄隔・懸隔)が存在し、

F　日本に初めて「(上)表文」を持参したとされる2楊承慶は、〈安史の乱に関する情報提供〉と〈遣唐大使藤原清河の帰国〉の二点において日本側に大きな利益をもたらす外交使節だったにも関わらず、日本の小帝国意識に従うように強要されたことの懸隔。

という疑問が生ずる。日本に大きな利益をもたらした渤海使節に、小中華意識を強要することの違和感は大きい。

結　語

行論の中で指摘した諸点を列挙する。

A　3壱万福が将来した国書は「教」「告」「致書文書」「啓」「表」のいずれなのか。

B　石井説のように、国書の日下に国王が署名するという書き直しを、3壱万福ができたのか。

C　(1)④史都蒙と⑤張仙寿が将来した国書の書式は何だったのか。「啓」「表」のいずれなのか。

(2)浜田久美子氏の時期区分ではⅡ期なので、「表」と考えられるのか。

（3）光仁天皇即位への祝意と渤海国王妃の死去について報告するために来日した④史都蒙と、遣渤海使高麗殿嗣らの送使だった⑤張仙寿を、任務の重要性を考慮して「国王啓」の提出でも入京させた可能性はないのか。

D　④史都蒙と⑤張仙寿が、国書を持参しないで来航した可能性はないのか。

E　（1）2楊承慶と③烏須弗が日本側に上表文を提出したのなら、なぜその文面を日本の正史に引用しなかったのか。

（2）渤海に上表文提出を強要した経緯に関する記事がないのはなぜなのか。

F　日本に初めて「（上）表文」を持参したとされる2楊承慶は、〈安史の乱に関する情報提供〉と〈遣唐大使藤原清河の帰国〉の二点において日本側に大きな利益をもたらす外交使節だったにも関わらず、日本の小帝国意識に従うように強要されたことの懸隔。

史料の残存状況などの問題があるので、〈記録の有無〉と〈史実の有無〉は峻別すべきである。そのような注意を払ったうえで、渤海王が発給した国書をめぐる課題として検討すべきものと考える。

日本と渤海の間で交わされた国書を中心に検討してきたが、日本と新羅との関係について言及することができなかった。また、光仁天皇即位直後に来航した3渤海使壱万福に対して、上表文の提出を強要する姿勢が顕著であることから、宝亀年間（光仁朝）の特質についても考察する必要が感じられる。いずれも後日に期したい。

〔付記〕　本稿は、二〇二三年九月九日の「国書の会」における口頭発表を修正して成文化したものである。森公章・浜田久美子・榎本淳一・河野保博各氏からご教示・ご提言をいただいた。

引用文献

相田二郎　一九四九『日本の古文書』上　岩波書店

青木和夫・稲岡耕二・笹山晴生・白藤禮幸　一九九二『続日本紀』三（新日本古典文学大系）　岩波書店

青木和夫・稲岡耕二・笹山晴生・白藤禮幸　一九九五『続日本紀』四（新日本古典文学大系）　岩波書店

石井正敏　二〇〇一ａ「大宰府の外交機能と外交文書」『日本渤海関係史の研究』吉川弘文館（初出一九七〇）

石井正敏　二〇〇一ｂ「日本・渤海交渉と渤海高句麗継承国意識」『日本渤海関係史の研究』吉川弘文館（初出一九七五）

石井正敏　二〇〇一ｃ「古代東アジアの外交と文書―日本と新羅・渤海の例を中心に―」『日本渤海関係史の研究』吉川弘文館（初出一九九二）

石井正敏　二〇〇一ｄ「光仁・桓武朝の日本と渤海」『日本渤海関係史の研究』吉川弘文館（初出二〇〇一）

井上光貞・関晃・土田直鎮・青木和夫　一九七六『律令』（日本思想大系３）岩波書店

柿沼亮介　二〇一四「渤海王系図」『訳注日本古代の外交文書』八木書店

河野保博　二〇一四ａ「概要」『訳注日本古代の外交文書』八木書店

河野保博　二〇一四ｂ「語釈（８）」『訳注日本古代の外交文書』八木書店

岸　俊男　一九六九『藤原仲麻呂』吉川弘文館

具蘭憙《クナニ》著・中野高行訳　二〇〇七「８世紀後半日本の対外関係に関する考察」『史学』七六―二・三

黒須利夫　一九九三「八世紀の上表儀―聖武朝を中心として―」『年報日本史叢　一九九三』

後藤昭雄　一九九二「文体解説」『本朝文粋』（新日本古典文学大系）岩波書店

田中健夫　一九九五『善隣国宝記・新訂続善隣国宝記』集英社

仁藤敦史　二〇二一『藤原仲麻呂』中央公論社

浜田久美子　二〇一一『日本古代の外交儀礼と渤海』同成社

浜田久美子　二〇一四「概要」『訳注日本古代の外交文書』八木書店

浜田久美子　二〇二二『日本古代の外交と礼制』吉川弘文館

廣瀬憲雄　二〇〇九「日本―渤海間の擬制親族関係について」『東アジア世界史研究センター年報』三

古畑　徹　二〇二四「渤海国の高氏について―渤海国の対外政策と関連させて―」（本書）

堀　敏一　一九九八「渤海・日本間の国書をめぐって」『東アジアのなかの古代日本』研文出版

丸山裕美子　一九九六「書儀の受容について正倉院文書にみる『書儀の世界』」『正倉院文書研究』四

村上史郎　二〇一四「壱万福のもたらした国書の内容をめぐる紛争」『訳注日本古代の外交文書』八木書店
森田　悌　一九八八「詔勅と奏請」『日本古代の政治と地方』高科書店

〈コラム〉
高句麗・渤海と豉

荒井 秀規

はじめに

古代武蔵国の特産品である豉《くき》のルーツは、高句麗にあった。

豉は、武蔵国のほか相摸国からも貢納されていて、『延喜式』には次のように規定されている。

『延喜式』民部式下交易雑物条
相摸国　豉二石五斗
武蔵国　豉六石五斗

『延喜式』典薬式年料雑薬条
相摸国　豉大五斗
武蔵国　豉大一斗

本来、薬用の単位は細かなものを計る小制であるが、典薬式での豉はとくに大制(大制は小制の三倍)とされている。それだけ豉は他の薬剤(薬草・鉱石類)に比べて大量の貢納があったことになる。

豉とは

都から出土する豉の貢納木簡(稿末一覧参照)は、武蔵・相摸の二国からの貢納に限られている。都へ貢進された豉は、大膳職や内膳職で、貴族や皇族の饗膳に供されたが、大膳職では主醤《ひしほのつかさ》で、自前で豉を製造してもいた。天平九年(七三七)の「駿河国正税帳」に豉料大豆が見られる。大膳職での豉製造に用いられたのであろう。

豉の製法は、『延喜式』大膳式下造雑物法条に「豉料。大豆一石六斗六升七合、海藻《め》四斤八両、一石を得る」とあって、容量的には六割に圧縮されている。また、『和名類聚抄』には「豉　釈名に云う」と、後漢末の劉熙が著した辞典『釈名』を引いて、「豉〈是義の反なり。和名は久木〉五味を調和するものなり」とある。豉は大豆をベースに海藻(ワカメ)を加えた醸造品で、五味すなわち酸・苦・甘・辛・鹹を整える調味料であった。塩辛納豆(寺納豆)の類の前身と考えられるが、詳細は不明である。

さて、豉は舶来品であった。その製法は六世紀に後魏の賈思勰《かしきょう》が著した農書の『斉民要術《せいみんようじゅつ》』に詳しいが、実はそこには海藻は見えない。渡来した豉の製法過程に、海藻を加えたのは日本のオリジナルのようである。

煩雑になるが、その『斉民要術』巻八から、三通りの豉の製法を掲げておく(抄出)。

①豉を造る法。

草葺で暖かな室《むろ》を作り、中に二・三尺の穴を掘る。時期は四月・五月がよく、次に七月二七日(十四日)から八月がよい。三間の屋で百石作れ、二〇石で一聚《むら》にする。

古い豆ほどよい。大釜で煮て軟らかくして、穴に入れ、掻きならして全体が暖まるようにする。白衣(カビ。麹《こうじ》のこと)がたち、次に黄衣(ザラシコウジ)が出たら、室を閉める。三日後、掻き割ってむらなく厚さ三寸ほどに整え堆《つ》む。一日おきに掻き割る。黄衣の色付きが揃ったら屋外に出し、簸《ふる》って黄衣を除く。半分まで水が入った大瓮《もたい》に入れて掻きならす。漉し出して、筐《はこ》(方形の飯籠)に半分ばかりに入れる。水を注ぎ、水が清むまで筐を淘《ゆす》る。水をきって、蓆《むしろ》の上に積む。

シイナワラを密室の穴の底に敷き詰め、その上に豆を敷き足で踏み堅める。蓆で覆い、その上にシイナワラを敷き、さらに踏み堅める。夏は十日、春・秋は十二・三日、冬は十五日で熟れる。保存するには、熟れたのを曝しておけば、一年は保つ。

②『食経』の豉作りの法。

五月から八月に作る。一石の豆を濯いで一晩水に漬け、翌日出して、蒸す。皮を捻じり破り、土間または蓆の上に厚さ二寸に敷く。冷まして茅《ちがや》の青草で覆う。三日後に黄衣が出てれば茅を取る。薄く搔きならし、指で区切って壟《うね》を作る。一日再三にすること三日。

別に、豆を煮て濃い汁を取る。麴五升と塩五升を出来た豉に混ぜ、豆汁を注ぎ、溲《こ》ね調え、両手で握って汁が指の間から出る程度にする。瓶に納め、満たなければ矯桑《めくわ》の葉で満たす。口を泥で密封して、庭の穴に入れておく。二十七(ママ)日後に出して、曝して乾かす。矯桑の葉の煮出し汁を注ぎ溲ねて、蒸す。三回蒸して、曝してできる。

③家庭料理の豉。

豆を一晩水に浸して、朝に炊く。一石の豉には一石の豆を炊く。蒸して熟れると茅の生草に臥せ、麴を作る形にする。二七日(十四日)たって黄衣が出たら、乾かして簸《ふる》い黄衣を取り、更に曝して燥かす。水に浸して濕し、両手で握って汁が指の間から出る程度にする。瓮に入れる。穴を掘り、中を焼いて熱くしてから瓮を入れる。桑葉を豉の上に厚さ三寸ばかりにして、口を蓋して密封する。十日たったら、出して曝す。しっとりしたら蒸して、曝すこと三回でできる。

武蔵国からは、男衾郡と秩父郡から「大贄の豉」の貢納が確認される。内膳職に納められ、供御料として天皇の膳に添えられたのであろう。

①　武蔵国男衾郡余戸里大贄豉一斗天平十八年十一月（『平城宮木簡』一―四〇四号）

②・武蔵国秩父郡大贄豉一斗
　・　天平十七年□　（『平城宮木簡』一―四〇六号）

高句麗から武蔵へ

高麗郡からの豉の貢納木簡は未だ検出されていないが、いずれ発見されるのではなかろうか。というのは、実は豉は、高句麗の後身である渤海の特産品として知られているからである。

すなわち、『新唐書』巻二一九列伝一四四北狄に収められている渤海伝に、渤海各地の特産品の列挙がある。俗に貴ぶ所は、太白山《たいはくさん》の菟《と》、南海の昆布、柵城の豉、扶余の鹿、鄚頡《ていきつ》の豕《いのこ》、率賓《そつぴん》の馬、顕州《けんしゅう》の布、沃州《ようしゅう》の綿、龍州の紬、位城の鉄、盧城の稲、湄沱湖《びんひつこ》の鯽《ふな》。果有るは、九都の李《もも》、楽游《がくゆう》の梨。余の俗は高麗・契丹と略《ほぼ》等し

ここで、「柵城の豉」とある柵城とは東京竜原府《とうけいりゅうげんふ》のことで、今日、中国でも普通にハングル語も通用している吉林省延辺《えんぺん》朝鮮族自治州の琿春市《こんしゅんし》にあたる。一時期の渤海の都（七八五～七九四）でもあったところである。なお、太白山《たいはくさん》の菟《と》であるが、菟《と》には、ウサギのほかに、カズラの一種の薬草あるいは虎の意味があり、どれに当たるか不明とされる。また湄沱湖《びんひつこ》は中国ロシア国境の興凱湖《こうがいこ》（ハンカ湖）、「九都」は「丸都《がんと》」の誤りで吉林省集安市に当たると考えられている［小嶋　一九九九］。

さて、そもそも、豉の原料である大豆（東南アジア系の大豆とは別）の原産地は、渤海・高句麗の故地、つまりは朝鮮半島北部から中国東北部（満州）であった。春秋時代の斉の管仲の著と伝えられる『管子』巻十戎第二六によれば、斉の恒公（紀元前七世紀）が北の山戎（満州地方）に侵攻した際に戎菽《チユウシユク》を持ち帰ったのが、中国への大豆の伝来とされる。

また、『魏志』東夷・高句麗伝に、高句麗は「善く蔵醸す」とあって、醸造・発酵産業が盛んであった。『和名類聚抄』にも「未醤　楊氏漢語抄云高麗醤」とあって『楊氏漢語抄』は未醤を高麗醤としている。日本の豉もその故地は、朝鮮半島とくには高句麗から中国東北部であり、武蔵・相摸二国が貢納した豉の生産も、高句麗系を中心とした渡来人がその製法を日本列島に伝えたのであろう。

『三国史記』では、新羅本紀に豉が見える。神文王の三年(六八三・天武十二)の王の婚姻時の納采儀に関する記事である。

三年　春二月(中略)、一吉飡《いっきんさん》の金欽運の少女を納め夫人と為す。先ず伊飡《いさん》の文穎、波珍飡《はちんさん》の三光を差《つかは》し、期を定め、大阿飡《だいあさん》の智常を以て納采。幣帛十五轝《こし》、米・酒・油・蜜・醤《ひしお》・豉・脯《ほじし》・醢(醢《ししびしお》)一百三十五轝、租一百五十車。

豉は、新羅王の結納品の一つとされる高級品であった。ちなみに、我が国では、正倉院文書(『大日本古文書』六巻二二四〜六頁ほか)によれば、宝亀二年(七七一)段階で、雇夫の傭が一人一日十五文、米一升が六〜七文に対して、豉一升は十四文となっている。

薬としての豉

豉は、薬でもあった。日本でも、『類聚国史』巻一・七三疾病の大同三年(八〇八)正月十三日条に、次のように病人へ支給されている。

諸大寺及び畿内七道諸国をして、大般若経を奉読せしむべし。又、京中の病民に米并びに塩・豉等を給ふ。

また、遡って天平の天然痘大流行の際の天平九年(七三七)に出された「疫に臥すの日身を治すこと及び食物を禁じる等の事」七条の第六に、病癒えたあとでもしばらくは、鮮魚や、生肉、生野菜の食用を避けるようにあるが、そこ

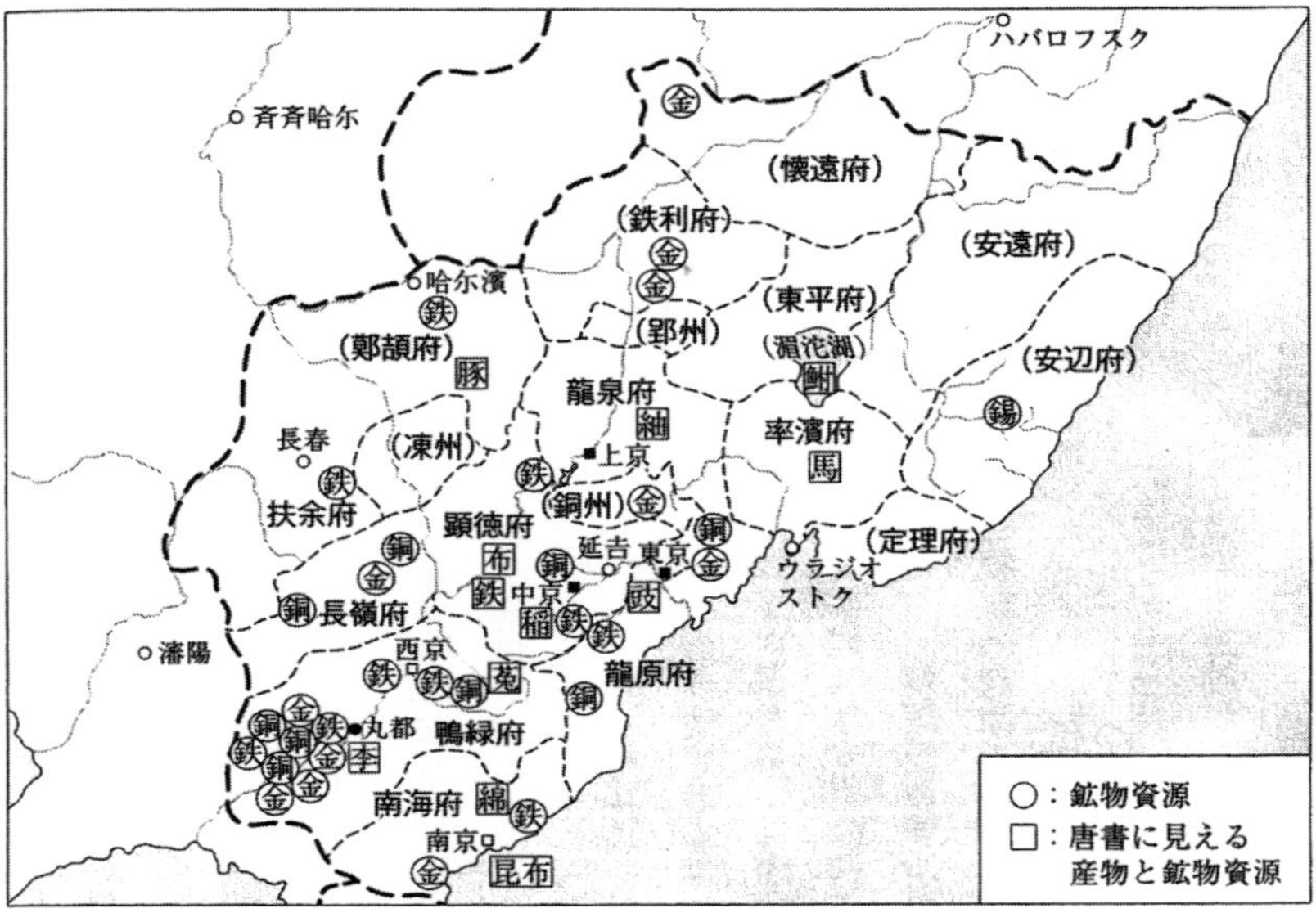

渤海の産物（酒寄 2023 より。原図は小嶋 1999）

で豉は蘇(チーズ)・蜜とともに禁じる例からは外されている(『類聚符宣抄』天平九年六月二十六日官符)。

さらに『延喜式』では、典薬式年料雑薬条に「相摸国　豉大五斗」「武蔵国　豉大一斗」の貢納が規定されているほか、臈月御薬条に「豉丸一剤」「豉六両二分」、また斎宮式所須薬種条に「豉一合一勺」が規定されている。

飛鳥京跡苑池遺構の水路から出土した木簡に「豉酒」「斎下甚寒」とあるが、典薬式臘月御薬条の後人傍注には「寒食を解き、澼《へき》(腸の中の水)有るを散らし、頭痛・目疼・乍寒、小便不利用の乍熱、面目の黄黒及び傷寒なり。朱本に云々」と効能が記されている。なお、後代の資料となるが『和漢三才図会』に、豉は「酒を得れば則ち風を治し」とある。

また、丹波康頼が著した『医心方』(天元五年(九八二)成立)巻四の治(面)鼻皶方に用いる薬の調剤として、蒺《しっ》蔾子《れいし》(はまびし)一升・支子人《ししじん》(くちなしのみ)一升・木蘭皮半斤とともに「香豉」一升があげられている。ただし、この記述は中国南朝宋の医書『僧深方』の引用であり[丸山 一九九八]、この香豉は、海藻を加える大膳式の豉ではなく、現在の中国料理の豆豉のように大豆そのものを指しているのであろう。

豉の製造場所

日本の豉は、その材として海藻があることが不思議である。神奈川県平塚市の相撲国府推定域の稲荷前A遺跡からは、肩から胴部に「旧豉一」と墨書された八世紀第3四半期の土師器の大甕の破片が出土している。同遺跡では「国厨」や「郡厨」の墨書土器も出土している。国衙工房（国厨）あるいは大住郡の郡厨で豉が製造され、大甕に納れて保存されたのであろう。「旧豉」は去年製造の豉、「一」は保管庫に甕を並べた順番を指す保管番号と考えられている。

相模国府のある大住郡は相模湾に面しているが、武蔵国で大贄の豉を貢進した男衾郡と秩父郡はともに海に面していない内陸の郡である。では、海藻はどこから入手したのであろうか。おそらくは、東京湾で採取した海藻を、荒川を船で遡上させたのであろう。そして、男衾郡や秩父郡の郡厨で豉を製造したのではなかろうか。

一方、高麗郡家関連遺跡である埼玉県日高市高萩の拾石《じゅっこく》遺跡では、「厨」の墨書土器が出土し、近辺に郡厨があったと考えられている。今日でも、埼玉県の比企地域では、鳩山町・小川町・嵐山町を中心に豆腐・味噌・醤油となる大豆栽培が盛んである。高麗郡の郡厨でも、渡来した高句麗人の技術指導のもと、周辺で栽培された大豆に、当時直接東京湾に注いでいた入間川を遡上して運んだ海藻を加えて、豉が製造されていたことであろう。高麗郡関係の豉の木簡や墨書土器が出土することに期待したい。

豉の木簡

釈　文

① 武蔵国男衾郡余戸里大贄豉一斗天平十八年十一月

② ・武蔵国秩父郡大贄豉一斗
・　天平十七年□

③ 武蔵国豉一斗

④ 武蔵国豉二斗

⑤ ・武蔵国豉一斗
・五升

⑥ □蔵国豉四斗

⑦ 相摸国豉一斗□升□

⑧ 相摸国豉二斗

⑨ 相摸国豉二斗

⑩ 贄三籠　×

⑪ ・ヿ縄昆布六条
ヿ煎鼠三烈　□□□
ヿ□〔豉カ〕三合「□」　□子二升　□呂《万》□
・「謹解解申交易」　□一合
右右右

⑫　豉納三斗八升

⑬　・　口病斎下甚寒
　　・薬師等薬酒食教豉酒

⑭　・甘草一両　豉一升
　　・桂心二両半

	出土遺跡・遺構	出典
①	平城宮内裏北方官衙地区　土坑 SK820	『平城宮木簡』一　四〇四号
②	平城宮内裏北方官衙地区　土坑 SK820	『平城宮木簡』一　四〇六号
③	左京二条二坊五坪二条大路濠状遺構(北)東西溝 SD5300	『平城宮発掘調査出土木簡概報(29)－二条大路木簡(三)』32頁
④	左京三条二坊八坪二条大路濠状遺構(南)東西溝 SD5100	『平城宮発掘調査出土木簡概報(30)－二条大路木簡(四)』7頁
⑤	左京三条二坊八坪二条大路濠状遺構(南)東西溝 SD5100	『平城宮発掘調査出土木簡概報(31)－二条大路木簡(五)』27頁
⑥	左京三条二坊八坪二条大路濠状遺構(南)東西溝 SD5100	『平城宮発掘調査出土木簡概報(31)－二条大路木簡(五)』27頁
⑦	左京二条二坊十二坪二条大路南側溝 SD02	奈良市教委『平城京左京二条二坊十二坪』、『木簡研究』六　19頁
⑧	左京三条二坊八坪二条大路濠状遺構(南)東西溝 SD5100	『平城宮発掘調査出土木簡概報(22)－二条大路木簡(一)』30頁
⑨	左京三条二坊八坪二条大路濠状遺構(南)東西溝 SD5100	『平城宮発掘調査出土木簡概報(30)－二条大路木簡(四)』7頁
⑩	平城宮第 32 次調査I区 溝 SD1250・3410	『平城宮木簡』三　三五六七号
⑪	左京二条二坊五坪二条大路濠状遺構(北)東西溝 SD5300	『平城京木簡』三　四七四四号
⑫	平城宮東方官衙地区土坑 SK19189	『木簡研究』三一　11頁
⑬	飛鳥京跡苑池遺構水路 SD0013	『木簡研究』二五　45頁
⑭	飛鳥池遺跡北地区南北溝 SD0	『飛鳥藤原京』一　七一一号

参考文献

荒井秀規　一九九三「古代相模・武蔵の特産物たる豉(クキ)に関するノート」『大磯町史研究』二　大磯町

荒井秀規　一九九五「豉と国府」『山王B・大会原遺跡他　発掘調査報告書』平塚市教育委員会

荒井秀規　二〇〇五「美濃から東国への渡来文化の伝播―絁・豉・丹参―」相模の古代を考える会編『論叢 古代相模』

荒井秀規　二〇二〇「謎の発酵食品〝豉(くき)〟」『歴博』二二九　国立歴史民俗博物館
菊地勇次郎　一九七三「醬と豉―その時代的変遷―」『日本醸造協会雑誌』六八―七
鬼頭清明　一九八三「武蔵国男衾郡の木簡について」『新編　埼玉県史だより(資料編四)』
小嶋芳孝　一九九九「渤海の産業と物流」鈴木靖民編『渤海と古代東アジア』勉誠出版
駒井和愛　一九七〇「渤海の五京とその名産」『史観』八一(後『中国考古学論叢』一九七四)
酒寄雅志　二〇二三『渤海と日本』吉川弘文館
田中静一・小島麗逸・太田泰弘編訳　一九九七『斉民要術　現存する最古の料理書』雄山閣
西山武一・能代幸雄　一九六九『校訂譯註 齊民要術』(再販)　アジア経済出版会
丸山裕美子　一九九八『日本古代の医療制度』名著刊行会
李盛雨　一九九一「古代東アジアにおける大豆および豆醬の起源と交流」山田慶兒・田中淡編『中国古代科学史論　続編』京都大学人文科学研究所

おわりに

霊亀二年(七一六)、東国の高麗人《こまびと》一七九九人を移配して武蔵国高麗郡が建郡された。それから一三〇〇年を迎えるにあたり、日本高麗浪漫学会では記念事業の一環として、二〇一三年以来、様々な講演会やシンポジウムを開催してきた。本書は、こうした研究の成果をまとめる「古代渡来文化研究」シリーズの四冊目となる。今回は二〇二二年十二月に渤海研究の第一人者である小嶋芳孝氏と古畑徹氏をお迎えして開催したシンポジウムの成果に加えて、当会とご縁のある研究者の皆様方に、渤海の社会や日本と渤海の関係についてご寄稿いただいた。

我々は武蔵国高麗郡を中心に研究を進めており、本シリーズの一冊目『古代高麗郡の建郡と東アジア』(二〇一八年)は、高麗郡や大宝三年(七〇三)四月に王姓を賜った高麗若光、そして高麗郡出身で中央政界でも活躍した高麗朝臣一族についての論考を収録した。続いて二冊目として、二〇一八年十二月二日に早稲田大学小野記念講堂において開催した第六回高麗郡建郡歴史シンポジウム「古代百済郡の成立と高麗郡～建郡の実態をめぐって～」を踏まえて、百済王氏一族やその拠点となった百済郡に関する論考を『古代日本と渡来系移民　百済郡と高麗郡の成立』(二〇二一年)にまとめた。三冊目は、二〇二一年七月十一日開催の第七回高麗郡公開歴史講演会「『日本書紀』編纂一三〇〇年　帰化と渡来をめぐって」と、同年十二月五日に開催した第八回高麗郡建郡歴史シンポジウム「日本古代の新羅系移住民と在地社会」をもとに、『渡来・帰化・建郡と古代日本　新羅人と高麗人』(二〇二三年)と題して、新羅系の渡来系移民や、藤原仲麻呂政権下の天平宝字二年(七五八)に武蔵国に建郡された新羅郡に関する論考を集めて刊行した。

すなわち、武蔵国高麗郡や高句麗系の渡来系移民に軸足を置きつつ、高句麗と同じく古代朝鮮半島の滅亡した国である百済を郡名に冠した百済郡や百済系の人々、さらに高句麗・百済と並ぶ朝鮮半島三国の一つである新羅の名を冠した新羅郡や新羅系の人々についても研究の範囲を広げ、これらの成果を活用しつつ、あらためて高麗郡や高句麗系の人々について考えるという形で研究を進めてきた。

そして、シリーズ四冊目となる本書が対象としたのは渤海である。渤海の建国は六九八年で、日本との通交が始まったのは神亀四年(七二七)であるため、六六八年に高句麗が滅亡し、高麗福信の祖父である福徳など高句麗系移民が武蔵国に移配されたことと、渤海の建国や渤海との通交には因果関係はない。また、高麗郡に渤海系の人々が来たという記録もない。ではなぜ、渤海をテーマとしたのか。それは本書でも示されたように、日本と渤海との関係の背後には、今はなき高句麗に対する日本側の郷愁ともいえるような思いがあったからである。

小嶋論文や中澤論文にあるように、渤海の文化には高句麗時代の生活や風習を継承する面があり、また古畑論文では、高句麗系の幅広い階層の人々が渤海社会最大のエスニック集団になっていたと指摘されている。渤海は高句麗の後裔を自ら称したが、これは渤海の文化・社会の実態を踏まえたものであった。そして日本側も、渤海のことを高句麗の復興として捉えた。大日方論文や浜田論文では渤海使の入境経路について論じられているが、渤海使がとった経路は新羅使とは大きく異なるものであり、高句麗との通交の延長線上に渤海使の来日があったことを表している。また日本と渤海の通交では、中野論文にあるように名分関係をめぐる攻防があったが、これは渤海との関係を高句麗との関係と重ね合わせて理解しようとする日本側の思惑によるものであった。日本は渤海の中に高句麗を見出すことで、「中華」としての意識を満たそうとしたのである。渤海もまたそのことを認識した上で、古畑論文や柿沼論文にあるように、高句麗を継承する国として振る舞うことで円滑に対日交渉を進めようとした。

以上のように八世紀以降の日本は渤海と交流を持ちつつ、そこに高句麗の残影を追い求めていたかのようであった。だからこそ澤本論文で指摘されているように、東国の平将門をして渤海滅亡を意識させたのであろう。そして現代の研究者もまた、渤海の後ろに高句麗を透かして見ながら研究を進めている。渤海について理解を深めることは、高句麗について考えることでもあるのだ。

ところで今年は、NHK大河ドラマとして初めて平安貴族社会を中心に扱った「光る君へ」が放送されて話題となっている。ドラマの中では、主人公まひろ(紫式部)が国司となった父藤原為時に同行して越前国に滞在している最中に、宋の見習い医師である周明と親しく交流し、大陸に憧れる場面が描かれているが、『源氏物語』にも渤海と関わる描写がみえる。

『源氏物語』第一帖・桐壺には、光源氏が桐壺帝の命で鴻臚館へと向かい、高麗人《こまうど》の易者から相を観てもらう場面がある。この時に高麗人は源氏について、帝王の相だが実際にそうなってしまうと世の中が乱れ、かといって臣下として終わる相でもない、ということを述べ、この後の源氏の運命を予言している。また源氏は、「世にたぐひなしと見たてまつりたまひ、名高うをはする宮の御かたちにも、猶にほはしさはたとへん方なくうつくしげなるを、世の人光君《ひかるきみ》と聞こゆ」と書かれるように「光る君」と呼ばれるが、この名についても、「光君と言ふ名は、高麗人のめできこえてつけたてまつりける、とぞ言ひ伝へたるとなむ」とあり、高麗人が名付けたという。

では、「高麗人」とは何なのだろうか。紫式部の時代の朝鮮半島を支配していたのは高麗であるが、日本と高麗は正式な国交を持つことはなく、外交使節の交換も行っていない。そして『源氏物語』は醍醐朝・村上朝の頃がモデルであるとされており、鴻臚館の描写などからも、ここでの「高麗人」は渤海使であると考えられている。すなわち、平安中期になっても渤海のことを高句麗と同様に「高麗」と称し続け、さらに高麗人は主人公「光る君」の命名者とされるほど重要な役割を担っているのである。

高句麗は滅びても、渤海を介してかくも長きにわたって日本社会に大きな影響を及ぼし続けた。そして渤海に生きた高句麗系の人々やその文化は、日本列島の文化の一部となっていった高句麗系の文化について考える上でも極めて重要な意味を持っている。これこそが、武蔵国高麗郡についての研究を進める我々が渤海をテーマとする本書を編んだ理由である。

さて、本来であれば本書は、「古代渡来文化研究」シリーズの通例に従って五月に刊行する予定でしたが、二〇二四年一月一日に発生した能登半島地震の影響で編集に遅れが生じ、刊行が後ろ倒しとなりました。金沢にお住いの小嶋芳孝氏と古畑徹氏には、お見舞い申し上げるとともに、余震が続く中で本書の執筆・校正の作業を進めていただきましたこと、感謝の念に堪えません。そして、シリーズ四冊目となる本書の刊行にご尽力いただきました高志書院の濱久年氏に、心から御礼申し上げます。

二〇二四年八月吉日

柿沼 亮介

執筆者一覧

中野高行　奥付上掲載

小嶋芳孝（こじま よしたか）　一九四九年生まれ、金沢学院大学名誉教授。［主な著書論文］『古代環日本海地域の交流史』（同成社）、「図們江下流域の初期仏教寺院と渤海東京附属寺院」（『東アジア都城と宗教空間』京都大学学術出版会）、「環日本海交流史の様相」（『北東アジア交流史研究』塙書房）、「古代日本の境界領域と能登」（『古代日本の異文化交流』勉誠出版）

中澤寛将（なかさわ ひろまさ）　一九八一年生まれ、青森県三内丸山遺跡センター・文化財保護主幹。［主な著書論文］『北東アジア中世考古学の研究』（六一書房）、「靺鞨・渤海の葬墓制」（小林謙一編『考古資料と歴史史料』中央大学出版部）、「考古資料からみた渤海とその周辺」（古畑徹編著『高句麗・渤海史の射程』汲古書院）

古畑　徹（ふるはた とおる）　一九五八年生まれ、金沢大学特任教授。［主な著書］『渤海国とは何か』（吉川弘文館）、『渤海国と東アジア』（汲古書院）、『高句麗・渤海史の射程』（編著・汲古書院）

澤本光弘（さわもと みつひろ）　一九七三年生まれ、早稲田大学朝鮮文化研究所招聘研究員・会社員。［主な論文］「円仁と霊仙の五臺山」（『東洋文化研究会三十周年記念論集 もう一度アジアを見直そう日本人 アジア雑記帳・文化と歴史』東洋文化研究会編集委員会）、「燕雲地域の漢人と滅亡以降の渤海人―〈陳万墓誌〉〈耶律宗福墓誌〉〈高為裘墓誌〉など遼代石刻をてがかりに」（『渤海の古城と国際交流』勉誠出版）、「一九三〇年代、金毓黻と竹島卓一の遼［契丹］・高句麗遺跡踏査」（李成市先生退職記念論集編集委員会編『東アジアにおける朝鮮史の展望』汲古書院）

大日方克己（おびなた かつみ）　一九五七年生まれ、島根大学名誉教授。［主な著書］『古代国家と年中行事』（吉川弘文館、講談社）、『古代山陰と東アジア』（同成社）、『松江市史通史編1自然環境・原始・古代』（共著・松江市）

浜田久美子（はまだ くみこ）　一九七二年生まれ、大東文化大学文学部教授。［主な著書］『日本古代の外交と礼制』（吉川弘文館）、『日本史を学ぶための図書館活用術』（吉川弘文館）、『日本古代の外交儀礼と渤海』（同成社）

柿沼亮介　奥付上掲載

須田　勉（すだ つとむ）　一九四五年生まれ、元国士舘大学教授。［主な著書］『日本古代の寺院・官衙造営―長屋王政権の国家構想―』（吉川弘文館）、『国分寺の誕生　古代日本の国家プロジェクト』（吉川弘文館）、『古代東国仏教の中心寺院・下野薬師寺』（新泉社）

荒井秀規（あらい ひでき）　一九六〇年生まれ、明治大学兼任講師。［主な著書］『覚醒する〈関東〉』（古代の東国第三巻、吉川弘文館）、『古代日本と渡来系移民―百済郡と高麗郡の成立』（編著・高志書院）、『古代東アジアの道路と交通』（編著・勉誠出版）

【編者略歴】
中野高行（なかの たかゆき）
1960年生まれ、東京農業大学第三高等学校教諭。
［主な著書論文］
『古代日本の国家形成と東部ユーラシア〈交通〉』（八木書店）、『日本古代の外交制度史』（岩田書院）、『古代国家形成と国際的契機』（同成社）

柿沼亮介（かきぬま りょうすけ）
1985年生まれ、早稲田大学高等学院教諭。
［主な著書論文］
「古代西海道の「辺境島嶼」と「越境」する人々」（『民衆史研究』105）、「新羅と倭・日本」（佐藤信編『古代史講義【海外交流篇】』ちくま新書）、「藤原仲麻呂政権と武蔵国新羅郡の建郡」（須田勉・高橋一夫編『渡来・帰化・建郡と古代日本』高志書院）

古代渡来文化研究 4
古代の渤海と日本

2024年9月10日第1刷発行

監　修　日本高麗浪漫学会
編　者　中野高行・柿沼亮介
発行者　濱　久年
発行所　高志書院

〒101-0051 東京都千代田区神田神保町2-28-201
TEL03(5275)5591　FAX03(5275)5592
振替口座　00140-5-170436
http://www.koshi-s.jp

印刷・製本／亜細亜印刷株式会社

Printed in Japan ISBN978-4-86215-250-3